国家社科基金一般项目（14BTY072）

学校武术与中华优秀传统文化传承

杨建营 著

人民体育出版社

图书在版编目（CIP）数据

学校武术与中华优秀传统文化传承 / 杨建营著. -- 北京：人民体育出版社，2023（2024.10重印）

ISBN 978-7-5009-6287-8

Ⅰ.①学… Ⅱ.①杨… Ⅲ.①武术－体育教育－研究－中国 Ⅳ.① G852-4

中国国家版本馆 CIP 数据核字 (2023) 第 047028 号

*

人 民 体 育 出 版 社 出 版 发 行
北 京 建 宏 印 刷 有 限 公 司 印 刷
新 华 书 店 经 销

*

710×1000　16开本　15.25印张　259千字
2023年11月第1版　2024年10月第2次印刷

*

ISBN 978-7-5009-6287-8
定价：78.00元

社址：北京市东城区体育馆路8号（天坛公园东门）
电话：67151482（发行部）　　　邮编：100061
传真：67151483　　　　　　　　邮购：67118491
网址：www.psphpress.com

（购买本社图书，如遇有缺损页可与邮购部联系）

本书由博士后出站报告《我国学校武术传承的理论与实践研究》、国家社科基金项目《文化强国建设目标下我国学校武术传承体系研究》、华东师大人文社科精品力作项目《中华武术的学校传承研究》、上海高校"立德树人"人文社会科学重点研究基地"体育教育教学研究基地"的子项目《中华传统文化体育项目进校园的理论构思及实践探索研究》的研究成果汇集而成。

序一

欣闻建营要出一本关于学校武术传承体系研究的书，颇有兴致。虽然我已疏于动笔，但还是想有感而发地写上几句。

多年以来，特别是自1997年带博士以来，我的主要研究方向就是中国武术文化与武术教育。

武术教育的确重要，武术教育之本在于通过学习其技术与理论，立德做人，具体就是培养刚健有为的斗志和厚德载物的品格。多年来，有一些青少年骄娇二气成风，经不起风雨，缺少自强不息的战斗精神，同时，又颇自私苟利，缺乏宽容。

武术的传统教育中恰恰贯穿了自强敢为的精神培育，同时又立规矩于待人宽厚有礼之中。

既然武术教育能充分体现民族文化中的核心精神，就更应引起我们的重视。

其实我们喊着武术进学校，足足喊了几十年了，为何收效甚微？原因是多方面的。学校突出智育，争夺分数，难以顾及武术教育。有的学校引进了武术项目，却是竞技武术，是争金夺银的武术套路和散打，套路"难学易忘"，散打"不安全"，即使搞了段位制，也脱不开竞技体系，自然越办越冷。

教育部后来推出了"一校一拳"，倒比较符合实际，即无论是什么拳种，传统的或是竞技的，只要抓住一个拳种，生根开花即可。

然而师资问题没有得到解决，对拳种的认识也颇有局限性。近几年，教育部在高校设立了非遗文化传承基地，为传统拳种进校园带来了无限生机。学校有了这一基地，有望解决师资问题。

杨建营的研究主张恢复传统武术教学内容、教学方法，突出传统文化教育，以技击为核心，以学招练招为主，一定会激发学生兴趣。空手道、跆拳道、剑道、柔道在日本和韩国被列入了学校课程，其成功的原因值得我们深思。

建营是2007—2010年上海体育学院的博士生，毕业后先是在浙江工业大学工作，其矢志不渝、坚守武术，不懈地开展研究，完成了多项国家社科项目，成果颇丰，且颇有观点，他针对问题敢说真话，立意高远。他的优秀引起了众多高校的关注，最终被华东师范大学吸纳。

我曾对博士生说过，做武术学者要肩负三重使命：文化使命、教育使命、科学使命。为国家和民族大业的繁荣发展，确实需要这样有为的学者。

有感而发，权作序，以祝贺此书出版。

邱丕相

中国武术九段

上海体育学院教授 博士生导师

中国武术研究院专家委员会专家

教育部高等院校体育教学指导委员会委员

第五届国务院学位委员会体育学科评议组成员

2020年中秋

序二

建营要出版的这部专著是在由我指导的博士后出站报告《我国学校武术传承的理论与实践研究》基础上而完成的,是国家社科基金项目的研究成果。当时之所以将武术教育作为选题方向,是因为长期以来学校武术确实存在诸多亟待解决的问题。在 21 世纪初,学校武术改革就提上了议事日程,武术要进校园、武术要融入青少年活动之中。知名的武术学者邱丕相、蔡仲林等都曾直接提出了"淡化套路、突出技击、强调应用"的学校武术改革思想,但在后来的改革过程中,由于不同执行者在思想认识层面存在分歧,致使改革实践迟迟难以推进,甚至有所倒退。

武术根植于深厚的中华民族传统文化的土壤里,是民族传统体育项目的方向标。如果武术不能在学校中得到继承与发扬,不能在学校中发挥其独特的"育人"价值,那么将是我国体育教育的一大缺憾。因此,如何搞好学校武术教育,是一个很有理论和现实价值的研究课题。近十余年来,相关研究百花齐放,但真正具有实践推进价值的研究确实为数不多。

杨建营主持的该研究着眼于"中华民族伟大复兴的中国梦",将培育"刚健自强"精神作为民族复兴的内在精神支撑,从而发现了武术独特的教育价值。他以此为指引,进行了多年的教学改革实践,在改革实践基础上凝练出学校武术的改革理念,提供了具体的实践案例。因此,这本书对学校武术改革既有理论层面的指导意义,又有实践层面的教改价值。除了对各级普通学校的武术教育进行研究,他还根据中共中央办公厅、国务院办公厅联合印发的《关于实施中华优秀传统文化传承发展工程的意见》对建设中华优秀传统文化传承发展体系的要求,系统地研究了体育专业院校的武术教育,阐明了武术专业教育改革的方向、理念,以及具体的改革样板。由此可见，这项研究成果是一项关于学校武术研究的系统工程。

可贵的是，该成果提出了许多新的观点，供大家讨论、争辩，以便形成共识。例如，该研究在理论层面提出了学校武术专业教育和学校武术普及教育分别承担着"武术自身传承发展"和"以武育人"的不同任务，并具体提出了各自的改革理念，如"立足拳种、回归技击，形成体系、弘扬文化""立足单势、强调技击、突出对抗、培育精神"；在实践层面提出了学校武术专业教育应实现由现在的"竞技武术技术体系的培训基地"到未来的"中华优秀传统武术文化的传承发展中心"的跨越，认为学校武术普及教育应实现由现在的"锻炼身体，树立优美形象"的技术定位到未来的"培育刚健自强精神的实践载体"的跨越。这些为整个学校武术改革实践提供了理论与实践指导。

真诚希望此书中提出的诸多真知灼见能够应用于实践，使传统体育在当代社会真正发挥其独特的教育价值，也衷心希望体育院校的武术专业教育能够迈开改革步伐，承担起传承中华优秀传统武术文化的时代重任，更热切希望各级学校的武术教师能够借鉴此书的实践案例，掀起学校武术改革的浪潮。我相信通过大家的艰苦努力、多方的协同合作，学校武术教育一定能够走出困境，得到传承与创新，开创武术与教育发展的新局面！

王家宏

苏州大学教授 博士生导师

中国高等教育学会学术委员会委员

全国学校体育专业委员会副理事长

教育部高等院校体育教学指导委员会技术学科组副组长

国务院学位委员会第五、六、七届体育学科评议组成员

2021 年秋

序三

学校武术教学改革既是学校体育改革的一个重要方面,也是武术研究的一个热点话题。当今,整个学校体育改革重点围绕教育思想更新、教学方法改革、教学模式构建而展开。未来,中华武术与民族民间传统体育运动将在学校体育中越来越受到重视,学校武术教学应该突破现行的教学模式,与时俱进,大胆创新。武术原本是以实战对抗为主的运动,是培养青少年血性、阳刚的实践途径和方式方法,而长期以来学校武术的教学内容都是初级长拳、简化太极拳等套路形式或"比划式"的武术。这类教学内容缺乏实战对抗,因此武术运动的吸引力并不强,武术教学的育人价值并未得到充分的挖掘和发挥。例如篮球运动,如果只是进行花式篮球教学,而不进行对抗性的篮球比赛,就是本末倒置。同理,如果武术教学只重视"花拳绣腿"的表演,而不进行对抗性的武术运动,那么无论是对学生学练武术的吸引力,还是对学生发展的作用都将大大降低。特别是在我国部分学生缺乏阳刚之气的背景下,以对抗性武术运动为主的教学势在必行,这有助于充分发挥武术"野蛮其体魄,文明其精神"的教育作用,有助于落实习近平总书记在2018年全国教育大会上强调的帮助学生通过体育锻炼享受乐趣、增强体质、健全人格、锤炼意志的要求,同时对促进我国青少年儿童身心健康、体魄强健、全面发展具有重要而长远的作用。

为解决我国学校体育长期以来"花拳绣腿"式武术教学的问题,杨建营对学校武术教学改革进行了长期且深入的研究。这本书正是对其近十年理论研究和教学实践的总结归纳,重点阐释了在摒弃"花拳绣腿"式武术教学的基础上,从专业体育教育和公共体育教育的角度设计了实战对抗为主的教学内容体系。此书中对学校武术教学内容改革提出的"①武术套路不宜作为主要教学内容;②应该采用简单直接、便于应用的技术，并将开放型的两两对抗作为课堂主要练习形式；③培养学生的武术能力，这是检验课程改革成功与否的关键"，符合整个学校体育改革的发展方向。书中列举的由基本功法练习、单招单势练习、讲招喂招练习、散手实战练习、套路汇总演练等环节组成的武术教学内容是一个结构化的技术体系。由此可见，武术套路实际上是结构化的技术体系中的一部分，但不是武术教学内容的全部。另外，该书认为虽然一些教师将课程名称定为"武术散打教学内容"，但实际授课"仅教授拳腿技法的单练和打靶，根本不组织实战对抗"，这与篮球运动的课堂教学中只教授单个技术、不组织教学比赛的状况如出一辙。而此书提倡"将开放型的两两对抗作为课堂主要练习形式"，这是学校武术教学改革的正确方向。特别是其正在实验的太极拳课程改革，第一节课不教授具体技术，而是先向学生阐明比赛规则要点，让学生凭本能或经验进行对抗，在后续教学过程中，根据对抗过程中出现的不同情形，逐一教授具体技术，并将具体技术与实战情境结合起来。这种教学模式完全颠覆了之前的太极拳教学模式，真正形成了"每节课都有对抗比赛、保证运动强度、切实培养运动能力"的武术课程。这样的改革尝试把学校武术教学改革向前推进了一大步，初步形成了具有示范引领作用的全新武术教学模式。

总之，该研究成果符合党和政府提出的弘扬中华优秀传统文化、培育中华民族精神的要求，符合学校体育课程改革的大方向，并取得了可喜的成绩和经验，值得推广和应用。

季　浏

华东师范大学体育与健康学院院长 终身教授 博士生导师

教育部全国高等学校体育教学指导委员会理论组组长

教育部中小学体育教学指导委员会副主任

教育部国家中小学体育与健康课程标准研制组组长

国务院学位委员会第六、七届体育学科评议组成员

中国高等教育学校体育研究会副主任

2022 年元月

自　序

自党的十八大以来，建设文化强国已逐渐上升为国家战略。文化强国战略的首要目标是中华民族的伟大复兴，其中，弘扬中华优秀传统文化是一个非常重要的方面，具有固本培元的作用。党的十九大的主题是"不忘初心、牢记使命，高举中国特色社会主义伟大旗帜决胜全面建成小康社会，夺取新时代中国特色社会主义伟大胜利，为实现中华民族伟大复兴的中国梦不懈奋斗"。这个初心和使命就是"为中国人民谋幸福，为中华民族谋复兴"，由此，实现中华民族伟大复兴成为新时代的最高国家战略。正是在这样的时代背景下，本书展开了作为中国传统文化载体的中华武术的学校教育研究。

本书主要运用文献资料、访问调查、实验研究、对比分析、逻辑分析等研究方法，研究了如何构建我国学校武术的传承体系。首先立足于国家需要，提出"应重新定位中华武术的社会价值""从战略上调整武术发展重心"，然后从"做好自身传承"和"服务于社会发展"两个维度，分别研究了学校武术专业教育和学校武术普及教育，提出如下主要建议。

第一，中华民族伟大复兴的最终决定因素是在中国传统文化中居于核心地位的"精气神"，特别是凝聚着中国传统文化之"精气神"的"刚健自强"精神。学校武术完全可以成为培养当代青少年"刚健自强"精神的实践途径。在国家层面应重新定位武术，大力挖掘武术的精神教育价值；在武术管理层面应根据国家需要调整武术发展的重心，将其由运动竞赛领域转向学校教育领域。

第二，与《关于实施中华优秀传统文化传承发展工程的意见》提出的"到2025年，中华优秀传统文化传承发展体系基本形成"的"总体目标"相对应，体育专业院校的武术院系应建立起优秀传统武术拳种的传承体系，完成从"现代竞技武术技术体系的培训基地"到"优秀传统武术文化的传承发展中心"的跨越，这是学校武术专业教育改革的大方向。这种改革并非仅仅引入传统武术拳种的套路形式，也不是将传统武术拳种直接搬进课堂，而是先从技术本源入手，弄清每个拳种对技击的不同侧重点，完成拳种武术的学术化，再构建各拳种完整的技术体系，其具体改革理念是"立足拳种、回归技击，形成体系、弘扬文化"。

第三，在各级学校体育课中开展的武术教学内容应以"育人"为出发点，紧紧围绕培育刚健自强精神这个核心目标，选取以简单直接的对抗类技术为主体的教学内容，具体改革理念是"立足单势、强调技击、突出对抗、培育精神"。因此，教学内容不能再停留于培养个人技术能力的套路技术层面，而应涵盖个人技术能力、对节奏距离的控制能力、限制对方技术发挥的能力三方面，课时量有限时可精简技术，但绝不能破坏整体结构。只有把武术全息的过程、完整的结构纳入课堂教学，才能真正实现以学校武术培养能力、培育精神的目的，从而真正服务于文化强国建设。另外，还应建立与武术教学内容配套的竞赛机制，通过竞赛引领改革。

学校武术改革是一个涉及国家层面、职能部门层面、学者研究层面、学校管理层面、教师教学层面、学生学习层面等多方协同互动的系统工程，虽然课题组进行了一定探索，但还不能面面俱到。本书仅着眼于国家层面的实际需要及广大学生的具体实际，从学者研究层面解析了学校武术应有的传承发展体系。至于具体实施，还需要相关职能部门的宏观规划、学校管理层的具体实施，以及广大武术教师的身体力行。只有多方联动，才能真正完成学校武术教育改革这个系统工程。

需要特别说明的是，本书是由几个阶段相继完成的研究成果累加而成的。2007—2010年在武术界首位博士生导师、著名武术教育家邱丕相教授指导下，笔者完成了相关"武术发展"的博士论文，并在此基础上进一步拓展，完成了国家社科基金项目"中华武术发展的自然生态及文化生态的当代呈现研究"。在这个过程中，笔者也涉及了学校武术教育的相关研究，只是当时这个议题还没有成为研究重点。随着导师邱丕相教授的退休离位，其多年的武术教育改革实践没有被后继者延续，其在长期实践基础上形成的武术教育思想难以被后继者传承。正是基于进一步传承发展其武术教育思想的考虑，随后立即将研究重心转向了学校武术教育。为进一步开阔视野，笔者于2012年进入苏州大学博士后流动站，在体育教学与训练专家王家宏教授指导下,展开了"我国学校武术传承体系"的新研究,虽屡次申报博士后基金都未成功,但也对学校武术研究也取得了突破性进展(博士后出站时发表了相关研究论文21篇)。以第一阶段的研究为基础,2014年成功获批国家社科基金项目"文化强国建设目标下我国学校武术传承体系研究",从而获得了进一步深入研究的支持。该课题以"良好"结项之后,又做了进一步的延伸研究,2018年《中华武术的学校传承研究》获得华东师范大学精品力作项目资助。该项目成果正是在以上相继深入研究基础上而形成的一部关于学校武术教育的专著成果。作为该项目成果之核心的国家社科项目"文化强国建设目标下我国学校武术传承体系研究",共计13位课题组成员参与,如徐亚奎、冯香红、于均刚、杨建英、贾海如、黄康辉、刘连俊等。在整个研究过程中,邱丕相教授在整体指导思想方面提出了宝贵意见,姜周存教授在实践技术方面提出了宝贵意见,王家宏教授对第一阶段的研究成果进行了全面指导,特别是张建军先生为该课题提供了大量的技术研究素材和相关的设计思路。本书由课题负责人杨建营整体设计、独立撰写完成;课题组成员徐亚奎为武术散打教学的具体实施案例提供了整体思路;冯香红为对学校武术竞赛提供了思想启迪;于均刚参与了相关教学实验研究;杨建英收集了大量学校武术的历史发展资料;贾海如对其中的技术设计提出了宝贵意见;黄康辉、刘连俊分别为对太极拳、八极拳的教学实验提供了教学素材。此外,国家社科项目结项评审专家对第二阶段的研究成果提出了诸多建设性意见。在此,对以上课题组成员、专家学者的付出,表示衷心感谢!

  由于研究水平有限,书中难免存在疏漏和值得继续深入的地方,希望武术界专家学者能够提出建设性的宝贵意见,凝神聚力,共同推进学校武术教育改革。

杨建营
2021 年 11 月 11 日

目 录

绪 论 ··· 001
  一、选题依据 ·· 001
  二、研究现状述评 ·· 004
  三、研究的主要内容 ·· 005
  四、研究思路及研究方法 ·· 006
  五、研究成果的主要建树 ·· 007
  六、研究成果的突出特色及主要创新点 ·································· 011
  七、研究成果的学术价值和应用价值 ···································· 012
  八、研究成果的社会效益和存在的不足 ·································· 013

第一章 中华武术的价值定位 ··· 015
第一节 中华优秀传统文化的核心——文化精神 ···························· 016
第二节 文化精神的支柱——"刚健自强"精神 ···························· 018
  一、"刚健自强"精神的重要性 ·· 018
  二、"刚健自强"精神的历史沉浮 ······································ 019
  三、"刚健自强"精神的当代使命 ······································ 022

第三节 中华武术的价值定位——重塑"刚健自强"精神 ················· 022
　一、中华武术重塑"刚健自强"精神 ··································· 022
　二、学校武术塑造"刚健自强"精神 ··································· 025
本章小结 ··· 028

第二章 武术自身发展重心的战略调整 ····························· 029

第一节 不同历史时期武术发展重心的转换 ··························· 029
　一、古代武术发展的重心——服务于军事战争 ······················· 030
　二、民国时期武术发展的重心——定位于培育民族精神的教育手段 ··· 032
　三、中华人民共和国成立之后武术发展的重心——定位于体育运动 ··· 034
　四、武术发展重心转换的整体回顾 ····································· 039

第二节 未来中华武术发展重心的调整方向——教育领域 ············· 039
　一、历史惯例 ··· 040
　二、国际惯例 ··· 040
　三、时代主题 ··· 041

第三节 进军武术教育的前提——从根源入手深刻认识武术发展之问题 ··· 042
　一、当今武术发展过程中出现的主要问题 ···························· 043
　二、当代武术发展问题之根源的深层解析 ···························· 046

第四节 调整武术发展重心后的重点举措——构建学校武术传承体系 ···· 049
本章小结 ··· 053

第三章 学校武术专业教育改革研究 ································ 054

第一节 千年文化传统积淀而成的中华武术 ··························· 054
　一、中华武术整体技术的"博大"——具有多层面不同类型技术的庞大体系 ··· 054

二、中华武术技击的"精深"——形成了十分独特的劲力系统··········059

三、中华武术的文化精神——自强不息，厚德载物··················061

第二节 学校武术专业教育的形成及发展························066

一、学校武术专业教育形成的时代大背景·······················067

二、学校武术专业教育的形成及发展···························070

第三节 学校武术专业教育存在的问题解析························075

一、学校武术专业教育存在的问题···························075

二、学校武术专业教育问题形成的原因解析·····················077

三、学校武术专业教育改革必须把解决问题作为主要任务············086

第四节 学校武术专业教育改革的相关理论研究及实践探索···········088

一、文献资料中关于学校武术专业教育改革的主要研究·············088

二、走访调研过程中获得的关于学校武术专业教育改革的思想理念及

实践探索···093

第五节 学校武术专业教育改革的定位及理念······················099

一、学校武术专业教育改革的定位····························099

二、学校武术专业教育改革的理念····························100

第六节 传统武术拳种技术体系化教学示例······················106

一、通备拳系中劈挂拳的体系化教学探析······················106

二、通备拳系的体系化教学简析····························113

三、学校武术专业教育的技术考试及竞赛简析···················118

第七节 学校武术专业教育传承方式改革案例····················120

一、"类师徒传承"的具体案例·····························121

二、以"师徒传承"延续学校传承和专业队训练的具体案例··········128

本章小结 …………………………………………………………………… 141

第四章　学校武术普及教育改革研究 …………………………… 144

第一节　学校武术普及教育的历史变革 ………………………………… 145

一、在学校教育中加入武术的前奏——中国文化发展出现了严重问题 … 145

二、在学校教育中开设武术的初衷——拯救文化，进而拯救民族 ……… 145

三、20 世纪后半叶学校武术的重大变革——定位于"锻炼身体的实用
价值和树立优美的形象" ……………………………………………… 147

四、21 世纪武术的功能诉求——"弘扬和培育民族精神" ……………… 150

第二节　现行学校武术普及教育存在的主要问题 ……………………… 151

第三节　21 世纪学校武术普及教育改革的实践探索 …………………… 155

一、三种典型的武术教育改革思想及其实践 …………………………… 155

二、对三种典型的武术教育改革思想的具体解析 ……………………… 160

三、三种典型武术教育改革思想的比较 ………………………………… 168

四、对当今学校武术教育改革实践的具体评价——以武术段位制进校园为例 … 171

第四节　学校武术普及教育改革的个案研究——普通高校武术选项课改革实践 … 173

一、从武术课到武术防卫术课的教学内容改革 ………………………… 174

二、武术选项课教学内容改革实践启示 ………………………………… 180

第五节　他山之石——近邻武道普及教育之经验启示 ………………… 183

一、近邻武道普及教育的经验 …………………………………………… 183

二、近邻武道教育对中华武术学校教育改革的启示 …………………… 185

第六节　学校武术普及教育的定位及改革理念 ………………………… 188

一、学校武术普及教育的定位剖析 ……………………………………… 188

二、学校武术普及教育改革理念的确立 ············· 190

第七节　学校武术普及教育的教学内容选取及具体实施步骤 ············· 192

一、学校武术普及教育"一校一拳"的教学内容选取——以太极拳、八极拳为例 ····· 192

二、学校武术普及教育的教学步骤研究——以普通高校开设两个学期武术选项课为例 ············· 194

第八节　建立与改革理念配套的学校武术竞赛体系 ············· 201

一、学校武术竞赛活动处于长期失效状态 ············· 201

二、学校武术竞赛与其他运动项目、国外同类项目竞赛活动的对比 ······ 202

三、学校武术竞赛活动的改革思路 ············· 204

四、学校武术竞赛活动改革 ············· 208

本章小结 ············· 209

结论与建议 ············· 212

参考文献 ············· 214

阶段性成果 ············· 221

绪 论

一、选题依据

"武术教育出现了问题"是进入21世纪以来武术界面临的最严重的情况,这种问题不仅显现于各级普通学校体育课中开设的武术教学内容,还存在于体育专业院校及师范类院校的体育院系中的武术教学内容(为简练表达,后文将两者分别表述为学校武术普及教育、学校武术专业教育)。在学校武术普及教育领域,正如界内外人士所言:广大青少年"喜欢武术,却不喜欢武术课"(蔡仲林——综合大学武术教授)[1];武术在校园里"渐行渐远"(杨凰——中学体育一线工作者)[2];"武术在中小学,已名存实亡"(国家体育总局武术研究院)[3];"传统武术无人问津,跆拳道馆门庭若市"(邱丕相——专业院校武术教授)[4];"传统武术在中国大学里已经奄奄一息"(徐伟军——专业院校武术教授);"学习跆拳道,体验中国武术精神"(某跆拳道馆),"传统武术免费班,却无人问津"(中国人民大学武术协会)[5];"24式太极拳就像是一套广播操""我对武术课太失望了"(普通大学生)。以上各种与武术教育相关的言论,反映了进入21世纪以来学校武术普及教育的状况。学校武术专业教育也问题多多,正如武术专业教育的专家、教授、博士、教练员、教师的论述:武术教育的弊病在于"忽视拳种、偏视套路、

---

[1] 蔡仲林,施鲜丽.学校武术教学改革的指导思想——淡化套路、突出方法、强调应用[J].上海体育学院学报,2007,31(1):62-64.

[2] 杨凰.校园里,那渐行渐远的武术[N].中国体育报,2009-02-26(7).

[3]《关于武术教育改革和发展的研究》课题组.改革学校武术教育 弘扬中华民族精神[J].中华武术,2005(7):4-5.

[4] 邱丕相,刘京海,宋仪侨,等.2007年3月12日上海市政协的提案《应重视在青少年中继承中华武术文化的研究》[EB/OL].(2007-03-13)[2020-08-17].http://law.eastday.com/node2/node22/lhsb/node3479/node3481/u1a16664.html.

[5] 慈鑫.武术被跆拳道踹出都市时尚——失落中的中国传统武术(上)[N].中国青年报,2005-04-01(A8).

弱视应用、轻视文化"（武冬、吕韶钧——北京体育大学武术教授）[1-2]；深层问题是"脱离了中国武术历史发展的内在逻辑规律"（王飞——武汉体育学院校竞技武术教练）[3]；在教学内容方面"忽视了武术的文化属性"，仅仅"发展了其形，而丢掉了其魂"，"空有其表而无其神"，致使"传统武术的技术技能过度缺失"（孙永武、于翠兰、徐诚堂——南京体育学院武术专业教师）[4-5]；"传统武术自生自灭"却成为一种"合法性危机"（丁丽萍、戴有祥——上海体育学院武术博士、武术专业教师）[6]。更严重的是，新一代武术专业工作者出现了对传统认识的"集体失忆"，进而在面对社会各界的质疑时又出现了"集体失语"，最后走上"自我怀疑乃至自我否定之路"[7]。"各种外来运动（项目）大行其道，具有悠久传统的中华武术逐渐枯萎，并被西方强势文化同化"的现实，牵系着整个武术的发展，关系着整个武术界的命运。改革学校武术教育，势在必行。

围绕学校武术教育改革这个主题，10余年来涌现出大量研究成果，相关硕博论文有数十篇，期刊论文有数百篇。然而，这些研究并没有解决实际问题。在各级普通学校，武术并没有得到普及；在各大专业院校，更富有文化内涵的传统武术拳种依然没有一席之地。这种现实表明，武术教育研究仍需继续深入，而"如何深入"成为关键。

2011年10月中国共产党第十七届中央委员会第六次全体会议审议通过了《中共中央关于深化文化体制改革、推动社会主义文化大发展大繁荣若干重大问题的决定》，其中最大的亮点是首次提出建设"文化强国"长远战略。时隔一年之后，党的十八大报告中5次出现"文化强国"，并将"扎实推进社会主义文化强国建设"作为12个主标题之一，由此，文化强国建设上升为国家战略。2017年党的十九大再次强调"激发全民族文化创新创造活力，建设社会主义文化强国"。2020年9月22日，习近平总书记在教育文化卫生体育领域专家代表座谈会上强

---

[1] 武冬.体育教育专业武术课程教学内容和方法改革的研究[D].北京：北京体育大学，2006：1.

[2] 武冬，吕韶钧.高等学校武术课程体系改革研究[J].北京体育大学学报，2013，36（3）：92-98.

[3] 王飞.民族传统体育武术专业课程理论基础研究[D].武汉：武汉体育学院，2007：1.

[4] 孙永武.从竞技武术到传统武术——民族传统体育专业武术教育发展简论[J].中华武术（研究），2012，1（Z1）：205-208.

[5] 孙永武，于翠兰，徐诚堂.民族传统体育专业传统武术特色课程开发研究[J].中州体育·少林与太极，2012（11）：10-12.

[6] 丁丽萍，戴有祥.学院走向民间：传统武术发展谫论[J].搏击·武术科学，2006（3）：3-5.

[7] 王飞.民族传统体育武术专业课程理论基础研究[D].武汉：武汉体育学院，2007：2.

调"把文化建设摆在更加突出位置……党的十八大以来,我们把文化建设提升到一个新的历史高度……要坚定文化自信,推动中华优秀传统文化创造性转化、创新性发展……不断铸就中华文化新辉煌,建设社会主义文化强国"。《中共中央关于制定国民经济和社会发展第十四个五年规划和二〇三五年远景目标的建议》将"建成文化强国"作为"到二〇三五年基本实现社会主义现代化远景目标"之一。2022年党的二十大报告在"推进文化自信自强,铸就社会主义文化新辉煌"这一部分提出"增强文化自信,围绕举旗帜、聚民心、育新人、兴文化、展形象建设社会主义文化强国……激发全民族文化创新创造活力,增强实现中华民族伟大复兴的精神力量"。综上所述,"建设文化强国"是近十年及后十年的热点问题。有学者系统梳理了"习近平文化强国战略大思路",认为主要包括培育核心价值观,弘扬中华优秀传统文化,提高国家文化软实力,把握意识形态工作的领导权、管理权、话语权四方面,在实现中华民族伟大复兴的征程中,"弘扬中华优秀传统文化"是"固本培元"的工程[1]。还有学者对文化强国进行了解析,指出其首要目标是"中华民族的伟大复兴"[2]。

  2012年11月29日在国家博物馆参观"复兴之路"展览时,习近平总书记提出:"实现中华民族伟大复兴,就是中华民族近代以来最伟大的梦想。"2013年3月17日在十二届全国人大一次会议闭幕会上,习近平总书记强调"实现中国梦必须走中国道路,必须弘扬中国精神,必须凝聚中国力量"。2021年在庆祝中国共产党成立一百周年大会上,习近平总书记发表重要讲话,内容不仅回顾中国共产党百年奋斗的光辉历程,而且展望中华民族伟大复兴的光明前景,其中特别指出:"一百年来,中国共产党团结带领中国人民进行的一切奋斗、一切牺牲、一切创造,归结起来就是一个主题:实现中华民族伟大复兴",在7000多字的报告中21次出现"中华民族伟大复兴"。党的二十大报告中,以"复兴"为关键词,涉及民族复兴共出现22处。由此可见,实现中华民族伟大复兴的中国梦成为新时代的最高国家战略。

  综上所述,建设文化强国的目标是实现中华民族的伟大复兴,其中,很重要的一方面是"对中华传统文化的自信"。本书以在文化强国建设中具有"固本培元"作用的"弘扬中华优秀传统文化"为着眼点,紧扣文化建设的核心——"文化精神",

---

[1] 张国祚. 习近平文化强国战略大思路[J]. 人民论坛, 2014(9): 72-75.
[2] 尹汉宁. 谈谈文化的内涵与文化强国目标[N]. 学习时报, 2017-07-26(A4).

特别是在其中具有支柱作用的"刚健自强"精神,以学校武术为突破口,研究如何解决学校武术存在的诸多问题,试图通过学校武术教育来培育"刚健自强"精神,助力于实现中华民族复兴的伟业。同时,以党的十八大提出的"建设优秀传统文化传承体系"和中共中央办公厅、国务院办公厅联合印发的《关于实施中华优秀传统文化传承发展工程的意见》中"到2025年,中华优秀传统文化传承发展体系基本形成"的"总体目标"为理论依托,研究如何建立中华优秀传统武术文化的传承体系。

二、研究现状述评[1]

概览国外的状况,以体育传承本民族文化、弘扬本民族精神,走在最前列的是欧美国家,其次是日本。作为西方文化之缩影的竞技体育在其本土乃至全世界得到广泛开展。1882年日本著名教育家嘉纳治五郎将传统柔术提升为"柔道",1926年日本官方确认"武道"这一称谓代指柔道、剑道、空手道等武打技术。此后它们相继完成了现代化转型,并作为学校必修课,成为日本培育民族精神的主要载体。相关研究如加藤仁平的《嘉纳治五郎——在世界体育史上闪耀》、山田奖治的《日本的武道教育》、日本武道馆的《日本的武道》等,都具有借鉴意义。国内也有学者对日本武道进行了系统研究,最典型的研究是郑旭旭和袁镇澜的《从术至道——近现代日本武术发展轨迹》。

纵观国内的状况,民国时期的传统武术也曾被国家提升为"国术",成为培育民族精神的重要载体,但是后来夭折。武术教育重新得到重视是在21世纪之后,特别是2004年4月2日中宣部、教育部印发的《中小学开展弘扬和培育民族精神教育实施纲要》一文。近十年来,该领域的代表性研究成果如下:①国家社科基金项目,邱丕相、虞定海等的《对我国青少年传承中华武术文化的研究》;②国家体育总局武术研究院的调研报告,康戈武等的《我国中小学武术教育改革与发展的研究》,以此为基础,汇集了国内各拳种的专家编写的武术操和以拳种为单位的近20部武术段位制教材;③硕博学位论文,上海体育学院的博士论文如李龙的《历史学视野下的中国武术教育》、马文国的《文化全球化背景下的武术教育与学校武术》,此外还有北京体育大学、武汉体育学院、苏州大学、山东师范大学、西南师范大学的一些硕士论文;④数百篇相关武术教育的期刊论文,

---

[1] 这里仅仅是从整体上进行述评,因为研究涉及的内容较多,所以更多的文献综述分布于各部分相应的章节。

如邱丕相、戴国斌的《弘扬民族精神中的武术教育》，蔡仲林、施鲜丽的《学校武术教学改革的指导思想——淡化套路、突出方法、强调应用》，王岗、邱丕相的《重构中国武术教育体系的研究》，武冬、吕韶钧的《高等学校武术课程体系改革研究》，赵光圣、戴国斌的《我国学校武术教育现实困境与改革路径选择——写在"全国学校体育武术项目联盟"成立之际》，刘文武、徐伟的《武术专业技术教育改革：探索与思考》，刘文武的《以武术专业技术教育改革促武术教育体系改革》。

以上成果有的提升了相关理论高度，有的进行了具体分析，有的提供了国外的参照案例，这些对本书的研究有很大启示。但是，相对而言，武术普及教育的研究多，武术专业教育的研究少；分析武术普及教育中存在的问题的研究多，对具体实践操作层面的研究少，上升到哲学高度的研究更少。其中的亮点是华中、华北、华东的专家先后提出的三种典型的改革理念："淡化套路、突出方法、强调应用""整合拳种、优化套路、强调应用、弘扬文化""强化套路、突出技击、保质求精、终身受益"。这三种改革理念虽有共同点，但也存在着一定矛盾，这对改革实践极为不利。三种改革理念有哪些共同点、有哪些区别，分别是依据什么理论提出来的，适用于什么范围，这都值得做进一步辨析研究。在对此深入剖析的基础上，首先站在更高的高度精准把握大方向，并确立更合理的改革理念，然后从具体实践操作层面根据不同群体学生的不同现实状况，分别构建不同的学校武术传承内容，这些都是深入研究的重点。

三、研究的主要内容

本书的主要内容分为两大块：一是体育专业院校和师范类院校、普通院校体育学院的武术专业教育，如具有武术与民族传统体育专业单招资格的高等院校的武术专业技术课、具有体育院系的高等院校的武术专选课等；二是在各级各类普通学校的体育课中开展的武术普及教育，如中小学体育课中的武术教学、大学公共体育中的武术选项课等。此外，对于高校体育院系的武术普修课，虽属武术专业课程，但由于其毕业生将来面对的教学对象是各级学校的普通学生，所以在武术教育改革理念上与武术普及教育类同；而对于各级普通学校的武术社团，由于其成员具有长时间练习武术的条件，教学内容相对大面积普及性的武术课要广博得多，可参照武术专业教育的改革理念。

这两块内容既有密切联系，又有很大区别。二者的联系在于武术专业教育的内容中包含武术普及教育的内容，武术专业教育为武术普及教育培养了师资。二者区别在于：一方面，武术专业教育的技术比武术普及教育复杂得多、系统得多。另一方面，二者分别承担着不同的任务。其中，武术专业教育的主要任务首先是"传承"，其次是"发展"，即如何将经过千年积淀的武术文化遗产传承下去，并且在传承的基础上开拓创新，将中华优秀传统武术文化发扬光大；而武术普及教育的主要任务是"服务"，即根据当代青少年的具体实际和国家民族发展的实际需要，从博大精深的武术技术中精选出最适宜的内容，服务于青少年的健康成长和国家战略，充分发挥武术服务于社会的价值。

四、研究思路及研究方法

整个研究遵循文献收集、走访调查和教学实验同步进行的研究思路，既做顶层设计又做实践研究，具体如下图所示。

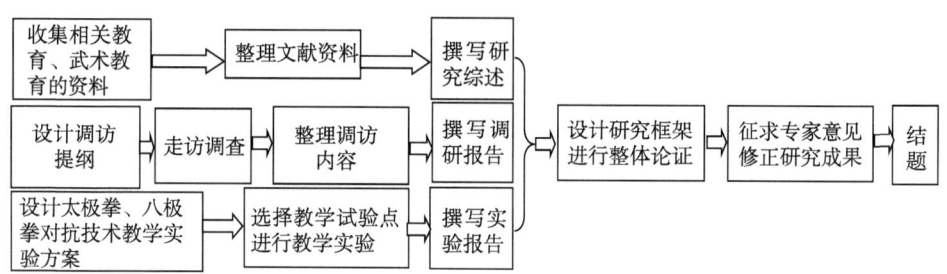

整个研究以辩证唯物主义和历史唯物主义为方法论总纲，具体采用以下研究方法。

1. 文献资料法

通过浙江省图书馆、浙江工业大学图书馆、华东师范大学图书馆、华东师范大学体育资料室、上海体育学院武术资料室，以及中国知网、超星图书馆、中国基本古籍库等途径，收集有关"武术教育""学校武术""教育"等方面的论著、论文，并对各种思想进行梳理，力图形成较为全面的认识。

2.访问调查法

走访国家体育总局武术研究院、北京体育大学、上海体育学院、武汉体育学院、山东体育学院、扬州大学、苏州师范大学、山东师范大学、浙江大学、华中师范大学、华东师范大学、邯郸学院和其他普通高校武术教师及负责人,共计 20 多人。通过走访调查,充分了解目前整个武术教育改革的趋势。

3.对比分析法

将我国的学校武术教育与近邻日本的武道教育进行对比研究,既吸取其长处,弥补武术教育之不足,也看到其缺陷,发扬武术的自身优势,扬长补短,从而形成既相对科学又独具特色的武术教育模式。

4.实验研究法

按照新教学改革思路,以武术对抗技术为主进行教学实验,按照课程设置进行拆分式教学,验证整体改革思路的可行性,在反复试验的基础上形成学校武术技术模版,以便向其他拳种推广。

5.逻辑分析法

在上述研究基础上进行总结、分析、归纳、综合,形成与国家层面提出的"建设优秀传统文化传承体系,弘扬中华优秀传统文化"相适应的学校武术技术体系。

五、研究成果的主要建树

主要建树之一:指出了学校武术专业教育和学校武术普及教育的主要区别,即两者分别承担着不同任务。前者应该把武术自身的传承发展摆在第一位,首先将经过千年积淀而形成的武术文化遗产传承下去,然后适当发展创新,使其跟上时代步伐。后者应该充分利用武术的精神教育价值进行育人,把育人摆在第一位,以更好地育人为出发点,实现武术的社会价值,服务于微观层面青少年的健康成长和宏观层面国家民族的发展。基于这种认识,采用有利于育人、培育精神的内容,舍弃不利于育人、培育精神的内容。至于传承武术固有的技术结构、特有的文化内涵、独有的运动形式等,是学校武术专业教育应该考虑的问题,而不是学校武术普及教育应该考虑的问题。也就是说，在学校武术专业教育领域，应该把武术自身的传承发展作为考虑问题的出发点，而在学校武术普及教育领域，应该把育人作为考虑问题的出发点。

主要建树之二：分别指出了学校武术专业教育和学校武术普及教育存在的主要问题。学校武术专业教育领域存在的主要问题是其主体教学内容一直以体育系统运动竞赛领域开展的竞技武术技术体系为指针而运转，而深刻蕴含中华传统文化内涵的传统武术拳种没有进入武术专业教育领域，没有完成学术化改造，得不到推广和传承，只能在民间自生自灭，也就是说，其在"传承"方面做得很不够。学校武术普及教育存在的主要问题是没有围绕国家战略和广大青少年的具体实际选取最适宜的教学内容，起不到培育民族精神的作用，也就是说，其在教学内容选取方面做得不好。

主要建树之三：分别指出了学校武术专业教育和学校武术普及教育改革的立足点。因为学校武术专业教育的核心任务是"传承和发展中华优秀传统武术文化"，所以其改革的立足点是中华优秀传统武术拳种及其细致精微的技术；因为学校武术普及教育的核心任务是"利用武术的精神教育价值服务于青少年的成长和国家民族的发展"，所以其改革的立足点是中华武术的基本精神，以及与之紧密相连的技术。更进一步来说，在学校武术专业教育领域，应以拳种为单位，以武术最本源的技击为纲，以在技击方面具有不同侧重的各拳种中的细致精微的技击技术为重点，建立中华优秀传统武术拳种的传承发展体系；在学校武术普及教育领域，应选取以中华武术的基本精神为核心的技术，建立与之高度相关、完全一致的以对抗类技术为主体的简约化体系。

主要建树之四：整个研究以"应立足国家需要，从国家民族层面对中华武术之价值重新定位"为切入点，首先提出"应从战略上调整武术整体发展的重心"，其次从"做好自身的传承发展"和"服务于社会发展"两个维度分别对学校武术专业教育和学校武术普及教育展开研究，依次提出了以下新观点。

（1）对于中华民族的伟大复兴而言，政治、经济、文化、科技、军事等方面的发展都是重要因素，其中，文化是经济崛起之后的关键性因素，但最终起决定性作用的绝不是笼统的、广义的、泛泛的文化，而是在中华优秀传统文化中居于核心地位的文化精神，即2014年两会期间，习近平总书记强调的"……要从弘扬优秀传统文化中寻找精气神"，特别是凝聚着中华优秀传统文化之"精气神"

的"刚健自强"精神。武术正是培育"刚健自强"精神的载体,我们应该从民族复兴的角度重新定位武术,大力挖掘武术的精神教育价值,通过加强在各级学校体育课中开展的武术教育,培养当代青少年的"刚健自强"精神,从而改变中华民族的整体精神面貌。

（2）国家需要是整个武术事业发展的决定性推动力量,整个武术发展的重心应根据国家需要而调整。从古至今,武术整体发展的重心不断变化,其大致脉络如下：古代武术以"军事格杀"价值服务于作为"国之大事"的军事战争—民国时期武术以"精神教育价值"服务于当时急需的"武"化教育—中华人民共和国成立后武术以"体育健身和竞技表演"价值服务于大众健康及运动员竞技—今后武术将成为培育"刚健自强"精神、凝聚中华民族"精气神"的实践载体。

（3）当今武术发展出现了诸多问题。例如,在各级学校体育课中的武术教育逐渐荒废、曾作为中华武术发展之主体的传统武术拳种无法作为完整技术体系在专业院校得到有效传承、传统武术的文化精神无法得到弘扬等。现在解决问题的唯一途径是从根源入手,把中华武术整体发展的重心由运动竞赛领域调整到武术教育领域。这样的战略调整既可以解决以上问题,也遵循了历史惯例,还参照了国际惯例,更符合中华民族伟大复兴、文化强国建设的时代主题。

（4）中华武术在历史发展过程中形成了以拳种为单位、深刻体现"具体问题具体分析"的辩证思想、追求"以巧斗力"的"技击之道"的技术体系,并深刻蕴含着中国传统文化的基本精神——"自强不息,厚德载物"。这些独特内容本应在武术专业教育领域得到有效传承和发展创新,然而,目前学校武术专业教育不仅没有主动承担起传承和发展中华优秀传统武术拳种的重任,没有从整体上继承传统武术拳种技术体系,没有把传统武术拳种的独特之处发扬光大；还没有顺应世界武打类技术发展的大趋势,没有完成传统武术拳种的现代转型,没有将其文明化的竞技方式挖掘出来；更没有把传统武术最深层的文化精神挖掘出来,在弘扬中华优秀传统文化方面还有巨大的发展空间。

（5）学校武术专业教育的立足点在于武术自身的传承发展,只有把传承各具地方特色的武术拳种放在首位,在充分传承的前提下,兼顾发展创新,才能在武术界率先实现"传承发展中华优秀传统文化"的目标。由民国时期的"培育武术师资"到中华人民共和国成立后的"现代竞技武术技术体系的培训基地"再到未来的"中华优秀传统武术文化的传承发展中心"的变化,是学校武术专业教育从过去穿过现在指向未来的发展历程。武术专业技术教学内容由目前的竞技武术技术体系转向拳种武术技术体系，形成以不同特色拳种为单位的中华优秀传统武术传承体系，这是今后武术教育改革的大方向。具体改革可按照"立足拳种、回归技击，形成体系、弘扬文化"的理念而展开。这种改革并非仅仅引入传统武术拳种的套路形式，也不是将传统拳种直接搬进课堂，而是首先从技术本源入手，明晰每个拳种对技击的不同侧重点，弄清每个拳种中各种技术的来龙去脉，理顺拳种技术不同内容之间的关系，构建各拳种的技术体系，然后形成训练体系、理论体系，乃至最适宜的考评、竞赛或其他交流方法。

（6）在各级学校的体育课中开设武术教学内容的立足点绝不在于武术自身的传承发展，而在于育人，应充分发挥武术的社会服务价值。武术的服务对象包括具体层面的广大青少年和宏观层面的国家民族。因此，首先应该考虑的问题是当代青少年缺乏什么，国家民族发展需要什么，学校武术教育应以此为依据确立最适宜的教学内容，而非考虑如何传承武术、如何保持武术的文化特色。20世纪前期把武术纳入学校教育，是为了发挥武术的社会服务功能，主要是为了解决"中国文化出现的'文'化和'武'化教育完全失衡，文化固化、柔静化，缺乏应有的生机和活力"的问题。对比20世纪初和21世纪初的状况可得出结论：学校武术发展必将经过一个"否定之否定"的过程，从最初的"拯救文化，激发精神"，经过中间"锻炼身体，树立优美形象"的曲折之后，再回归到"培育精神"的正路，这种回归不是简单的循环往复，而是完成从实用技术到精神教育途径的跨越。

（7）在各级学校体育课中开展的以表演型套路为主的教学内容存在的问题如下：①与一般人对武术的认识形成错位；②属于封闭性运动，不易激发学生的学习兴趣；③动作太复杂，简化不当，难学难练；④技术上没有明显的目标定位，致使学生缺乏明显的目的性，难以体验成功的喜悦；⑤不具备培育中华民族发展最急需的"刚健自强"精神的价值。近邻日本、韩国的武道教育有两方面经验值得借鉴：①以简单实用的对抗类技术为主设置教学内容；②充分挖掘武打类技术的教育价值。这对我国学校武术教育改革有3点启示：①学校武术的教学内容应该以两两对抗为主，而非以个人演练为主；②每个武术拳种都可以提炼出几个可直接用于对抗的简单组合，在广大青少年中进行大范围推广普及；③应该将武术教育改革的立意确立为更高层面的培育精神、涵养道德，而不仅仅是技术层面的防身自卫、强身健体。十余年普通高校武术选项课教学内容改革的实践也证实了这几点。作者在理论剖析、对比参照和改革实践基础上，提出学校武术普及教育应定位于培育精神，选取以文化精神引领、紧紧立足于武术的本质属性技击而展开对抗类技术教学。具体改革理念是"立足单势、强调技击、突出对抗、培育精神"。

（8）根据以上理念，必须把武术完整的结构纳入课堂教学，而非仅仅从中选取一个片段进行教学，只有这样，才能真正实现以武术培养能力、培育精神的目的。这个过程包括3方面的能力培养：个人技术能力、对节奏距离的控制能力、限制对方技术发挥的能力。仅仅停留于培养个人技术能力阶段的武术教学，永远无法实现武术教育的特殊价值，永远与培育当代青少年急需的"刚健自强"精神没有关系。在课时量有限的情况下，可以精简技术，精简不常用的拳腿技法、摔拿技法，或去除某一类或某几类技法，但绝不能破坏整体结构。以武术散打教学为例，如果把整个教学过程划分为4个单元，则第一、第二单元的教学重点分别是格斗式、步法，第三、第四单元的教学重点是对距离、节奏的控制，第四单元的教学重点是限制对方技术发挥的练习。

（9）学校武术教育改革必须抓住学校武术竞赛这个"牛鼻子"，通过竞赛"推动武术在学校的普及，引领学校武术的发展"，而长期以来国家层面及省市层面的学生运动会、锦标赛采用的比赛内容基本上是体工队竞技武术套路比赛的翻版，清一色地采用与专业体工队竞技武术套路比赛完全一致的内容、规则和模式。因为这类竞赛内容与学校武术普及教育完全脱节，与学校武术改革方向完全不一致，对"刚健自强"的民族精神培育几乎起不到任何作用，所以一直处于长期失效的状态。因此，必须改革学校武术竞赛内容，构建以对抗类技术竞赛或交流展示为主的多种竞赛模式，通过竞赛引领改革。

六、研究成果的突出特色及主要创新点

本书的突出特色是着眼宏观、落脚具体。在总体研究思路上，首先以国家民族的发展为着眼点，从宏观上剖析"武化"教育的重要性；其次落脚于学校武术教育改革的实践操作，这是本书最突出的特色。

本书主要创新点如下。

（1）研究视角的创新——站在中华民族发展的高度分析武术教育。从国家民族发展高度分析"武化"教育缺失带来的严重问题，为武术教育研究提升了高度，

开阔了视野，这是本书在研究视角方面较为突出的创新点。

（2）研究理念的创新——把"传承民族文化""弘扬民族精神"区分开来。在教学改革理念上运用分析、分化的思维方式，将学校武术专业教育和学校武术普及教育的主要任务分别确立为"传承中华优秀传统武术拳种的技术体系""培育当代青少年急需的'刚健自强'精神"，这是武术教育改革理念中较为突出的创新点。

（3）研究观点的创新——在整体设计和实践操作层面均提出新观点。在中华民族伟大复兴的最终决定因素，整个武术事业发展的决定性推动力量，当今武术发展的诸多问题，学校武术专业教育的定位、改革理念、改革重点，学校武术普及教育的立足点、存在问题、改革理念等方面，提出了相应的新观点。

七、研究成果的学术价值和应用价值

（一）学术价值

（1）厘清了武术教育改革理论指导层面一直纠缠不清的问题，即应"淡化套路""优化套路"还是"强化套路"。对于专业院校、各级普通学校的课外武术社团，既应该实现体系化教学，强化套路，进一步突出特色，同时又应该优化套路，整合每个拳种中最有代表性、最有特色的内容进行教学。对于在各级普通学校体育课中大范围普及性的武术教学，应淡化套路，甚至取消套路，直接以单势、喂招、实战为主。

（2）分别确立了学校武术专业教育和学校武术普及教育的核心任务和改革方向，具体如下：①指出学校武术专业教育的首要任务是传承，传承中华优秀传统武术文化，其次是"发展"，完成传统武术技术的"创造性转化、创新性发展"，这分别与2017年1月发布的《关于实施中华优秀传统文化传承发展工程的意见》文件中提出的"到2025年，中华优秀传统文化传承发展体系基本形成"的"总体目标"和2017年11月党的十九大报告中提出的"推动中华优秀传统文化创造性转化、创新性发展"的指导方针相对应。②明确了学校武术普及教育的核心问题是育人，充分发挥武术的社会服务功能，服务于青少年的健康成长和国家民族复兴的伟业。这要求武术教育完全以"育人"即培养当代青少年急需的"刚健自强"精神为出发点，从博大精深的武术中选取最适宜、最恰当的内容，而非过多考虑如何保持武术固有的技术结构、特有的文化特色、独有的运动形式。把育人摆在第一位，而非把传承发展武术摆在第一位，是学校武术普及教育改革必须澄清的问题。

（二）应用价值

（1）为青少年提供一种有文化内涵的锻炼方法。青少年身体素质、思想品质不断弱化是目前国家民族层面迫切需要解决的最现实问题。本书以党的十八届三中全会提出的"坚持立德树人""强化体育课和课外锻炼，促进青少年身心健康、体魄强健"为政策依据，研究适合青少年的武术内容，有助于提高青少年的身体素质和思想品质。

（2）有助于从实践操作层面入手培育中华民族精神。目前，之所以一些专家提出"现在的中国人没有了精神""阴柔之气上升，阳刚之气下降"的论断，是因为部分学校缺乏"武"化教育的实践途径。作为本书研究重点之一的学校武术普及教育，正是以开辟这种实践途径为着眼点，这对培育中华民族精神极具现实价值。

（3）有助于以武术为载体传承中华优秀传统文化。以武术为载体传承中华优秀传统文化的最大障碍是更具中华文化内涵的传统武术拳种难以进入武术专业教育课堂，只能在民间自生自灭。本书的另一个研究重点是在专业院校建立优秀传统武术拳种的传承体系，这对以武术为载体传承中华优秀传统文化具有一定的实践价值。

（4）可以在体育领域树立一个文化标杆，服务于"文化强国建设"。本书既紧紧围绕"培育中华民族精神"设计最适宜的武术普及教育体系，又牢牢把握"传承中华优秀传统文化"，研究传统武术在专业人群中传承发展，可以在体育界树立一个服务于"文化强国建设"的文化标杆，这对文化强国建设具有重要的现实价值。

八、研究成果的社会效益和存在的不足

本书的研究成果如果能够应用于当今武术教育领域，那么一方面将促进中华优秀传统文化在武术界的传承，从而尽快在武术界实现"中华优秀传统文化传承发展体系形成"的目标；另一方面将真正发挥中华武术的育人功能，改变青少年

的精神面貌，服务于民族复兴大业。这是本书研究成果的社会效益。

因为笔者长期以来在普通高校公共体育课的武术教学第一线工作，并进行了十余年的教学内容改革实践，所以在学校武术普及教育方面有充分的发言权，而因为在学校武术专业教育领域的实践经验较少，所以对这方面的研究还有一定的不足，有待教学改革实践的深入。为继续深入地进行后续研究，获得武术专业教育方面的亲身实践经验，笔者已通过工作调动，进入相对专业的院校工作，以便于后续将继续深入研究。

以下的主体研究将分"中华武术的价值定位""武术自身发展重心的战略调整""学校武术专业教育改革研究""学校武术普及教育改革研究"4部分，进而分别对整个研究展开详细论述。

第一章
中华武术的价值定位

导言：客观地讲，在当今社会发展的大潮中，中华武术没有被赋予较高的社会地位，在当今学术界，武术学科也是非常边缘化的学科，不被主流学界正视。之所以出现这种状况，是因为传统思想的历史惯性屏蔽了人们对武术的客观认识。因此，人们不了解武术对中华民族发展的特殊价值，更不了解武术在塑造青少年身体及精神方面的特殊作用。这正是长期以来武术在学校教育中不被重视的思想根源。如果这个问题得不到解决，那么学校武术教育存在的问题将永远无解，在实践中永远难以得到推进。鉴于这种状况，本书的开篇首先研究武术与国家、民族、社会、青少年等外部诸要素之间的关系，从这个角度阐释武术的特殊价值，以期从宏观方面对武术重新定位。从国家民族层面来看，"实现中华民族伟大复兴"是头等大事，同时，也是几代中国人的不懈追求。在民族复兴的征程中，文化自信具有根基作用，是"一个国家、一个民族发展中最基本、最深沉、最持久的力量"[1]。文化自信的建立，需要文化精神做支撑，文化精神是中华优秀传统文化的核心，特别是其中凝聚着中华民族"精气神"的"刚健自强"精神，而中华武术正是培育这种精神的实践载体之一，这是学校武术教育的定位。只有明晰了这一问题，对学校武术教育给予恰当的定位，才能够更顺畅地进行具体改革实践。本章首先阐释中华优秀传统文化的核心——"文化精神"，特别是明确在文化精神中一以贯之、具有支柱地位的"刚健自强"精神；其次论证中华武术是培育这种文化精神的实践载体。

---

[1] 习近平. 习近平谈治国理政（第四卷）[M]. 北京：外文出版社，2022：103.

第一节　中华优秀传统文化的核心——文化精神

近十年来，文化强国建设已上升为国家战略。2012年党的十八大报告将"扎实推进社会主义文化强国建设"作为整个工作报告的12个主标题之一；2017年党的十九大报告强调"坚定文化自信……激发全民族文化创新创造活力，建设社会主义文化强国"；2022年党的二十大报告进一步讲"推进文化自信自强……围绕举旗帜、聚民心、育新人、兴文化、展形象建设社会主义文化强国……增强实现中华民族伟大复兴的精神力量"。"建设文化强国"在民族复兴中的地位越发重要。

党的十九大报告在阐释中华文化的源头时强调，中国特色社会主义文化，源自于中华民族五千多年文明历史所孕育的中华优秀传统文化。这说明了中华优秀传统文化的根基地位。有学者指出的，在习近平的文化强国战略大思路中，"弘扬中华优秀传统文化"是"固本培元"的工程，其首要目标是"中华民族的伟大复兴"[1-2]。概而言之，"建设社会主义文化强国"的目标是"实现中华民族的伟大复兴"，而"弘扬中华优秀传统文化"是"建设社会主义文化强国"一个重要方面，具有"固本培元"的作用。

2017年中共中央办公厅、国务院办公厅印发了《关于实施中华优秀传统文化传承发展工程的意见》，其中提出的"总体目标"是"到2025年，中华优秀传统文化保护传承与创新发展体系基本形成"。因此，传承中华优秀传统文化是一个系统工程。为进一步细化对这个系统工程的理解，应首先抓住处于核心层面的文化精神，其次关注围绕文化精神这个核心而展开的中华优秀传统文化的传承体系（图1-1）。

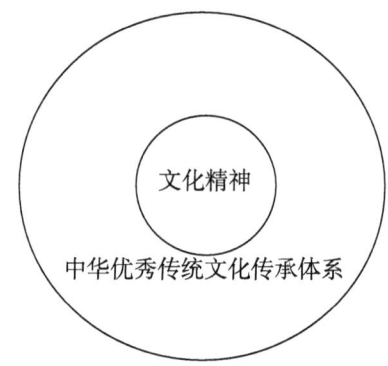

图1-1　中华优秀传统文化的细化图

2014年"两会"期间，习近平总书记指出："……要从弘扬优秀传统文化中寻找精气神。"此处所言的"精气神"正隶属于文化精神范畴。中国文化的基本

---

[1] 尹汉宁. 谈谈文化的内涵与文化强国目标[N]. 学习时报，2017-07-26（A4）.
[2] 张国祚. 习近平文化强国战略大思路[J]. 人民论坛，2014（9）：72-75.

精神包括多个方面。例如，有学者将其总结为自强不息、正道直行、贵和持中、民为邦本、平均平等、求是务实、豁达乐观、以道制欲八方面[1]；有学者总结为亲土眷国、中庸中和、天人和谐、刚健有为、崇实奉公五方面[2]，还有学者总结为天人合一、贵和持中、以人为本、刚健自强四方面，并认为刚健有为、自强不息的精神是中国文化中的主导思想[3]。张岱年作为文化大家，其研究具有一定的权威性，他曾将中国文化的基本精神总结为天人合一、以人为本、刚健自强、以和为贵四方面[4-6]，也曾将其归纳为刚健有为、和与中、崇德利用、天人协调四方面[7]，还在多篇文献中指出，《周易》中的"自强不息，厚德载物"精神是"中国文化传统的基本精神"[8]，是"中华民族最重要的民族精神"[9]，是"中国文化的基本精神或中国文化发展革新的内在契机"[10]，"在铸造中华民族的民族精神上，起了决定性的作用"[11]。将以上所论进一步凝练，发现自强不息、刚健有为、刚健自强是这些学者的研究中一以贯之的内容，是文化精神中的支柱，因此如果用一个词高度概括中华文化精神，可进一步凝练为"刚健自强"。

"刚健""自强"出自作为中华民族智慧之结晶的《周易》。《周易·乾传》中有"大哉乾乎！刚健中正，纯粹精也""夫乾，刚健中正为主纯精不杂之至也"之句，还有"天行健，君子以自强不息。健而不息，天之运也，自强而成德者，君子之事也"之句。乾卦"乾下乾上"，是纯阳之卦。将"刚健""自强"连在一起，指"通过自身生生不息的努力而奋发向上的阳刚之气"。这种"刚健自强"精神凝聚着中国文化乃至中华民族的"精气神"，是文化精神的支柱。

党的十九大明确了中国共产党的初心和使命是"为中国人民谋幸福，为中华民族谋复兴"。中华民族伟大复兴需要具备哪些条件？其中最终决定性的因素是

---

[1] 李宗桂.中国文化概论[M].广州：中山大学出版社，1988：348-361.
[2] 翟振业，周宏.中国传统文化概论[M].上海：上海科学普及出版社，1996：119.
[3] 余水清，梅汉超.中国文化概论[M].武汉：湖北科学技术出版社，2000：185-194.
[4] 张岱年.中国文化的基本精神[J].华夏文化，1994（Z1）：4-7.
[5] 张岱年.中国文化的基本精神[J].齐鲁学刊，2003（5）：5-8.
[6] 张岱年.中国文化的基本精神[J].党的文献，2006（1）：94-95.
[7] 张岱年.中国文化的基本精神[J].党政论坛（干部文摘），2015（9）：1.
[8] 张岱年.文化传统与民族精神[J].学术月刊，1986（12）：1-3.
[9] 张岱年.传统文化之我见[J].人民论坛，1998（6）：50.
[10] 张岱年.中国文化与现代化[J].河北大学学报，1992（1）：1-7.
[11] 张岱年，刘仲林.铸造新精神建设新文化——千年之交新文化瞻望[J].天津师大学报，2000（1）：1-4.

什么？本书的调研结果发现：政治、经济、文化、科技、军事等方面都很重要，但更多的学者强调在经济、科技、军事等硬件条件具备之后，文化繁荣才是最关键的。确实，从2012年党的十八大报告把文化强国建设上升到国家战略地位，到2017年《关于实施中华优秀传统文化传承发展工程的意见》，再到党的十九大报告突出文化自信、党的二十大报告突出文化自信自强，都说明国家对文化力量的重视。然而，仅笼统地讲文化繁荣是最终决定因素，是很不确切的。更确切地讲，在文化中居于核心地位的文化精神，特别是在文化精神中具有支柱作用的"刚健自强"精神是国家建设发展的重要因素。中华武术正是培育这种精神的实践载体之一。

第二节 文化精神的支柱——"刚健自强"精神

一、"刚健自强"精神的重要性

回顾历史，哪个时代倡导这种"刚健自强"精神，哪个时代就精气十足、巍然屹立。

提起历史上最兴盛的朝代，人们言必称汉唐。这两个被历史学家称为"中国历史上的黄金时代"的王朝，气势恢宏，得益于经济的发展，得益于文化的繁荣，更得益于民族性格的刚健、文化精神的阳刚。

汉朝的辉煌得益于汉武帝的刚健强悍。秦汉大统一的局面形成之后，地处西域的匈奴不断发动战争，对中华民族的和平发展构成了巨大威胁。汉武帝高瞻远瞩地认识到：要取得和平发展的大环境，就必须消灭匈奴，他举全国之兵力和财力，与匈奴血战数十年，开创了大汉王朝的辉煌盛世[1]。唐朝的辉煌始于唐太宗的"贞观之治"，而"贞观之治"的前提是"武定四方"，正因为唐太宗为了营造大唐帝国的和平发展环境，先后平定东突厥、薛延陀、回纥、高昌、焉耆、龟兹、吐谷浑等诸多周边民族的侵扰，才开创了中国历史上的第二个黄金时代。刚健的民族性格是汉唐辉煌的重要前提。

---

[1] 有学者认为汉武帝耗尽全社会的财力、物力发动对匈奴的战争，是穷兵黩武，是社会灾难，笔者认为这仅仅是从局部时段看问题，虽然连年战争确实造成了社会经济凋敝，人民无法过幸福生活，但从历史发展的长河而论，正是汉武帝的雄才大略，有"明犯强汉者，虽远必诛"（陈汤）的壮志，有"匈奴未灭，何以家为？"（霍去病）的远虑，才开创了大汉王朝数百年的和平发展环境，从而形成中国历史上第一个黄金时代。

二、"刚健自强"精神的历史沉浮

回顾历史,"刚健自强"是文化精神中很重要的一方面,只是在历史发展过程中几经沉浮。春秋战国,是中国文化的轴心时代,当时文化多元,阳刚之气激荡。即使以儒雅著称的儒家文化也以"刚健有为"为特色。孔子一直主张"有文事者必有武备,有武事者必有文备"的治国方略。孔子的"三军可夺帅也,匹夫不可夺志"、孟子的"舍生取义""富贵不能淫,贫贱不能移,威武不能屈",集中反映了儒家思想的阳刚之气。梁启超撰写的《中国之武士道》中列举了从春秋战国到汉初70余位以勇武著称的人物事迹,其开篇之例正是孔子的"圣人之勇"。儒家经典《易传》之"天行健,君子以自强不息"正是刚健有为精神的写照!儒家文化不仅有"文"的一面,还有"武"的一面,不仅有"柔"的一面,还有"刚"的一面。"刚健自强"与"柔顺厚德"作为两个重要方面,构成了"刚柔相济"的儒家文化。前者倡导积极进取、奋发图强,对个人而言,是自立之本,对国家民族而言,是强国兴邦的力量源泉;后者突出道德修养和思想境界,对于个人而言,是立仁之本,对于国家民族而言,是社会和谐的思想保障。两者一刚一柔,共同组成文化精神的统一体。

但是,秦汉之后的中华文化由多极走向一极,由繁荣走向单一,同时,也使儒家思想由开放走向封闭。

中华文化在历史发展过程中产生的最严重问题就是"刚健自强"的文化精神的渐次缺失。清初颜元曾认识到的问题的严重性而大声疾呼,但并未引起重视。张岱年先生曾指出"柔静之结果,一切都成病态的"[1]。民国时期,张之江曾有以下评价,"历代帝王,视天下为私有物,防民或有暴动,使日习偷惰,减少其抵抗力……民气消磨,日甚一日,而东亚病夫之根,即酿成于此"[2]。黎鸣也认为,正因为历代统治者出于政权稳定的需要,割除了先秦儒家思想中的刚健自强精神,仅保留了其"忍让和服从"的一面来驯化人民,才塑造了中国人"巨大的忍耐性(乃至奴性)"的民族特点[3]。

物极则必反,当"刚健自强"精神衰落到极点之后,必然回归。实际上,

---

[1]张岱年.张岱年文集(第一卷)[M].北京:清华大学出版社,1989:271.
[2]张之江.张之江先生国术言论集[M]//释永信.民国国术期刊文献集成(第14卷).北京:中国书店,2008:280.
[3]黎鸣.中国人性分析报告[M].北京:中国社会出版社,2003:121.

20世纪前期诸多有识之士就开始了拯救中华民族的不懈努力。

最早惊醒并大声疾呼的是梁启超。因戊戌变法失败而流亡日本后，梁启超发现当时中日双方在民族精神方面有极其鲜明的差距，这促使他于1904年写成《中国之武士道》，以唤起中华民族的尚武精神。从其自序可以看出，梁启超写该书的目的是"汇集我祖宗经历之事实，贻最名誉之模范于我子孙……以补精神教育之一缺点尔"。这里的武士道是"取日本输入通行之名词"，实际上是书中多次提到的尚武精神。正如刘泗先生所言，该书中的武士道"不是某种身份如武士、侠客、刺客，也不是某些行为如生猛、卤莽、讲义气、敢拼命，而是一种精神，一种刚健昂扬、积极果敢、有原则、有坚持、不苟且、不委琐（猥琐）的生活态度"，这正是"一个国家和民族崛起和振兴所必需"[1]的。如温力教授所言："梁启超所推崇的尚武精神应该说是一种以爱国主义为核心，以崇尚勇武为特征的中国传统的刚健有为的民族精神。"[2]以首篇为例，书中大力褒赞了孔子在齐鲁两国夹谷之会盟上"屈强国、正典仪"的凛然大义，并引用《庄子》中对孔子的评价"临大难而不惧者，圣人之勇也"来说明"孔子一贯提倡尚武精神"[3]。梁启超写作该书的目的十分明确，即弘扬中华民族的尚武精神，使人们崇尚勇武、刚健自强，重塑中华民族的"精气神"。

梁启超所倡导的通过培育尚武精神来重塑中华民族之"精气神"的思想于辛亥革命后被付诸具体实践。众多革命党人在不断求索过程中发现，武术正是培育尚武精神的最佳载体。在他们的倡导下，大批民间武术社团涌现，构成了当时社会的一道独特的风景线。这些社团的主旨都以武术为载体培育中华民族的尚武精神，激发中华民族的斗志。1914年，教育家徐一冰上书当时的教育部："拟请于学校体操科内兼授中国旧有武术，列为必修课以振起尚武精神"，该建议于次年被教育部采纳[4]。1917年，毛泽东在《新青年》上发表的《体育之研究》一文提倡通过体育培养中华民族的勇武精神，文中引用了颜元的"文武缺一岂道乎？"之语，既横向列举了德国的"斗剑之风"、日本的"武士道""柔术"，又纵向回顾了"主文而兼武""学击剑之术于塞北"的颜习斋、"不喜乘船而喜乘马"

---

[1] 梁启超.中国之武士道[M].刘泗，译.北京：中国档案出版社，2006：序言3.

[2] 温力.武术与武术文化[M].北京：人民体育出版社，2009：66.

[3] 梁启超.中国之武士道[M].刘泗，译.北京：中国档案出版社，2006：序言2，正文3.

[4] 转引自：易剑东.民国时期的尚武思潮与武术[J].体育科研，1996（4）：10-15.

的顾炎武,在论"体育之效"时更是阐明了"体育之主旨"是"武勇",并言"武勇之目,若猛烈,若不畏,若敢为,若耐久,皆意志之事"[1]。1919年,孙中山亲自为精武体育会题赠"尚武精神"的匾额并言,发扬技击术"于强种保国有莫大之关系"[2]。

民国初期塑造国民尚武精神的实践更多是由民间武术社团发起并自发进行的。1928年由张之江等发起成立的中央国术馆,则是培育尚武精神的半官方的武术组织。张之江发起成立中央国术馆,是想通过武术"挽颓风,振民气""引起民族思想,俾人人有自卫才能,个个具有尚武精神"[3],以实现孙中山"强国强种、复兴民族"的夙愿,摘掉"东亚病夫"的帽子。他在《中央国术馆成立大会宣言》中说,"历考我国积弱的缺点,就误在重文轻武这四个字上,把堂堂的国民,几乎全变成了病汉""强国必先强种,强种必先强身""身强种强国强,我们民族的精神,才能发扬"[4]。在中央国术馆引领下,当时全国25个省市建起了国术馆,县及县以下国术馆(社)尤多,仅青岛市就设有国术训练所83处(1933年统计数据),从而形成了一个"上下贯通的国术馆系统"[5]。

毛泽东对精神力量的认识极为深刻,他在军队建设方面特别注重培育钢铁般的坚强意志。从抗日战争到解放战争再到抗美援朝,他领导的军队战无不胜,除了高超的指挥艺术,更重要的是这支军队具有钢铁般的坚强意志、勇往直前的战斗精神。例如,上甘岭战役中挺胸堵枪眼的黄继光、391高地下在烈火中永生的邱少云、长津湖战役中如钢铁铸就的"冰雕连"等,都是这种精神支撑的具体化。以"冰雕连"为例,一排排志愿军战士宁愿在-40℃的严寒中被活活冻成冰雕,也毅然坚守、纹丝不动,以至于南逃经过的美军望而生畏、肃然起敬[6]。正是这种精神支撑,使人民解放军打出了军威,打出了中华民族的志气,增强了中华民族的自信心,从而赢得了和平发展的国际环境。

毛泽东领导的军队以"谁敢侵犯我们就叫他灭亡"的排山倒海之势,驱逐了

---

[1] 二十八画生.体育之研究[J].新青年,1917,3(2):52-62.
[2] 孙文.精武本纪序[M]//释永信.民国国术期刊文献集成(第1卷).北京:中国书店,2008:1.
[3] 张之江.张之江先生国术言论集[M]//释永信.民国国术期刊文献集成(第14卷).北京:中国书店,2008:384.
[4] 张之江.张之江先生国术言论集[M]//释永信.民国国术期刊文献集成(第14卷).北京:中国书店,2008:282-289.
[5] 国家体委武术研究院.中国武术史[M].北京:人民体育出版社,1997:338.
[6] 王根成."冰雕连":钢铁铸就的意志[N].解放军报,2014-02-17(11).

一切侵略者，谱写了无数个攻无不克、战无不胜的神话传奇，激发了中华民族的精神斗志，凝聚了中华民族的"精气神"。只有到传统文化中汲取养分，找回缺位已久的"刚健自强"精神，才能重塑中华民族的"精气神"。

综上所述，经济、军事、科技等是民族复兴的重要条件，"刚健自强"的文化精神是民族崛起、民族复兴的必备条件。

三、"刚健自强"精神的当代使命

21世纪中华民族要实现伟大复兴的中国梦，必须凝聚"精气神"，重塑"刚健自强"的文化精神。正如《狼图腾》的作者姜戎所言："中国的改革不仅是经济政治体制的改革和转换，而更基础更具决定性的却是国民性格的改革和转换""没有勇敢进取的性格和精神，勤劳往往就是劳而无功，或为他人作嫁衣""一个民族只有锤炼出自己的刚毅顽强的性格，才能掌握自己的命运""必须把培育强悍进取的民族性格和发展生产力同时并举，才能具备民族腾飞的两个翅膀"[1]。也如解放军少将罗援的建议："尚武精神和大无畏的革命英雄主义气概应被纳入国民教育体系，成为我们民族精神的一个重要组成部分。"[2]

只有通过一定的教育实践途径，凝聚"精气神"，重塑"刚健自强"精神，民族复兴才能得到精神力量的支撑。面对社会乱象，党和国家领导人果断发出"建设优秀传统文化传承体系""完善中华优秀传统文化教育""从弘扬优秀传统文化中寻找精气神"的号召。然而，如何构建优秀传统文化传承体系？怎么完善优秀传统文化教育？通过什么途径重塑中华民族的"精气神"？这需要学校教育领域开辟诸多实践，而学校武术就是实践途径之一。

第三节 中华武术的价值定位——重塑"刚健自强"精神

一、中华武术重塑"刚健自强"精神

中华武术是为满足人们防身自卫的需要而产生的，技击防卫是其最本源的价值，因此，冷兵器时代，武术主要作为战阵格杀的手段，一般民众则把武术作为

---

[1] 姜戎. 狼图腾[M]. 武汉：长江文艺出版社，2004：387，391，398，396.
[2] 罗援. 解放军少将罗援：中国要成强国须尚武精神[N]. 环球时报，2010-12-12.

防身自卫的技能。随着冷兵器时代的结束，武术不再是国家间战争中采用的主要方式，而在一般民众层面，人们则开发出了其强身健体、艺术表现、修身养性、体育竞技、娱乐身心等多种价值功能。在这个过程中，人们似乎忽视了武术技术背后隐含的深层次的精神教育价值，即使有所提及，也没引起足够重视。实际上，武术是培育"刚健自强"精神必不可少的实践途径。对此，我们可以从历史中寻求依据，也可以通过横向对比加深理解。

（一）历史寻绎——中华武术的起落是整个文化精神高昂低落的晴雨表

武术虽为"小技"，但关乎着"大道"，它是培育文化精神的实践载体。先秦时期，武术不仅是军事战争领域用于军阵格杀的技术，还是教育体系中培养勇武精神的重要手段。孔子曾言："知者不惑，仁者不忧，勇者不惧"（《论语注疏·解经卷第九》），司马迁把"智、仁、勇"称为"天下之通德"（《史记》卷一百二十）。这其中的"勇"即勇武精神。而对勇武精神的培育，正是通过武术这个载体。儒家教育体系中所沿袭的"六艺"（礼、乐、射、御、书、数）中，相关"武"方面的"射、御"正是培育勇武精神必不可少的手段。孔子曾亲自主持射礼（《礼记》中记载"孔子射矍相之圃，盖观者如堵墙"），这里的"射"虽与军事有关，但举行射礼绝非为了培养军事技能，而是培养一种具有勇武精神的"礼"。孔子的学生中武艺高强之人有很多，孔子、墨子、庄子等各家文化的代表人物也无一不研习武术。在"礼仪之乡"山东调研时发现，很多地方都有孔子的雕像，而这些雕像都是佩剑的。一些同行的文化界学者对此非常不解，因为他们心目中的孔子形象并非孔子本来的形象。孔子本身也是习武的，正是因为他通过习武培养了"刚健精神"，才有了在齐鲁"夹谷之会"上的"屈强国、正典仪"的凛然大义，从而迫使齐国归还了属于鲁国的土地。武术技术实际上正是当时各家文化之"刚健精神"的支撑，是培育文化精神的重要手段。

因为在先秦的教育体系中，"武"化和"文"化是并重的，所以先秦时期不仅是文化繁荣的轴心时代，还是阳刚之气激荡的时代。

然而，自封建一统之后，"历代帝王，视天下为私有物，防民或有暴动"[1]，不是禁止习武，就是弱化武学。从秦统一六国之后的"收天下之兵，聚之咸阳，销锋镝，铸以为金人十二，以弱天下之民"（《史记》卷四十八），到隋统一南北

---

[1] 张之江.张之江先生国术言论集[M]//释永信.民国国术期刊文献集成（第14卷）.北京：中国书店，2008：280.

朝之后的"戎旅军器，皆宜停罢，武力之子，俱可学文，人间甲仗，悉皆除毁"（《北史》卷十一隋本纪上第十一），从元灭宋之后的"习用角觚之戏，学攻刺之术者，师弟子并杖七十七"（《元史》卷一百五志第五十三），到清代视"演习拳棒武艺之人……有害于民生风俗""将拳棒一事，严行禁止"（《大清律集解附例》大清律集解附例卷二十四刑律），都说明统治者出于稳定统治的需要，不仅不利用武术来培育人民的勇武精神，还通过禁武的方式"以弱天下之民"。

实际上，"文"和"武"是相互支撑的，没有文化修养的习武者很容易成为破坏社会安定的暴力分子，而没有习武基础的文化人总是缺点习武之人所具有的"精气神"，只有文武合一，才能够刚柔相济，培养健全的人。

通过以上历史剖析可知，中国文化的"刚健自强"精神及中华民族"精气神"的起落，均与对"武"化的重视与否有直接的关系。没有具体武打类技术和教育实践途径支撑的文化精神，是空洞的、无力的文化精神，没有"武"化的文化是残缺的、失衡的文化。武打类技术与文化精神一表一里，缺一不可。

（二）他山之石——近邻武道教育实践的启示

通过纵向寻绎，可以清晰地看到武术这种"小技"的"大作用"，而通过横向对比，可能看得更清晰。近邻对其传统武技的定位可以使我们更好地反思应如何定位中华武术。早在20世纪初，日本的各类武打技术就完成了从实用技击术到教育手段的跨越，成为培养青少年精神气质的实践途径，特别是柔道、剑道等项目，已经成为学校教育中的必修课。郑旭旭、袁镇澜等的国家社科基金项目研究成果中指出："经过学校教育的日本人，几乎都接受过武道的教育。日本男子不是练过剑道，就是练过柔道，女子则是练薙刀或弓道。"[1] 除了正规必修课程，各校的武道还通过俱乐部进行每周2~3次的课外活动。2000年的统计数据显示：日本初中有86970个运动俱乐部，有剑道、柔道、相扑、空手道、薙刀等武道俱乐部11735个，排在第一位[2]。韩国的教育家清醒地意识到日本武道在其教育体系中的重要价值，充分借鉴日本武道的成功经验，积极改造其本土武打技术，从传统的实用技击术中提炼出以腿法见长的教育手段——跆拳道。跆拳道自1955年正式定名后，不仅在韩国国内成为培育民族精神的重要实践途径，还迅

---

[1] 郑旭旭，袁镇澜．从术至道——近现代日本武术发展的轨迹［M］．厦门：厦门大学出版社，2011：191.
[2] 郑旭旭，袁镇澜．从术至道——近现代日本武术发展的轨迹［M］．厦门：厦门大学出版社，2011：199.

速传向世界各地。在中国,"作为国粹的中华武术,在中小学的开展状况很不乐观。有 70.3% 的学校没有开设武术课"[1],近 20 年来,各地的学校武术教育改革一直在进行,但效果不明显。

到目前为止,在民族精神培育方面,中日韩形成了鲜明对比。

《阳刚男孩》丛书的主编曹文轩在读者见面会上谈及了编这套丛书的缘由。多年前去参加笔会时,他看到一群日本孩子在 40 多度高温下行走。当时这情景对他触动很大,触发了他的深度思考:"我们对岸的国家他们记住的是什么,我们忘记的是什么。"为改变当代青少年"过于阴柔,缺乏硬汉气质"的状况,他毅然承担起作为一个儿童文学作家的社会责任,主编了《阳刚男孩》这套丛书[2]。

客观地讲,日本、韩国的文化传统大多源于中国传统文化,但他们所吸收的是刚柔相济、文武合一的中国传统文化,他们对传统武技的定位是培育民族精神的重要实践途径。具有不同传统的国家的武打技术,经历了不同的现代化转型,被赋予了不同的价值定位,受到不同的重视程度,而产生了截然不同的结果。

只有首先从观念入手转变思想,把培育"刚健自强"精神作为民族文化发展之要务,把中华武术作为重要教育手段纳入学校教育的重要课程,中国文化才是有脊梁支撑的文化,才更有利于中华民族伟大复兴的中国梦的实现。

无论纵向寻绎,还是横向对比,武打类技术的重要性跃然纸上。武术是重塑"刚健自强"精神的实践途径。中华武术不仅包括技巧、身体的能力,还包括习武之人的境界和骨气,练习武术可以使人由内而外的强大。练习武术可以"内止懦,外止暴",通过"千锤百炼"而"自强不息",这正是中华武术精神(央视《开学第一课》)。

二、学校武术塑造"刚健自强"精神

近百年来,为了民族复兴,无数仁人志士进行了多方面探索,其中也包括挖掘武术的精神教育价值。

---

[1] 国家体育总局武术研究院.我国中小学武术教育改革与发展的研究[M].北京:高等教育出版社,2008:1.
[2] 曹文轩.文学与门类无关 小孩也应读鲁迅[EB/OL].(2013-09-02)[2018-09-02].https://china.huanqiu.com/article/9CaKrnJC5hy.

(一)民国时期提炼武术精神教育价值的先期探索

1901年以清廷废除武举制为标志,武术基本上退出军事舞台,从而陷入前所未有的衰微状态[1]。然而,此时在中国历史上出现了对传统文化之症结大彻大悟的人物——梁启超。正因为他看到了中国文化割除了"武"化方面的教育之后出现的严重问题,才高声疾呼要恢复被历史封存已久的尚武精神。由此,武术的精神教育价值开始进入人们的视野。

从辛亥革命前后众多民间武术社团的涌现,到1919年孙中山为精武体育会题词"尚武精神"(他认为该组织"盖以振起从来体育之技击术为务,于强种保国有莫大之关系"[2]),从1928年张之江发起成立半官方的武术组织——中央国术馆,将武术提升到国术高度,到1929年、1934年(5月、8月)、1935年蒋介石连续4次一再申明:"研究国术"是"救国要途",可"冀以涤除东亚病夫之恶谥,振起民族固有之精神"[3-6],直至最后国术体育专科学校的建立,都说明社会各界认识到了武术在培育民族精神方面的特殊价值。

然而,日本并没有给我们复兴文化精神进而复兴中华民族的机会,在这种"武"化教育模式尚处于雏形时,他们就通过疯狂侵略将其扼杀于摇篮之中。

(二)中华人民共和国成立后武术精神教育价值的变迁

中华人民共和国成立初期,武术被从"国术"降为一般的民族体育项目,并给予了新的定位——"锻炼身体的实用价值"和"树立优美的形象"[7],由此,武术的精神教育价值再一次被忽视。

如果新时期的人们发现了一条优于武术的全新的培育"刚健自强"精神的实

---

[1] 杨建营.20世纪武术发展总体走势研究[J].体育文化导刊,2004(7):44-46.
[2] 孙文.精武本纪序[M]//释永信.民国国术期刊文献集成(第1卷).北京:中国书店,2008:3.
[3] 蒋中正.发起提倡国术之本义[M]//释永信.民国国术期刊文献集成(第11卷).北京:中国书店,2008:295-296.
[4] 蒋介石.中央国术馆六周纪念特刊序一[M]//释永信.民国国术期刊文献集成(第24卷).北京:中国书店,2008:325.
[5] 蒋介石.中央国术馆汇刊序[M]//释永信.民国国术期刊文献集成(第18卷).北京:中国书店,2008:302.
[6] 蒋介石.昂勉国术同志文[M]//释永信.民国国术期刊文献集成(第12卷).北京:中国书店,2008:256-257.
[7] 如1953年的一篇社论认为武术等民族传统体育"毕竟是封建社会中形成的","不免会受到封建性的影响",因此,"如何使民族形式体育更能具备锻炼身体的实用价值和树立优美的形象,就是今后的民族形式体育发展的方向"。参见:社论:把民族体育项目引向更健康的、人民的道路[J].新体育,1953(12):4-5.

践途径，那么，将武术遗弃也情有可原，但是，新时期并没有找到能够替代武术的全新的、长久的实践途径。至此，本应"文"化与"武"化平衡的教育体系，又处于失衡的状态。不仅如此，"重文轻武""重智轻体"思想在现代社会也重新抬头，并逐渐蔓延，致使学校教育既没有对现代体育足够重视，也没有对传统武术足够重视，更没有深入挖掘这些运动的育人功能。

（三）新时代对武术的重新定位

近年来，党和国家领导人已经把"实现中华民族伟大复兴的中国梦"提上日程，并且一再突出强调中华优秀传统文化的重要性，如"建设优秀传统文化传承体系"（2012年11月党的十八大报告）、"完善中华优秀传统文化教育"（2013年11月十八届三中全会报告）、"要从弘扬优秀传统文化中寻找精气神"（2014年3月"两会"）、"要努力从中华民族世世代代形成和积累的优秀传统文化中汲取营养和智慧……要以时代精神激活中华优秀传统文化的生命力"（2015年12月中共中央政治局第二十九次集体学习内容）、"实施中华优秀传统文化传承发展工程"（2017年1月中共中央办公厅 国务院办公厅印发《关于实施中华优秀传统文化传承发展工程的意见》）、"推动中华优秀传统文化创造性转化、创新性发展"（2017年10月党的十九大报告）、将其上升到"两个结合"（把马克思主义基本原理同中国具体实际相结合、同中华优秀传统文化相结合）的高度（2022年10月党的二十大报告）等。中华武术是培育中国优秀传统文化之文化精神的实践途径，只有对这个实践途径足够重视，从中提炼出有利于精神教育的内容，打造新型的武术教育形态，才能够使其更好地服务于当代社会，服务于青少年的健康成长，服务于国家民族的发展。

根据前面的"历史寻绎"和"他山之石"，我们急需重新定位中华武术，将其从一般的体育运动项目提升为重塑"刚健自强"精神的实践载体，培育人的"武"化精神的实践途径。只有"武"化和"文"化并重，才能培育健全的人。只有通过武术教育培育青少年自信、独立、果断、勇敢、顽强的性格，临危不惧、临难不苟、遇事镇静淡定的风范，勇于竞争、敢于亮剑、不怕失败、不断尝试的精神，使青少年的整体精神面貌得到改观，才能使整个民族的精神面貌焕然一新。只有民族精神被激发出来，民族复兴之梦才能早日实现。

本章小结

本章的要点如下：对于中华民族的伟大复兴而言，政治、经济、文化、科技、军事等方面的发展都是重要因素，其中，文化是经济崛起之后的关键性因素，但最终起决定性作用的不是笼统的、广义的、泛泛的文化，而是在中国优秀传统文化中居于核心地位的文化精神。"要从弘扬优秀文化中寻找精气神"，这里的"精气神"正隶属于文化精神范畴，特别是其中具有支柱作用的"刚健自强"精神。武术正是培育"刚健自强"精神的载体，我们应该从民族复兴的角度重新定位武术，大力挖掘武术的精神教育价值，通过加强各级学校体育课中的武术教育，来培养当代青少年的"刚健自强"精神，从而改变中华民族的整体精神面貌。

第二章
武术自身发展重心的战略调整

导言：第一章主要研究外部需要，研究中华武术的价值，从而在理论上确立了站在国家民族发展高度重新定位武术，将其提升为"凝聚'精气神'、培育'刚健自强'精神、实现'武'化教育"的实践途径。第二章则主要研究内部调整，即如何根据国家民族层面的实际需要，从发展战略角度调整武术发展的重心。本章的整体研究思路遵循辩证唯物主义和历史唯物主义分析事物发展的原则，首先对不同历史时期武术的发展重心进行简要回顾；其次重点介绍目前武术发展的现实状况，特别是存在的比较严重的问题，在此基础上，提出应调整学校武术发展战略，把重心转向武术教育，从而与第一章呼应，完成整个研究的准备。

第一节　不同历史时期武术发展重心的转换

当下的中华武术已经到了调整发展战略的关键时刻，而"调整的主要依据是什么"值得深入研究，这牵系整个武术事业的社会地位及未来发展方向。毋庸讳言，中华武术是一个涉及多领域的运动文化体系，其整体发展包含诸多方面，如隶属文化部门的"如何把武术这项非物质文化遗产传承下去""如何挖掘武术的艺术展现价值，使其作为一种艺术形式，以舞台剧、功夫影视的形式服务于大众审美需求""如何以武术为载体，对外宣传、传播中国文化"；隶属体育部门的"如何举办运动竞赛，挖掘武术运动员的运动极限，促进武术技术水平不断提高""如何在全社会开展武术运动，使其服务于大众健身"；隶属教育部门的"如何以武术增强学生体质、增进学生健康"；隶属国防安全方面的"如何挖掘武术的实用技击技术，用于国防或维持社会治安"；隶属卫生部门的"如何挖掘武术的运动健身养生价值，为某些病人开运动处方"等。另外，从个人成长角度考虑，武术对不同阶段的人群有不同的价值。例如，在青少年阶段，武术的主要价值是磨炼意志、培育精神；在中青年阶段，武术的价值重心则转向强健筋骨、锤炼心性；在中老年阶段，武术的价值则更趋向健身养生、延年益寿。

武术的社会发展涉及诸多领域，能够服务于多个人群。因此，立足于不同领域，框定不同的人群，武术有完全不同的定位、完全不同的重点。如果从发展全局考虑，到底应该以其中哪一项为重点？换句话说，其整体发展重心应该定位于哪个方面？作为一个包含技击防卫、卫国御敌、健身养生、艺术展现、修养身心、磨炼意志、培育精神、锤炼心性、涵养道德等多种价值功能的综合技术，武术能够满足不同人群的需要。然而，局部个体需要对整个武术事业发展的影响是微小的、缓慢的、非主流的，整个中华民族发展的需要对武术发展的影响举足轻重。很显然，如果仅从整体发展战略高度考虑，应该以民族和国家发展的实际需要为主要依据调整武术教育。因此，本章将主要以整个中华民族的发展为制高点，研究武术发展战略的调整、武术发展重心的转移，从而为中华武术寻求新出路。

这一节主要简要回顾不同历史时期武术不同的发展重心，从中探求武术发展重心的变化规律，并得出"未来武术发展的重心应转向武术教育"的结论。

一、古代武术发展的重心——服务于军事战争

《左传》有言："国之大事，在祀与戎"（《左传杜林合注》卷二十三），孙子有云："兵者，国之大事，死生之地，存亡之道，不可不察也"（《孙子》卷上），所以，军事在国家机器运转过程中备受重视。武术最直接、最核心的价值是攻防技击，在冷兵器时代可以直接应用于军事格杀，因此是古代军事训练必不可少的内容。清初吴殳所著的武术经典著作《手臂录》中开篇即言："用兵以戚南塘之旗鼓为初门，孙武子之虚实为极致，击刺抑末矣。然不能此末艺，则不敢身至阵前，无以定将士勇怯，而行不逾时之罚，人无畏心，战何能胜？"[1]这里吴殳用了先抑后扬的写法，主观上是为了阐释《手臂录》一书的重要价值，但客观上表述了武术在军事中的重要作用；整体而言，武术在军事训练过程中必不可少，其主要价值为：阵前格杀、培育勇往直前的大无畏精神。

武术在作为国家大事的军事战争中具有极其特殊的价值，因此在军队中得到

---

[1] 吴殳. 手臂录[M]. 太原：山西科学技术出版社，2006：1.

重视，基于此，温力教授得出"古代作为军事技术的武术对武术的发展起到了决定性的作用"的结论。同时，"古人习文习武，进而庙堂，退而江湖……有武技的人随时可能应召入伍，将其所掌握的武技带到军队，当他们退居山林时，又会将他们所掌握的技艺带回江湖……这样就形成了一个以满足军事需要为目的的国家行为所驱动的、促使武术技术不断发展的良性循环过程"[1]。也就是说，军事武术与民间武术相互交融、相互促进，但其中对整个武术发展具有决定性推动性作用的，是能够服务于"国之大事"的军事武术。对此，有很多例证。"越女论剑"可谓最经典的武术理论，而《吴越春秋·构践阴谋外传第九》中越女的出场正是因为范蠡为越王寻找武艺高强者来训练士兵；武术研究者必读的经典《纪效新书》更是兵书，而非专门的武术典籍，其中所列举的宋太祖三十二势长拳、六步拳、猴拳、囮拳、温家七十二行拳、三十六合锁、二十四弃探马、八闪番、十二短等武术内容均源自民间，如果不是戚氏在兵书中记述这些拳种，恐怕至今无人能知明代的武术发展情况；吴殳的师父石电（石敬岩）能在游场上"枪注人喉，不敢动"而显"名士风流"，最后因从军而"死于王事"；作为陈式太极拳创始人的陈王廷，则是在南征北战、解甲归田之后，才"闲来时造拳"。这些都说明：古代军事武术与民间武术交融发展。戚继光在《纪效新书》中极力反对花法，痛斥"周旋左右，满片花草""徒支虚架，以图人前美观"[2]的武术，并收录了六合大枪、三十二势长拳等与实战紧密相关的武术，这是由国家对武术的主体需要所决定的。可以说，国家需要决定着整个武术发展的重心。

在历史上，统治阶级一方面重视武术的军事格杀价值，使其服务于国家机器的运转；另一方面限制打压民间武术，以防人民造反。武术正是在这种矛盾状态中不断向前发展。中国有数百个民族传统体育项目，武术是目前各民族传统体育项目中发展最好的运动，在很多场合甚至成了民族传统体育的代名词，这得益于武术在古代军事中具有极其特殊的地位。

综上所述，在以冷兵器为主的古代，国家需要决定了"武术发展的重心是服务于作为国家大事的军事战争"。

---

[1] 温力.中国古代军事对武术发展的作用[J].武汉体育学院学报，1999，33（4）：97-99.
[2] 戚继光.纪效新书（十八卷本）[M].北京：中华书局，2001：19，91.

二、民国时期武术发展的重心——定位于培育民族精神的教育手段

清末,火器的巨大威力导致武术军事价值降低,以 1901 年光绪帝废除武举制、引进西式兵操及枪炮技术为标志,武术从总体上退出了军事舞台,这使得那些"凡欲以武取功名者",因"科举已废",遂"改事他业","各省各处之武学馆,亦列入天演之淘汰"[1]。这对武术发展造成了深远影响:其一,军事武术的没落导致武术在国家大事中的显赫地位荡然无存;其二,军事武术的没落斩断了那些借以武功而升迁的习武者的仕途之路,致使历史上延续了上千年的"以满足军事需要为目的的国家行为所驱动的、促使武术技术不断发展的良性循环过程"被打破,从而在一定程度上影响了包括民间武术在内的整个武术的发展。这直接导致 20 世纪初整个武术发展陷入前所未有的低谷。中华武术发展的这种状况与日本明治维新(始于 1868 年)初期其武打技术社会地位的迅速下跌,以及武士阶层的没落如出一辙。当时的日本京都"将从事击剑稽古者作为触犯国法的嫌疑人",通令禁止击剑,还发布了"关于击剑技术无用之通告",随着武士阶层被废除,武打技术作为封建落后的产物被列入社会淘汰之列(直到 1888 年,以志贺重昂发表《国粹保存旨义》为标志,日本传统精神才重新得到重视,日本传统武艺开始复苏)[2]。在这种大变局中,中华武术的发展也走了类似的道路。

在中华武术发展跌入低谷之际,一股新的力量正在悄然酝酿,很多仁人志士从民族危亡急需尚武精神的时局出发,开始重新审视武术。特别是在 1904 年梁启超发出"尚武精神"的呐喊之后,很多有识之士开始回顾历史,他们发现:在先秦诸子、百家争鸣的时代,武术在教育体系中是培育学生"三达德"——"智、仁、勇"之"勇"的不可或缺的重要途径。为改变中华民族暮气沉沉的状况,摘掉"东亚病夫"的帽子,他们普遍把目光聚集于武术的精神教育价值。辛亥革命之后,一方面武术作为军国民教育的重要内容被纳入学校教育,另一方面社会上大批武术社团、武术会馆涌现,它们都提倡尚武精神。当时的武术已经成为可振奋民族精神、铸就尚武国民、"强国保种"的教育手段,这使民国初期武术的社

---

[1] 易剑东.中国武术百年历程回顾——面向世纪的中国武术[J].体育文史,1998(1):22-26.
[2] 郑旭旭,袁镇澜.从术至道——近现代日本武术发展的轨迹[M].厦门:厦门大学出版社,2011:33,29,36.

会地位骤然提升[1]。虽然20世纪20年代初随着美国自然体育观的引入、军国民教育思潮的下降，武术发展热潮曾一度退却，但是，到20年代末随着民族精神教育思潮的再次高昂，武术被提升到"国术"高度，还成立了以中央国术馆为首的遍及全国省市县的国术馆系统。这些国术馆主要的目的就是以武术培育和激发民族精神。

张之江在《中央国术馆缘起》一文中列举了成立国术馆的4点理由，首句即言"我国民气不振，相习成风，年龄尚未就衰，魂魄已游墟墓……"[2]；他在《提倡国术之主旨》一文的最后写道："吾国暮气深沉之民族，尤酣睡漏舟之中，尚不思觉醒耶！吾人提倡国术，唤醒民众，急起图强，荡除暮气，奋发朝气"[3]；他在给浙江国术游艺大会汇刊的序中提出"一国之存亡恒视民族精神之良窳以为断"，并列举了各列强之所以强盛的精神根本，如德国的铁血主义、英国的坚忍主义、法国的恢复主义等[4]；他在《中央国术馆竟武场落成典礼宣言》的首句即提出"武化与文化是应该并重的"[5]观点，并在《中央国术馆成立大会宣言》中提出"国家之所以衰弱，完全因为我们把与国同生死的武化忽略了……国术蒸蒸日上，身强种强国强，我们的民族精神，才能发扬……"[6]。虽然张之江在《提倡国术之主旨》中列举了保全国粹、发扬国光、讲求自卫、卫国卫民、铲除积弱、雪耻御侮等诸多方面，但站在当时民族危亡的大局角度，其中处于核心地位的仍然是激发民族精神。

综上所述，民国时期，对整个武术事业发展起到决定性推动作用的是国家对其精神教育价值的重新认识，至此，武术整体发展的重心由作为军事格杀手段的技术层面，转移到了作为培育民族精神之途径的精神教育层面。

---

[1] 杨建营.20世纪武术发展总体走势研究[J].体育文化导刊，2004（7）：44-46.

[2] 张之江.中央国术馆缘起[M]//释永信.民国国术期刊文献集成（第14卷）.北京：中国书店，2008：279.

[3] 张之江.提倡国术之要旨[M]//释永信.民国国术期刊文献集成（第11卷）.北京：中国书店，2008：183-187.

[4] 张之江.浙江国术游艺大会汇刊序一[M]//释永信.民国国术期刊文献集成（第13卷）.北京：中国书店，2008：26.

[5] 张之江.中央国术馆竟武场落成典礼宣言[M]//释永信.民国国术期刊文献集成（第14卷）.北京：中国书店，2008：289.

[6] 张之江.中央国术馆成立大会宣言[M]//释永信.民国国术期刊文献集成（第14卷）.北京：中国书店，2008：286-289.

三、中华人民共和国成立之后武术发展的重心——定位于体育运动

（一）中华人民共和国成立初期武术的发展重心——锻炼身体、树立优美形象的体育运动

1949年中华人民共和国的成立，结束了长达百年之久的漫漫黑夜，中华民族终于以崭新的精神面貌、昂扬的姿态屹立于世界东方。人民群众的精神面貌焕然一新，在这种情况下再谈通过武术来培育民族精神，似乎多余。因此，把武术从之前民国时期声威显赫的"国术"降为一般的民族形式体育项目，并归属1952年成立的国家体委的下设机构民族体育形式研究会管理，同时确立了社会主义改造的新方向——"锻炼身体的实用价值"和"树立优美形象"[1]，前者的服务对象是一般群众，后者的主要参与群体是高水平运动员。

这种定位形成的逻辑如下：新中国的一切都应该是新的，只有"破旧"，才能"立新"。应该如何破旧、如何立新呢？首先把以对抗为主要运动形式的武术破除掉，其次根据社会主义建设的实际需要进行改造。社会主义建设有哪些实际需要呢？中国的劳苦大众需要锻炼身体，新成立的中华人民共和国需要树立新形象，由此确立了"今后的民族形式体育发展的方向"，即《新体育》的社论《把民族体育项目引向更健康的、人民的道路》中所言的"使民族形式体育更能具备锻炼身体的实用价值和树立优美的形象"[2]。

以"锻炼身体的实用价值"和"树立优美形象"为目标对武术进行的具体改造实践包括：20世纪50年代中后期整理创编了简化太极拳、长拳类、刀、剑、棍、枪等初级、乙组、甲组22种拳术和器械套路[3]。其中的简化太极拳套路和初级长拳套路主要在人民群众中推广普及，用于满足人民群众锻炼身体的实际需要，甲、乙组套路主要在少数高水平武术人群中推广，用于竞技比赛，以武术树立优美的形象。1958年起草、1959年颁布实施的第一部《武术规则》参照竞技体操规则制定，而非拳击、击剑等格斗类运动的规则，武

---

[1] 社论：把民族体育项目引向更健康的、人民的道路 [J].新体育，1953（12）：4-5.

[2] 社论：把民族体育项目引向更健康的、人民的道路 [J].新体育，1953（12）：4-5.

[3] 林伯源.中国武术史 [M].北京：北京体育大学出版社，1994：456.

术发展提出"难度大、质量高、形象美"的大方向，而非劲力、速度、灵敏、反应等格斗类项目的方向，反映了武术"树立优美的形象"的改造理念。与此同时，传统的武术拳种、武术对抗项目则作为封建社会"旧"的东西，被列入禁止或淘汰之列。

1961年修订的《中小学体育教学大纲》中增加了武术方面的内容，但这些内容都是以"锻炼身体""树立优美的形象"为导向的武术操、初级拳等，如小学教材采用武术基本功、武术操和初级拳第一路，初中采用武术操第二套和初级拳第二路，高中采用初级拳第三路和青年拳，高中选用教材中还有三合剑、初级剑术和初级棍术[1]，这与之前的以培育民族精神为主的对抗类武术完全不同。专业院校的武术教学内容，也是这种类型的新编套路。以1961年版体育学院本科讲义《武术》为例，其中收录了8个基本套路（初级长拳一、二、三路，简化太极拳，初级剑、刀、枪、棍套路）、5个甲组规定套路（男女子长拳、剑、刀、枪、棍）和7个一般套路（太极拳、南拳、形意拳、八卦掌、太极剑、双剑、双刀）[2]。以上学校武术的教学内容，都是围绕"锻炼身体的实用价值"和"树立优美的形象"两方面而展开的。

概括言之，中华人民共和国成立初期，传统的武术在国家民族层面的价值似乎负面的多于正面的，因此，不仅不可能得到国家行为的强力驱动，还必须接受改造，这种改造可概括为"破旧立新"。所谓"破旧"，就是破掉在旧社会形成的传统武术拳种和武术本质属性所规定的技击对抗，禁止其继续发展；所谓"立新"，就是创立一套适合新社会新气象的新武术技术体系，这种新技术体系只能限定于体育范畴之内，其上位概念是民族形式体育，其价值定位是"锻炼身体的实用价值"和"树立优美的形象"，而与旧社会所突出的培育民族精神几乎没有关系（当时所提的口号"普及提高、双百方针、增进健康、为国争光，推陈出新"[3]中，完全没有涉及培育民族精神的内容）。武术的这种新发展实际上是用一套全新的东西取代传统的东西。

综上所述，中华人民共和国成立初期，武术的价值仅是"为一般民众锻炼身体多提供一条可以选择的途径""为展示新中国的形象增加了一个新竞赛项目"，

---

[1] 林伯源.中国武术史[M].北京：北京体育大学出版社，1994：455-456.
[2] 武术编选小组.武术[M].北京：人民体育出版社，1961：53-782.
[3] 赵双进.对八十年代武术工作的回顾与随想[J].体育文化导刊，2003（1）：56-60.

而武术的特殊价值没有得到应有的体现。

（二）20世纪后期至21世纪初武术的发展重心——以挤进奥运会为目标的运动竞赛领域

武术发展极不正常的现象惊动了国家领导人。鉴于这种状况，1981年6月12日李梦华在一次内部讲话中说："武术应放到日程上来了，再不抓就要犯严重错误"，在他看来，武术的主要问题莫过于"对先人留下来的多姿多彩、繁花似锦般的各门各派、多种不同拳种的武术没能大力扶植、全面发展，偏离了'百花齐放'的方针，即所谓'一花独艳'的偏向"[1]。

在这种情况下，调整武术发展重心，使众多传统武术拳种得到有序传承，提上了武术工作的日程。例如，1979年在南宁举行了全国武术观摩大会，各类传统武术拳种得到同台展示；1982年底在北京召开了全国武术工作大会，旨在解决武术发展中出现的严重问题，重新规划武术发展；1983—1986年，国家体委动员8000余名专职武术工作者与业余爱好者，耗费100多万元（当时是一笔巨大的数目），进行了为期三年、号称"史上空前"的轰轰烈烈的武术遗产挖掘整理工作；国家体委还计划仿照民国时期的国术馆设立武术院、馆、社，准备撤销各省市的专业武术队，将其并入武术院、馆、社，指导群众武术工作，传承传统武术拳种等。特别是1982年底在北京展开的全国武术工作大会，被当时的武术主管者赵双进称为"武术复苏的一声春雷""近代中国武术史上的第一回"。此次大会不仅有各省市的武术主管者参会，还有诸多民间武术拳师参会。赵双进认为，这次会后才"把武术真正地摆到了民族文化瑰宝的位置"，同时，武术工作者也得到正名，从而端正了武术和武术工作者的社会地位[2]。

按照常理，中华武术的传承发展与诸如文学、艺术等领域一样，应该迎来了历史的春天，然而，这些开创性的工作仅进行了一半就偃旗息鼓，不但改制没有完成，而且挖掘出来的传统武术拳种也被束之高阁，至今尘封近40年，从而引

---

[1] 赵双进. 对八十年代武术工作的回顾与随想[J]. 体育文化导刊，2003（1）：56-60.

[2] 赵双进. 对八十年代武术工作的回顾与随想[J]. 体育文化导刊，2003（1）：56-60.

起了众多学者的尖锐批评[1]。

　　从整个国家发展的大形势看，国家体委的主要任务是抓竞赛，而对于继承民族文化遗产，并未做出明显决议。事实确实如此，20世纪80年代中后期，体育成为展示改革开放成果的一个重要窗口，从某种意义上说，体育强就代表着国家实力。在中国体育代表团重新出征奥运会之际，"多得金牌"成为显示国家强盛的最直接方式。于是以独具特色的"集中力量办大事"的"举国体制"来发展高水平竞技，用军事化的组织机构"集中兵力打歼灭战"，把"更快、更高、更强"视为目标追求，把金牌作为标志性战果[2]，成为当时整个体育事业发展的重中之重。当时整个中华民族的体育梦就是"金牌梦"。人们无法忘记女排五连冠时，华夏儿女的欢呼雀跃；无法忘记五星红旗升起时，运动员的热泪盈眶；无法忘记《义勇军进行曲》奏响时，人民群众的热血沸腾。在这种情况下，整个国家体育事业的重心都转向了奥运竞技体育。武术、中国式摔跤等"非奥"项目要想在体育领域争得一席之地，唯一的出路是首先争取不被全运会淘汰出局，其次努力争取进入亚运会、奥运会。20世纪80年代中国式摔跤被全运会剔除出去，而武术套路不仅被全运会保留，还进入了亚运会，因此两者形成了"冰火两重天"的发展结局——前者作为一般民族传统体育项目无人问津（后来经衷祖谋的努力，在法国得到了大力开展），后者作为国粹得到体育部门的呵护。然而，如果与奥运竞技体育项目相比，竞技武术则明显"矮"一大截，这是调研过程中各省队专业武术教练员的普遍反映。这种"矮"主要体现在：相对于其他奥运项目，竞技武术训练投入的经费少；全运会比赛上武术项目获得金牌的奖金比其他奥运项目低；相对于奥运项目的教练员，武术套路及散打的专业教练员地位低。为了改变这种状况，争取武术发展得到国家的强力驱动，武术管理部门于20世纪80年代末突然改变"挖整传统武术拳种"的工作重点，毅然扛起"大力发展竞技武术，力争进奥运"的大旗，即使屡遭失利，也仍然坚持努力。

---

[1] 对此提出批评的学者很多，比较典型的如下：
　　程大力.传统武术：我们最大宗最珍贵的濒危非物质文化遗产[J].体育文化导刊，2003（4）：17-20；
　　马廉祯.武术挖整思变[J].体育文化导刊，2004（7）：61-62；
　　王岗.关注武术传承的主体：人[J].搏击武术科学，2006，3（12）：扉页；
　　栗胜夫.论我国传统武术的传承与发展[J].武汉体育学院学报，2007，41（4）：40-44；
　　牛爱军，虞定海.传统武术在非物质文化遗产名录中的归类研究[J].体育文化导刊，2008（4）：119-120；
　　徐永峰，牛爱军，陈星潭.武术挖整运动的时代反思——从非物质文化遗产的视角[J].广州体育学院学报，2012，32（1）：48-51.

[2] 胡小明.新时期体育社会功能的转变[J].体育文化导刊，2003（3）：3-5.

由以上论述可知,自20世纪80年代末以来,武术发展的重心转移到运动竞赛领域。结果是民间传统武术拳种的进一步凋零。牛爱军博士、虞定海教授的研究也指出:挖整工作结束以后"国家的精力放在了竞技武术竞赛上、放在了竞技武术进全运会、亚运会、奥运会等'面子工程''政绩工程'上"[1];栗胜夫教授的研究更进一步指出:"自1987年以来,武术正式成了全运会的比赛项目,竞技武术同传统武术开始分野。因为金牌战略与负责体育各级官员的政绩相关联,所以各省市对竞技武术的支持力度逐年加大,相比之下,传统武术倍受冷落。"[2]

站在体育管理部门的角度,武术应该抓竞赛,也必须抓竞赛,因为竞技比赛是刺激发展的最直接最有效的途径。但问题的关键是竞赛包括哪些内容,目前的状况是新武术技术体系通过竞赛机制得到了飞速发展,而作为传统武术主体的拳种武术由于没有竞赛机制的激励和刺激,只能自生自灭。

进入21世纪以来,以党的十六大报告中提出的"坚持弘扬和培育民族精神"为契机,2004年4月中宣部、教育部联合出台的《中小学开展弘扬和培育民族精神教育实施纲要》文件中提出"体育课应适量增加中国武术等内容"。从武术课的现实角度看,"以武术弘扬和培育民族精神"绝非"体育课应适量增加中国武术等内容"这么简单,因为现行的武术课教学内容是在20世纪50年代根据"锻炼身体"和"树立优美的形象"的标准而设计的,与之前培育民族精神的对抗类武术是两种技术体系。"此武术"非"彼武术",以"此武术"怎么能达到"彼武术"的功效?中宣部、教育部的这个文件已经发布了近20年,各级学校的校长根本不予理睬,依然以升学率为指挥棒,我行我素,甚至出现"有些学校不仅没有增加武术内容,反而削减武术以增加跆拳道等域外武技项目""有70.3%的学校没有开设武术课"[3]的情况。武术普及教育是教育部的事情,而武术发展是国家体育总局武术研究院的事情,这种行政壁垒导致武术教育改革举步维艰。站在国家体育总局武术管理部门的立场,虽然武术进奥运早已遥遥无期,但仍需坚守奥运战略。当然,与此同时,也在推行武术段位制进学校,但武术段位进学校的主旨是如何推广武术,而不是如何培育民族精神。"推广武术"与"以武术培

---

[1] 牛爱军,虞定海.非物质文化遗产保护视野下的传统武术传承制度研究[J].体育文化导刊,2007(4):20-22.

[2] 栗胜夫.论我国传统武术的传承与发展[J].武汉体育学院学报,2007,41(4):40-44.

[3] 国家体育总局武术研究院.我国中小学武术教育改革与发展的研究[M].北京:高等教育出版社,2008:1.

育民族精神"的核心差别在于工作目的和重心的不同，一个立足于武术自身的传承发展，另一个立足于青少年学生的成长。

综上所述，自20世纪后期至今，武术整体发展的重心牢牢定位于以挤进奥运为目标的运动竞赛领域。

四、武术发展重心转换的整体回顾

综合以上3部分关于不同时期武术发展重心的论证，国家需要既是整个武术事业发展的决定性推动力量，同时也牵系着整个武术发展的重心。冷兵器时代，国家主要利用武术最为直接的技击格斗功能训练将士，满足军事战争的实际需要，此时武术的发展重心在技术层面的技击实战，特别是对军事格杀有益的武术内容。清末，武术的军事格杀价值衰微，导致武术沦为被淘汰之列。民国时期，"涤除东亚病夫之恶谥，振起民族固有之精神"[1]成为中华民族发展之要务。因为武术这种具有直接对抗性的运动技术对于强健身体、激发精神具有无可替代的作用，所以被提高到"国术"层面，再次得到国家行为驱动。民国时期武术的发展重心在教育，在于发挥武术的精神教育价值。

中华人民共和国成立初期，在一定程度上似乎武术的负价值更大。在这种情况下，传统的武术不仅没有得到国家行为的强力驱动，还必须经过全新改造之后才能够在新社会发展。这种改造的目标是体育层面的"锻炼身体的实用价值"和"树立优美形象"。20世纪后期，这种以"树立优美形象"为价值取向的竞技武术套路成为武术申请进奥运会的唯一选择，并左右着整个武术的发展，同时，那些深刻蕴含着传统文化精神、更具传统文化内涵的传统武术拳种要么丧失了发展空间，要么发生了变异。

第二节 未来中华武术发展重心的调整方向——教育领域

从当前来看，将整个中华武术发展的重心转向武术教育领域，既尊重了历史发展规律，也参照了国际经验，还符合中华民族伟大复兴的时代主题。

---

[1] 蒋中正.发起提倡国术之本义[M]//释永信.民国国术期刊文献集成（第11卷）.北京：中国书店，2008：295–296.

一、历史惯例

如前所述，先秦时期，武术是培育"智、仁、勇"三大德中的勇武精神的重要途径，那时没有禁武，中华民族反而精神激荡、文化繁荣。封建一统后，文化发展的主格调是"重文轻武"，甚至还不乏严禁习武的时代。冷兵器时代结束后，武术的军事格杀价值消失，在民族国家层面，武术的主要价值是精神教育。民国时期，革命党人发现这种能用于直接对抗的技术在激发精神斗志方面具有无可替代的价值，因此大力提倡武术，甚至将其提升到"国术"层面。21世纪之初，党的十六大把"坚持弘扬和培育民族精神"提上日程，国家应以史为鉴将武术发展的重心定位于武术教育。

二、国际惯例

即使在和平时期，日本、韩国、泰国等周边国家也十分重视各自的武打技术，并将其作为宝贵的教育资源。他们开展的各类武打项目，绝非过度"文"化的艺术表现型技术，而是紧紧围绕技击本质、以直接对抗为主要运动形式的技术。之所以如此，正是立足于培育精神、寻求"技击之道"。以日本武道为例，日本武道显然更倾向教育领域，而非运动竞赛领域。日本的武打类技术之所以统称为"武道"，是因为其传统的武打类技术完成了由"技击格斗决生死的技术手段"向"培育精神品格智慧的实践途径"的转变，由此，求取精神之道、做人之道成为其鲜明的特点。这种"由术至道"的升华的突出表现就是"融入了精神上的追求"[1]，日本武道在日本之所以被民众尊重，是因为"它突出了武道的教育价值"，因为"技艺的优劣，各种竞赛的胜负，只是一种途径，礼仪与克己，勇气与怜悯，正义与责任，才是日本武道追求的根本目标"[2]。

柔道于1964年东京奥运会成为奥林匹克竞赛项目，这是柔道发展的一个里程碑，但是过于竞技化的柔道湮没了"日本武道的个性"，丧失了"柔道精神"，背离了"将武道作为青少年完美人格形成的目标"[3]。为解决以上问题，2001年日本柔道联盟与讲道馆联合发起"柔道文艺复兴"活动，其宗旨是使柔道回归

---

[1] 泉敬史，何英莺. 日本武道大讲堂：武道[M]. 上海：上海辞书出版社，2007：7.
[2] 郑旭旭，袁镇澜. 从术至道——近现代日本武术发展的轨迹[M]. 厦门：厦门大学出版社，2011：190.
[3] 郑旭旭，袁镇澜. 从术至道——近现代日本武术发展的轨迹[M]. 厦门：厦门大学出版社，2011：174-176；187.

原点，即"通过武道来塑造人""通过柔道来追求理想、友情、敬与爱、挑战的精神"。正如日本东海大学体育系教授山下泰裕所说："继承传统不是继承形式，而是要继承精神，继承传统的'魂'：健全的身体、不屈的精神、体谅对手之心、与人合作的生活习惯"[1]。

日本剑道的理念是"通过剑的（原）理（方）法的修炼，形成高尚人格"。虽然剑道无意进入奥运会，但其在日本国内的普及水平比进入奥运会的柔道高得多，"取得高中武道教员资格人数，剑道比柔道高65%"，在日本九大武道团体中，剑道联盟人数最多，剑道的理论研究领域最广，剑道的影响也最深[2]。日本的合气道更特殊，连竞技比赛都不提倡。合气道的最大特征在于"它的精神性与求道性""把人性培养、意志锻炼等精神追求摆在第一位"，其一贯坚持的原则是"决不举行其他武道多采用的竞技比赛形式"。这种运动的广泛传播，是通过"演武形式将锻炼的成果向大众披露"[3]而完成的。

综上所述，日本把各类武打技术的教育价值而非竞技价值放在首位。日本的剑道无意进入奥运会，日本的合气道不采用竞技比赛形式，其初衷是防止因竞技而影响其精神教育价值，丧失了"求道性"的根本。同时，日本的教育除了文化课教育，还十分重视武打类技术，以及其他体育项目的教学。当今武术发展只有完成从"作为竞技项目的运动竞赛领域"到"作为培育中华文化之'精气神'的学校教育领域"的大跨越，才能够更直接地服务于整个中华民族的发展。

三、时代主题

实现中华民族伟大复兴、建设文化强国是当今时代的主题。在民族复兴的征程中，最终起决定作用的是文化精神的支撑，特别是"刚健自强"精神。只有凝聚"精气神"，铸就坚实的文化脊梁，民族的复兴才有希望。中华武术正是培育这种精神的实践途径之一，唯有加强学校武术普及教育的力度，大刀阔斧地改革学校武术普及教育，大力开展以技击对抗为主的武术运动形式，才能切实培育文化精神。

党的十八大报告中提出的"建设优秀传统文化传承体系"和十八届三中全会

---

[1] 郑旭旭，袁镇澜.从术至道——近现代日本武术发展的轨迹[M].厦门：厦门大学出版社，2011：183-184.
[2] 郑旭旭，袁镇澜.从术至道——近现代日本武术发展的轨迹[M].厦门：厦门大学出版社，2011：157，189，200.
[3] 泉敬史，何英莺.日本文化大讲堂：武道[M].上海：上海辞书出版社，2007：309，315，318-319.

提出的"完善中华优秀传统文化教育",都旨在传承中华优秀传统文化,而武术界的众多优秀武术拳种并没有以完整的技术体系融入武术专业教育体系。只有加强武术专业教育研究力度,打破以现代竞技武术技术为主要教学内容的格局,把大批优秀传统武术拳种以完整技术体系引入武术专业教育课堂,才能够真正使专业院校成为传承中华优秀传统武术文化的基地,才能够实现2017年《关于实施中华优秀传统文化传承发展工程的意见》中提出的"到2025年,中华优秀传统文化传承发展体系基本形成"的"总体目标"。

综上所述,随着国家将实现中华民族伟大复兴提上日程,把文化强国建设作为民族复兴的关键,把弘扬优秀中华传统文化作为文化强国建设的重点,中华武术的发展必须及时纠正"重竞技、轻教育"的本末倒置的错误,把发展重心从运动竞赛领域重新转向武术教育领域,这既尊重了历史,又参照了国际经验,还符合当今中华民族发展的具体实际。

第三节 进军武术教育的前提——从根源入手深刻认识武术发展之问题

将武术发展的重心调整到武术教育领域,首先要澄清当今武术发展存在的主要问题,只有对这些问题形成明晰的认识,并针对问题对症下药,才能够为武术发展的战略调整铺平道路。新中国武术发展存在的主要问题是试图以一套全新的、更具艺术性的武术技术体系取代以传统武术拳种为主体、以技击对抗为主要活动手段的旧武术体系;同时,试图用这套全新的武术技术体系主导武术发展,引领整个武术的发展方向。半个多世纪以来武术的新发展,实际上是抛弃了以传统拳种为主体的传统武术而另起炉灶,这类新技术不仅被命名为武术,还曾一度成为中华武术发展的唯一方向,完全抢占了传统武术拳种的生存空间,这种"鸠占鹊巢"的局面,导致了当今武术发展存在诸多问题。这些问题集中体现于以下几方面:其一,中华武术没有在广大青少年群体中得到推广普及;其二,传统的武术拳种没有进入高等教育的殿堂,在民间不断消亡,即使有幸存者,其技术体系也处于残缺不全的状态;其三,传统武术的人文精神逐渐消失,而被西方体育文化精神所取代。下面剖析问题,并从根源上探求问题之症结,从而为调整武术发展战略做好基础性工作。

一、当今武术发展过程中出现的主要问题

(一)学校武术普及教育的无所作为问题

中华人民共和国成立后对武术"锻炼身体,树立形象""立足竞技,进军奥运"的重心定位所导致的最严重问题是学校武术普及教育无所作为。国家体育总局武术研究院课题组曾撰文指出"武术在中小学,已名存实亡"[1],其进一步在全国范围内的调研结果显示:"作为国粹的中华武术,在中小学的开展状况很不乐观。有70.3%的学校没有开设武术课,有些学校不仅没有增加武术内容,反而削减武术内容,以增加跆拳道等域外武技项目"[2]"作为国粹的中华武术在学校体育教育领域处于岌岌可危的境地"[3]。为什么广大学生"喜欢武术,却不喜欢武术课"[4]?为什么广大学生纷纷投向外来武技项目?为什么近邻韩国、日本的武道在其学校教育中红红火火,而中华武术在各级学校中半死不活?这些问题的症结在于20世纪50年代在特殊的历史条件局限下对武术做了不恰当的定位,特别是在此定位下而确立的武术教学内容。

现在各级学校的体育课中开设的武术内容,绝大多数采用的是20世纪50年代中后期按照"锻炼身体的实用价值"和"树立优美形象"的思路创编的初级套路,如初级长拳,简化太极拳,初级剑、刀、棍、枪等。这些初级套路"将格斗功能的主导地位剥夺"[5],"偏离了武术的本质特性,不符合社会的发展和人们的需求"[6-7],从而使学生形成"武术运动就是类似体操的身体练习"[8]"武

---

[1]《关于武术教育改革和发展的研究》课题组.改革学校武术教育 弘扬中华民族精神[J].中华武术,2005(7):4-5.
[2] 国家体育总局武术研究院.我国中小学武术教育改革与发展的研究[M].北京:高等教育出版社,2008:1.
[3] 康戈武,洪浩,马剑,等.《中国武术段位制系列教程》的学校教学指导方案研究[J].武汉体育学院学报,2014,48(10):62-69.
[4] 蔡仲林,施鲜丽.学校武术教学改革的指导思想——淡化套路、突出方法、强调应用[J].上海体育学院学报,2007,31(1):62-64.
[5] 石华毕,翟少红.学校武术的教育性与开展形式的反思[J].西安体育学院学报,2010,27(3):366-370.
[6] 翟少红.试论构建"淡化套路,提倡技击"的武术教材体系[J].体育文化导刊,2005(5):58-59.
[7] 翟少红.试论中小学武术教学改革的出路——从课程、教材、教师、学生角度进行探讨[J].中国体育科技,2005,41(6):82-84.
[8] 王文辉.高校武术普修课教学中存在的几个问题[J].六安师专学报(综合版),1998,14(1):58-60.

术就是做操"[1]的片面认识。对于这种"操化"式的教学内容,一般只能采用"填鸭式""注入式"的教学方法,"对学生满堂灌,让学生一味硬记某几个初级套路,强行使学生囫囵吞枣",从而造成"学生学得不伦不类,教的人叫苦不迭,看的人啼笑皆非"的场面[2]。蔡仲林教授在2010年12月《武术套路基础》新教材培训会上提出:这种武术课的教学状况是"前面学,后面忘,考试完了后把套路忘个精光"。试想,这样的武术课如何培育广大学生"刚健自强"的民族精神?如何凝聚青少年的"精气神"?

在武术课备受冷落,陷入"学生不愿参与、教师无所事事的境地"的同时,"学生们纷纷投向跆拳道、空手道等项目的练习行列"[3],究其原因,"跆拳道以实用的对抗性技术为教学的切入点,在教学中倡导'以礼始,以礼终'的崇礼尚武精神,从而提升人的顽强、果断、自信、坚毅及吃苦耐劳的意志品质,增强民族凝聚力"[4]。"综观世界各国的格斗术,有哪个国家舍弃了它的本质格斗功能","武术的最大魅力就是由武术的格斗功能衍生而出的格斗文化"[5],而这种既割除了武术的本质技击,又舍弃了文化精神的学校武术教学内容,难以承担培育"刚健自强"精神的重任。

当今武术教育存在的一个普遍问题是重视学校武术专业教育、忽视学校武术普及教育,而学校武术普及教育关系着民族精神的培育,关系着青少年精神面貌的重塑,决定着武术的社会地位。武术发展要想再次得到国家的强力驱动,必须能够为国家民族的发展做出大贡献。当今时代,武术唯一能够发挥重要作用的领域就是学校武术普及教育方面,培育当今青少年急需的"刚健自强"精神。当前的学校武术普及教育无所作为,这是当今武术发展存在的首要问题。

(二)传统武术拳种技术体系的完整传承问题

中华人民共和国成立后武术"锻炼身体,树立形象""立足竞技,进军奥运"的重心定位使曾作为中华武术发展之主体的传统武术拳种无法作为整体的技术体系得到有效传承。传统武术拳种本来是中华武术的主体,然而自20世纪50年代

---

[1] 张东宇.高校武术教学存在的问题及相应措施[J].上海体育学院学报,1998,22(S1):163-164.
[2] 阳洪波.对高校体育教育专业武术必修课教材改革思考[J].西昌师范高等专科学校学报,1999(4):80-82.
[3] 花妙林.论高校开展传统武术与《段位制》相结合的教学新思路[J].体育科研,2008,29(1):85-87.
[4] 左文泉,彭阳,李雨衡.中小学武术教学思考[J].体育文化导刊,2009(9):85-86.
[5] 石华毕,翟少红.学校武术的教育性与开展形式的反思[J].西安体育学院学报,2010,27(3):366-370.

中后期以来，传统武术、拳种完全被一种全新的武术技术体系所取代。武术教育首先在运动竞赛领域进行了内容置换，然后在武术专业教育领域完全以运动竞赛领域为参照设置教学内容，从而导致了传统武术拳种无法作为完整技术体系融入武术专业教育。对武术专业教育的教学内容进行回顾可知，20世纪50年代后期完全照搬了运动竞赛领域的新编甲、乙组武术套路；20世纪90年代则更新为因北京亚运会武术比赛需要而创编的亚运会规定套路，以及竞赛领域刚成形的竞技武术散打；21世纪则吸收了当时为武术进奥运而创编的奥运规定套路。蔡仲林教授对全国33所开设民族传统体育专业院校的调查表明，各校的武术专项课仍以竞技武术为主，很难全面体现民族传统体育专业的特点[1]。即使一些院校开设了传统武术拳种方面的课程，也仅限于教授几个传统武术套路空壳，几乎没有院校对由功法、套路、拆招、喂手、散手、实战等环节组成的传统武术拳种技术体系进行完整传承，更没有对传统武术拳种进行学术化改造，使其实现现代转型。即使在我国大力提倡"建设优秀传统文化传承体系""完善中华优秀传统文化教育"的当今时代，学校武术专业教育的这种状况也仍然没有改变的迹象。

传统武术拳种在民间的自生自灭状态已经持续了数十年，万幸的是，在还没有完全绝迹之前遇到了在世界范围内兴起的非物质文化遗产保护运动，很多拳种已经加入了这个行列，被列入国家级、省级、市级非物质文化遗产名录。然而，仅通过非物质文化遗产的形式维持传统武术拳种的生命，显然不是长久之计，如果不将其纳入现代专业教育，则传统武术拳种的发展根本不会有生命力，难以起到弘扬中华优秀传统武术文化作用。

（三）武术传统的文化精神削弱问题

中华人民共和国成立后对武术"锻炼身体，树立形象""立足竞技，进军奥运"的重心定位对中华武术发展造成严重影响。引领传统武术发展的精神航向是中国文化的基本精神——"自强不息，厚德载物"。高层次的传统武术习武者更加重视"与自身纵向比较，技击境界、武德修养的提高程度"，传统武术技术体系中独有的站桩、套路、慢练等运动形式，正是习武者自强不息的修身途径（传统武术领域也有好勇斗狠、争强好胜者，但这些仅是习武者初级阶段的表现，不

---

[1] 蔡仲林、罗远东，孔军峰，等.我国高校民族传统体育（本科）专业办学现状调研[J].体育学刊，2007，14（1）：69-72.

是传统武术发展的精神主导，不是传统武术发展的主方向）。然而，半个多世纪以来，随着传统武术拳种被"新武术"置换，本处于更高层面的传统武术精神也被削弱。当今主导整个武术发展的竞技武术，与其他竞技体育项目一样，以"更快、更高、更强""不断超越对手""永远争第一"为主要追求目标，由此，"更快、更高、更强""不断超越对手""永远争第一"成为现代武术的文化精神。也就是说，在武术现代化发展过程中，传统的文化精神"自强不息，厚德载物"被置换为"更快、更高、更强""不断超越对手""永远争第一"。

调研过程中，张建军先生描述了这样的现象："咱们的散打运动员把散打练到脸上了，练得张扬了、暴虐了，把格斗最低层的东西放在了最上面。""不是孩子们这样，而是被培养成这样了"，他进而分析道，这是"教练员的问题、老师的问题"，因为散打作为一个新兴的竞技运动项目"没有理论支撑，它不像传统武术还有一个德的问题，把德作为核心境界"。郑旭旭等也指出："中国武术如果不重视在学习过程中的教育作用，仅追求技术出色，不管是世界套路比赛冠军，还是世界散打比赛冠军，最终还是显得品味不足。20世纪80年代一批比赛成绩突出的散打运动员的人生轨迹，应该引起我们反思。"[1]确实，正由于过分突出武术的竞技价值，没有充分挖掘武术的教育价值，才致使一些武术运动员迷失了方向。没有文化精神支撑的武术运动，如何担当起"传承民族文化""培育民族精神"的使命？

综上所述，在学校武术普及教育方面，武术因教学内容去除了技击本质、削弱了文化精神，而处于岌岌可危的境地；在技艺传承层面，武术中仅有一部分技术得到了飞速发展，而更具文化特色、作为传统武术之主体的传统武术拳种没有发展起来；在文化精神层面，武术中某些精神在竞技比赛的催化下得到了发扬，而作为主导和灵魂的文化精神已被削弱。这些正是在当今建设文化强国时代，中华武术发展面临的严重的现实问题。

二、当代武术发展问题之根源的深层解析

2014年5月习近平总书记在北京大学师生座谈会和12月20日在澳门大学横琴新校区考察时，都曾说："……这就像穿衣服扣扣子一样，如果第一粒扣子

---

[1] 郑旭旭，袁镇澜. 从术至道：近现代日本武术发展的轨迹[M]. 厦门：厦门大学出版社，2011.

扣错了，剩余的扣子都会扣错。"[1]中华武术发展过程中出现以上问题的根源在于武术发展的"第一粒扣子扣错了"。错在所谓的"破旧立新"，破掉了传统的东西、破掉了反映武术本质属性和文化内涵的东西，树立了一种与传统武术主体发展规律、本质发展属性不一致的全新技术体系。要解决目前武术界的一系列棘手问题，必须回到问题之原点——重新扣好武术发展的"第一粒扣子"。

实际上，改革开放后，政府部门、武术管理层曾深刻意识到中华武术发展因"第一粒扣子扣错了"而导致的严重后果，并做了多方面尝试补救，但没有完全成功。这种努力来自对武术发展问题深刻反思。这些反思，集中反映了武术发展存在的问题。

针对这些问题，当时的国家体委负责人李梦华曾进行了一系列深度思考，也形成了一系列有价值的建议，还采取了一系列实际行动。具体思考如下："武术的历史价值是什么？发展到当代的价值又是什么？冷兵器时代武术拳械的作用是什么？现代武术的作用是什么？武术的基本概念是什么？""30多年来的主要问题是什么？基本估价是什么？正确的指导思想是什么？当前武术运动的方针、任务是什么？用什么形式开展武术？"等。具体建议如下："不要把其他项目的方法，机械地搬到武术上来""用现代体育的形式开展武术是不行的，要有适合中国传统的组织形式和工作方法""武术是中国传统的民族色彩极其鲜明的体育项目，只能采取有中国特色的组织形式与运动形态来开展，不能照搬西方体育""建专业队、搞比赛虽然起到了一定作用，但实践证明不利于继承发展武术遗产，而且造成民间武术与专业队伍的隔阂""现在要打破一个观点，不能要搞一项运动非搞专业队不可""各地体委要保留武术队，给它逐步过渡到武术院""逐步建立武术院、馆、社"，活动方式可参照1979年广西南宁举办的观摩交流大会形式，让各门各派、各拳种都有登台亮相的机会，做到"百花齐放""在继承发展上共同提高，相应地把专司竞赛的武术队改变成在武术馆、社下的宣传武术、指导群众、继承传统的工作队"等[2]。具体实际行动如下：1979年于南宁举办的全国武术观摩交流大会，使众多传统武术拳种同台展示、百花齐放；20世纪80年代初计划参照民国时期的国术馆形式建立武术院、馆、社，按照这种组织建制管理

---

[1] 新华网. 习近平：青年要自觉践行社会主义核心价值观——在北京大学师生座谈会上的讲话［EB/OL］. (2014-05-05)［2021-08-18］. http://www.xinhuanet.com/politics/2014-05/05/c_1110528066.htm.
[2] 赵双进. 对八十年代武术工作的回顾与随想［J］. 体育文化导刊, 2003（1）: 56-60.

武术工作，并将其写入了 1982 年的全国武术工作会议文件；1983—1986 年进行的耗资百万、声势浩大的全国武术普查和挖掘工作，挖掘出数百个传统武术拳种等。正如当时国家体委武术工作的负责人赵双进对这次挖掘工作的客观评价：这是原国家体委主任李梦华"凭着强烈的民族责任感""运用国家体委的行政权威"而发动的"前无古人的一大壮举"。1986 年 4 月 7 日新华社发的一篇题为"中华武术甲天下，千年瑰宝今生辉"的电稿如此定论："我们无愧于祖先，武术遗产没有在这一代流失；我们无愧于后人，中华武术将在这一代发扬光大。"[1]

然而，在整个体育发展的大形势影响下，以上思考和建议只能停留于思想层面，其初期实际行动获得的成果"只能说是初步的"[2]，而且仅停留于初步，之后再没有进展。自 20 世纪 90 年代中后期以来，在武术"申奥"大旗引领下，在不断翻新的竞赛规则约束下，武术技术千篇一律，传统武术拳种更加凋零，武术"第一是单调；第二要断种"的趋势更加严重。

改革武术、试图纠正"扣错的第一粒扣子"的努力一再失败，导致当今武术发展存在诸多问题。正如 2013 年 11 月于武汉调研过程中武术名家张建军的肺腑之言：在特定历史时期所形成的扭曲发展的结果，体育、艺术、文学都曾有过，但是，其他行业都拨乱反正了，就是武术界例外，"武术还在沿着那个错误方向往前走"，武术中"最朴实的东西，最能打动人的东西没有了""最能代表中国人智慧的东西，'以巧斗力''威武不能屈'的东西没有表现出来"。2015 年 3 月杭州市中医院周伟良教授慷慨陈词："中华武术发展的第一个扣子，20 世纪 50 年代一下子就搞错了，几十年来，我们没有对'这第一个扣子的正确与否、定位怎么样'进行认真讨论。现在已经有学者（提出）'向传统武术的回归'这种说法，包括'对竞技武术的否定'，实际上都在寻找一个新的定位。我们只有把第一个扣子的定位搞清楚了，那么我们的传统武术的历史积蓄……才能谈得上它的历史传承。"

调研过程中得到的这些学者的论点虽然有些比较偏激，但也不乏真知灼见。中华武术当今发展所面临的主要问题，皆因中华武术发展的"第一粒扣子"扣错了。要解决这些问题，必须从根源入手，先纠正新中国武术发展扣错的"第一粒扣子"。

---

[1] 赵双进. 对八十年代武术工作的回顾与随想 [J]. 体育文化导刊，2003（5）：63-66.

[2] 赵双进. 对八十年代武术工作的回顾与随想 [J]. 体育文化导刊，2003（3）：64-68.

第四节 调整武术发展重心后的重点举措——构建学校武术传承体系

既然新中国武术发展的"第一粒扣子"扣错了，就应该回到原点，从根源入手解决问题。在文化传承领域，传统武术拳种的衰落、不断消亡，是因为自20世纪50年代构建学校武术教育体系之初就被排斥在现代教育殿堂之外，只能在民间自生自灭。武术传统的人文精神之所以被淹没，是因为长期以来把武术发展重心定位于运动竞赛，并把用于运动竞赛的内容照搬到武术专业教育领域，用竞技体育的文化精神引领整个武术发展（实际上竞技体育精神仅可以引领现代竞技武术的发展，不能引领整个武术的发展）；众多传统武术拳种之所以没有完成现代转型、学术化改造，是因为长期以来武术专业教育领域根本没有对其进行关注。学校武术普及教育之所以处于岌岌可危的境地，是因为其教学内容一直在采用20世纪50年代创编的不符合传统武术发展规律的陈旧内容，而这些内容之所以得不到改革，是因为以往武术发展的重心不在武术教育领域。扣好中华武术发展的"第一粒扣子"的关键是将武术发展的重心由运动竞赛领域调整到武术教育领域，以文化强国建设的目标"实现中华民族伟大复兴"为大背景，在学校教育领域构建以中华传统文化的基本精神为引领、以传统武术拳种为单位的学校武术传承体系。

实现中华民族的伟大复兴是文化强国建设的最高目标，弘扬中华优秀传统文化是其中的重要内容。着眼于总目标，可从两个层面对中华优秀传统文化进行剖析：一是处于核心层面的文化精神，二是从整体层面围绕文化精神这个核心而展开的中华优秀传统文化的传承体系。作为具体实践途径的中华武术，其学校教育中的普及教育、专业教育分别与以上两方面对接。具体如下：其一，学校武术普及教育的立足点是"以武育人"。首先，与体育课中开展的其他运动项目一样，武术承担着"增强体质，增进健康"的育人任务；其次，作为中华优秀传统文化的载体，武术还承担着"培育民族精神"的特殊任务。具体而言，武术承担着"培育'刚健自强'的民族精神，凝聚中华民族'精气神'"的特殊育人任务。其二，学校武术专业教育的立足点是"传承发展中华优秀传统武术文化"。首先，把以拳种为单位的传统武术技术体系，以及以其为核心的武术文化通过高层次人才传承下去、发展起来；其次，培养能够传播中华优秀传统武术文化的人才，具体包括学校武术普及教育的专业师资、大众武术健身的社会指导员、青少年武术俱乐部的教练员、中华文化的对外传播者等。

然而，目前学校武术专业教育和学校武术普及教育都没有承担起各自的主体任务。长期以来，学校武术专业教育教学内容的主体是竞技武术套路和竞技武术散打，不仅没有承担起传承中华优秀传统武术文化的任务（至今没有一个传统武术拳种以完整技术体系的形式融入高等专业院校的武术教育内容中），而且也没有承担起培养传播中华优秀传统武术文化人才的任务（无论是各级普通学校，还是社会各界，对竞技武术技术内容的需求量都极低，因此，该专业的毕业生普遍找不到对口工作[1]）。学校武术普及教育以表现型套路为主的教学内容是"碎片化知识和技能"[2]，完全不成体系，其教学效果连基本的"增强体质，增进健康"都难以达到，更难以培育"刚健自强"的民族精神了。

有鉴于此，必须改革学校武术，将学校武术专业教育的定位由"现代竞技武术技术体系的培养基地"转变为"中华优秀传统武术文化的传承发展中心"，建立以拳种为单位的中华优秀传统武术文化课程体系，通过课程体系弘扬中华优秀武术文化；将学校武术普及教育的定位由"增强体质，增进健康，树立优美形象"的运动项目上升为"培育'刚健自强'的民族精神，凝聚中华民族'精气神'"的实践途径，建立以简单直接的对抗类技术为主体的课程体系，通过"礼仪+对抗"的模式，培育"刚健自强"的民族精神。以文化强国建设为核心的学校武术传承体系如图2-1所示。

---

[1] 邱丕相，杨建营.民族传统体育专业存在的主要问题及解决对策[J].体育学刊，2008，15（12）：1-5.
[2] 季浏.我国《普通高中体育与健康课程标准（2017年版）》解读[J].体育科学，2018，38（2）：3-20.

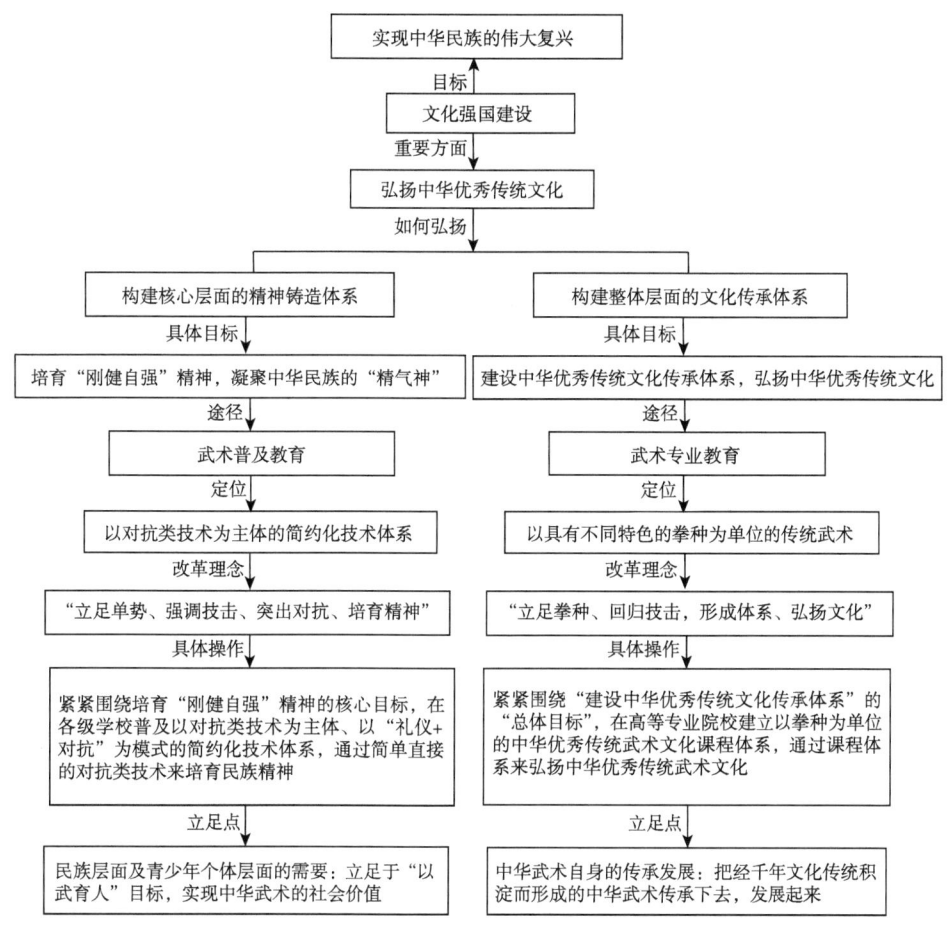

图 2-1 以文化强国建设为核心的学校武术传承体系

图 2-1 中的核心是文化强国建设，最高目标是"实现中华民族的伟大复兴"，重要内容是弘扬中华优秀传统文化，具体实践途径之一是大力开展学校武术教育。其中，学校武术专业教育承担的主要任务是中华优秀传统武术文化的整体传承，所对应的具体目标是"建设中华优秀传统文化传承体系"；学校武术普及教育承担的主要任务是培育民族精神，所对应的具体目标是培育"刚健自强"精神，凝聚中华民族的"精气神"。学校武术专业教育要实现以上目标，必须改革现有的以竞技武术技术体系为主的教学内容，采用以拳种为单位的传统武术技术体系，具体改革理念是"立足拳种、回归技击，形成体系、弘扬文化"，在实践操作层面应紧紧围绕"建设中华优秀传统文化传承体系"的总

体目标，在高等专业院校建立以拳种为单位的中华优秀传统武术文化课程体系，通过课程体系来弘扬中华优秀传统武术文化。学校武术普及教育要实现以上目标，必须改革现有的以表现型套路为主的封闭型教学内容，采用以对抗类技术为主体的开放型的简约化技术体系，具体改革理念是"立足单势、强调技击、突出对抗、培育精神"，在实践操作层面应紧紧围绕培育"刚健自强"精神的核心目标，在各级学校普及以对抗类技术为主体、以"礼仪+对抗"为模式的简约化技术体系，通过简单直接的对抗类技术来培育民族精神。学校武术专业教育的立足点是中华武术自身的传承发展，即如何把经千年文化传统积淀而形成的中华武术传承下去、发展起来；学校武术普及教育的立足点不是自身技法的传承发展，而是社会需要，即如何根据武术育人的主体目标，发挥中华武术最主要的社会服务功能。

可以把图2-1中的两方面内容分别命名为中华武术整体层面的文化传承体系和核心层面的精神铸造体系，两者分别体现了中华武术的文化传承价值和精神教育价值。具体层面的武术传承体系与国家层面的文化传承体系的对应关系如图2-2所示。在学校武术普及教育中应使传统武术拳种的核心技法通过以对抗性练习为主的教学形式服务于文化强国建设中的"文化精神"，应在学校武术专业教育中将传统武术拳种完整的技术体系作为主体教学内容使其服务于文化强国建设中的"建设中华优秀传统文化传承体系"。第三章和第四章将分别对其展开论述。

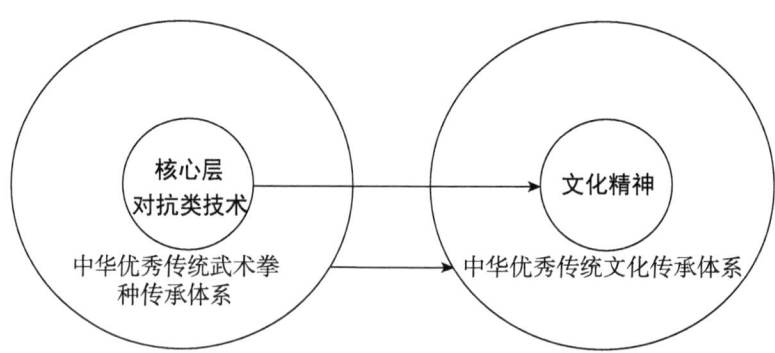

图2-2 具体层面的武术传承体系与国家层面的文化传承体系的对应关系

本章小结

本章主要提出了以下观点。

国家需要是整个武术事业发展的决定性推动力量，整个武术发展的重心应根据国家需要而调整。从"远古"穿越"现在"指向"未来"，武术整体发展重心的转化调整思路如下：古代以"军事格斗"价值服务为作为"国之大事"的军事需要—民国时期以"精神教育价值"服务于"武"化教育—中华人民共和国成立后以"体育健身和竞技表演"价值服务于大众健康及运动员竞技需要—今后将成为培育"刚健自强"精神、凝聚中华民族"精气神"的实践途径。

20 世纪 50 年代我国构建了时称"新武术"的全新的武术技术体系，并把武术发展重心先后定位于"锻炼身体，树立形象""立足竞技，进军奥运"，这在一定时期内产生了积极影响，但随时间推移，其造成的问题开始暴露。例如，在各级学校体育课中武术教育逐渐被削弱，曾作为中华武术发展主体的传统武术拳种无法作为完整技术体系在专业院校得到有效传承，传统武术的文化精神无法得到更广范围的弘扬等。这些问题的根源在于 20 世纪 50 年代由于历史的局限性，把武术发展的"第一粒扣子扣错了"，当时的"破旧立新"，破掉了传统的东西，以及反映武术本质属性和文化内涵的东西，树立了一种违背传统武术发展规律、远离其本质发展属性的全新技术体系。

现在解决问题的唯一途径是从根源入手，重新扣好武术发展的"第一粒扣子"，把武术整体发展的重心调整到武术教育，通过学校武术专业教育传承中华优秀传统武术文化，通过学校武术普及教育培育"刚健自强"精神，凝聚中华民族的"精气神"。这样的战略调整既可以解决学校武术存在的问题，也遵循了历史规则，还参照了国际经验，更符合中华民族伟大复兴、文化强国建设的时代主题。

第三章
学校武术专业教育改革研究

导言：学校武术专业教育是整个学校武术教育发动的核心。当前"全国高等体育院校的武术专业（方向）是培养武术师资、武术研究人员的摇篮。作为培养武术专业人才的基地，它们是推动武术发展的主力军"[1]。因此，学校武术专业教育对整个武术文化的传承发展至关重要。本章主要研究高等院校的武术专业教育，立足点在于武术自身的传承发展，主要考虑武术自身博大精深的技术体系及深邃的文化内涵的传承发展。整体撰写遵循以下思路：首先，对千年文化传统积淀而成的中华武术进行梳理提炼，重点阐释其博大精深的技术体系、独具特色的发力方式和内涵深邃的文化精神；其次，回顾学校武术专业教育的发展历程，重点剖析传统的武术拳种是如何被挡在专业院校武术教育的大门之外的；最后，概览相关学校武术专业教育的改革研究，在此基础上确立学校武术专业教育的技术定位、改革理念及具体的实践操作。

第一节 千年文化传统积淀而成的中华武术

传统的中华武术拳种有哪些精华值得传承？本节将从具体技术到文化精神逐一展开论证，以明确学校武术专业教育传承的立足点。

一、中华武术整体技术的"博大"——具有多层面不同类型技术的庞大体系

中华文明上下五千年，是世界唯一一个没有间断的古老文明。悠久的历史造就了各种无与伦比的经验型技艺，如中医药学、美食烹饪、手工工艺、书法绘画、

---

[1] 王飞.民族传统体育武术专业课程理论基础研究[D].武汉：武汉体育学院，2007：2.

武术技术等，既广博浩大，又精巧入微。以中华武术为例，不但有数百个拳种流派，而且每个拳种流派都有数十个套路，每个套路又包含数十个技术动作。中华武术的"博大精深"得益于文化传统的积淀。西方文化是"做减法"的文化，力求"优—再优—更优—最优"，从而不断简化，而中国文化是不断"做加法"[1]的文化，即在实践中有一点心得就通过一定的形式保存下来，从而越积淀越博大，而量的积累又容易引起质的飞跃，从而获得飞跃式发展。

中华武术最初始的状态与世界其他地域的武打技术没有太大区别，都是人类用于克敌制胜的攻防技术。简单实用、直截了当是其共同特点。只是在历史发展进程中，不同国家的武技受不同文化环境影响，被烙上了各自的文化印迹。温力教授在给研究生授课时曾说："中华武术与世界上其他国家的武技是同质异趣的技术"，这里的"同质"即共同的技击本质，"异趣"即不同的文化特色。目前的中华武术与世界各地的武打技术都是由人类原始的技击术发展而来的，因此它们具有共同的技击本质；它们成长于不同的文化环境，因此逐渐形成了不同的文化特色。西方的武打技术一直停留于简单实用的层面，并且不断精简，最后形成最优、最简的技术动作。例如拳击运动就是最好的例证，在不断发展过程中逐渐优化为3种拳法。中国的武打技术越积累越多，逐渐形成拳派林立、风格各异、技术纷呈、博大多元的格局。

中华武术的发展历程如同一个"大雪球"，由最原始的攻防技法越滚越大，最后逐渐形成了气象万千的技术格局。处于武术技术这个"大雪球"的最原始核心层的技法（或者说最初期的武术技术）则是最简单实用、直截了当的攻防技法。处于这一层面（或这一时期）的技术与世界其他国家的武技没有太大的差别，都以克敌制胜、攻击防卫为目的，同时，这类技术也更接近于人类的本能攻防。然而，在历史发展过程中，不同的文化氛围造就了不同国家武技的不同发展轨迹。世界其他国家的武技大多停留于最初的这一层面，只是在发展的过程中技术更加简约化、精细化，训练方法更加科学化、系统化。中华武术远远超越了简单实用的技术层面，通过逐层拓展形成了一个技术庞杂、功能多元的大体系。

中华武术这种博大多元的技术格局，得益于在中国文化重"程式"特点影响下而出现的套路运动形式。现在的竞技武术套路更倾向于艺术形态，是一种优美表现型运动项目，而最初的武术套路则是各种技击经验、技击招法的载体。例如，

---

[1] 中西文化分别是"做加法""做减法"的文化，该观点源于课题调访过程中北京体育大学吕韶钧教授的口述。

民间武术拳师给学生拆拳时，会讲解套路中每个动作的具体应用，这一招在对方这样攻时应用，那一招在对方那样攻时应用，这一招用于破解对方的抱腿，那一招用于解脱对方的抓腕等。又如，中华武术的很多拳种或器械分别适用于不同类型的习练者，因人而异，而非一个固定统一的模式。戚继光在《纪效新书》中写道："藤牌宜于少壮便健，狼筅、长牌宜于健大雄伟，长枪、短兵宜于精敏有杀气之人，皆当因其材力，而授习不同。"[1]中华武术在历史发展过程中积累了大量在不同情况、不同场景、不同条件下针对具有不同特点的对手的不同技击招法。如果把最初的简单实用招法称为处于原始核心层的（第一层次）通用、常用、常规技法，那么后来逐渐形成的大量对于特定的人或在特定的条件下才能够应用的技法，特别是通过套路记载的大量技击招法，则是武术技法的第二层次。这一层次的技法具有因人而异、因条件而异，充分体现了辩证唯物主义的精髓"具体问题具体分析"，属于非常规的技击方法。

根据唯物辩证法"从量变到质变"的规律，当量的积累达到一定程度之后，有可能产生质的飞跃。中华武术第二层次技法量的积累，为其发生质的飞跃创造了条件。在明清时期形成的具有"以静制动""以柔克刚"等具有反常规特点的逆向思维技法，是中华武术在发展过程中产生的质的飞跃。这类技法完全摒弃了常规的气冲斗牛似的硬打硬碰、硬顶硬抗，而是反其道而行之。"顺势借力""以柔克刚""举手而送之""四两拨千斤"正是对这类技法的形象描述，这也是道家思想对中华武术的全方位渗透。这类技法将追求技击之道放在突出位置，提炼出了很多道法自然的技击规律，并在此思想指导下形成了很多反常规的特殊练习手段，如慢练、站桩，不追求速度，更追求合拍等。这种独特技法更突出技击境界，在中华武术发展史上具有里程碑意义，我们称之为中华武术的第三层次。

不仅如此，在中国文化"善于将技术化的东西艺术化"特点及中国博大精深的导引养生文化影响下，中华武术中的一些技法发生了质变，从技击术质变为人体运动艺术和健身养生术。这种变化古已有之，如明代戚继光从实战角度反对的"周旋左右，满片花草""徒支虚架，以图人前美观"[2]的花法武艺，正是武术艺术化发展之后形成的另类内容。这类内容虽然被历代武术家所不齿，但从艺术审美角度来看有一定的价值，可将其视为中华武术发展的旁支。这类内容由旁支而

---

[1] 戚继光.纪效新书（十八卷本）[M].北京：中华书局，2001：44.

[2] 戚继光.纪效新书（十八卷本）[M].北京：中华书局，2001：19，91.

成为主导，始于20世纪50年代后现代竞技武术套路技术体系的形成。在国家行为驱动下，这类内容不仅成为武术运动竞赛领域的重中之重，还成为专业院校武术专业教育的主体课程。除了这种质变为表现型艺术的武术，还有一类健身养生类太极拳套路，这类内容是在本来以练习松沉能力为目的、作为太极拳提升技击境界的缓慢柔和型的套路基础上，为满足大众健身养生的需要而设计的。例如，24式太极拳、48式太极拳，这些套路是在20世纪50年代毛泽东同志"发展体育运动，增强人民体质"的号召之后而创编的。在创编之初，师承杨澄甫的太极拳家李雅轩曾提出异议，认为"中央的太极拳趟子一出来，必定风行全国""长此以往，必致以误传误，不到数十年，就有将几千年来先辈长期经验发明创造出来的太极拳真味失传的可能"[1]。他显然是站在传统的以追求技击境界为主的太极拳的立场来考虑。站在大众健身角度来看，这种质变有利于向大众普及武术，这也是中华武术质变之后形成的新旁支。以上质变而来的艺术表现型和健身养生型武术，是中华武术的第四层次。

综上所述，可将中华武术逐层发展的大致过程归纳如下：简单实用、直截了当的原始攻防技法—在一定的场景中或一定的条件下才能够应用的各类"非常规"技击招法—具有逆向思维特点的独具特色的攻防技法—从技击术质变为艺术和健身术的新技法。这个发展过程还可以抽象为：最简单、最直接、最有效、最实用的技法—体现"具体问题具体分析"的辩证思想的技法—追求"以巧斗力"的"技击之道"的特色技法—质变为技击术领域之外的"虚拟"技击技法。武术的分层技术体系如图3-1所示。

---

[1] 太极拳断想［EB/OL］.（2017-06-01）［2021-11-08］. http://360doc.com/content/17/0601/10/37635451-658955933.shtml.

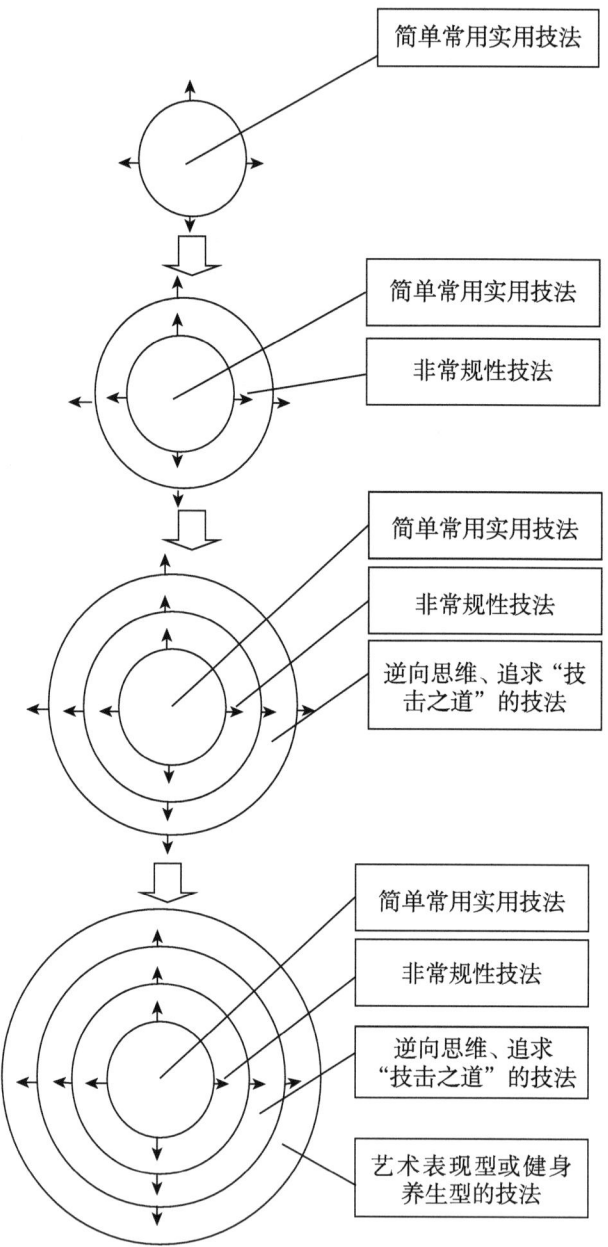

图 3-1 武术技法的逐层演进图示

《辞海》中对"发展"一词的定义是"事物由小到大、由简到繁、由低级到高级、由旧质到新质的变化过程"[1]。如果说中华武术前三个层次技法的形成遵循了事物发展"由小到大，由简到繁，由低级到高级"的规律，使技击方法越来越丰富、技击层次越来越高、武术技术体系越来越庞大，那么，最后一层次的技法则完成了"由旧质到新质"的跨越，即从技击术领域跨入艺术领域和健身术领域。由此，中华武术成为一个横跨技击术、艺术、健身术3个领域的人体运动集合体。这个集合体的复杂性是任何一个国家的武打技术都无法比拟的。

将以上武术分层技术体系与现在的武术技术对照可知，现代散打技术归属武术分层技术体系的原始核心层，不是在"广博"上而是在"精细"上下功夫。因为这类技术受到了西方现代体育文化的影响，所以在逐渐"做减法"，逐渐形成"优—再优—更优—最优"的技术体系。数百个传统武术拳种保留更多的是由武术套路所记载的大量招法，大多可归属于武术分层技术体系的第二层次。内家拳、太极拳、意拳等所追求的"以巧斗力"的技法，则已经跨入了第三层次。现代竞技武术套路和各类以健身养生为主要目的的新编太极拳及其他新编武术，则归属于武术分层技术体系的第四层次。

二、中华武术技击的"精深"——形成了十分独特的劲力系统

中华武术的技击精华绝不是一些民间拳师大力宣扬的通过击打要害部位而一招制敌的技术，任何国家的武技都曾有类似的技术，只是在文明化进程中，为保证对手安全而被摒弃。中华武术的技击精华在于独特的发力方式，以及技击对抗过程中对节拍的控制（本部分主要论述前者，对于后者将在另一项关于太极拳的研究中做详细论述）。

人类武打技术在长期发展过程中主要形成了两种完全不同的发力方式：一是"起于根，顺于中，达于梢"的以根节为起点由下而上节节贯穿的发力方式；二是"以命门、丹田为核心向四梢发放"的以中节为起点的发力方式。第一类发力方式是世界各种武打技术普遍采用的发力方式，西方的拳击、中国的现代散打、一些以放长击远为特点的传统武术拳种（传统的长拳类）基本上都采用这种发力方式。这种发力方式的具体发力通过蹬地、转胯、拧腰而完成，最终使梢端尽可能地获得最大速度。第二种发力方式是中华武术特有的发力方式，传统武术中一些短打类的拳种多采用这种发力方式，如形意拳、太极拳、意拳、八卦掌、

---

[1] 辞海编辑委员会.辞海[M].上海：上海辞书出版社，2010：453.

八极拳、番子拳等。如果把这种中华武术独特的发力方式总结提炼出来、形成体系，通过武术专业教育传承发展起来，将对人类武打技术发展做出不可磨灭的贡献。下面重点对这种发力方式进行阐释。

这种以中节为核心的发力方式主要有两个关键点：一是后面的脊柱，以命门为核心；二是前面的小腹，以丹田为核心。

在蓄劲时，人的丹田好像一张嘴，把四梢及整个身体的劲都吸进来，聚集到后面的命门穴上。具体而言，通过吸气提气、小腹瘪收、命门后凸、尾闾前勾，以及含胸、下颚微收等一系列运动，把全身劲力内吸于以命门为核心的脊柱上。因此，蓄劲时绝非气沉丹田，恰恰相反，应该是气往上提。与此同时，人体本来具有4个生理弯曲、呈"S"形的脊柱被拉成近似一张弓的形状，弓之核心（即开弓时搭箭的地方）正是命门处。因为蓄劲时全身四梢的劲都往命门处聚拢，所以此时手、脚处都很轻，脚下步法移动非常轻灵，这就是太极拳经典中所讲的"双轻"状态。因为这种以丹田、命门为核心，以吸、收为主的蓄劲过程使整个脊柱呈一张弓的形状，所以被武术家形象地比喻为"蓄劲如开弓"。

"蓄"的目的是"发"，发劲时，行于手指的劲力主要有两个来源：一是由脊柱（连同上下肢）以命门为中心对拔拉伸，致使劲力分别上行传于手，下行传于脚，同时，下行之劲力有强大的地球支撑，会同时形成反作用力，又节节贯穿，行之于手；二是在脊柱（连同上下肢）对拔拉伸的一瞬间，迅速气沉丹田，使小腹膨胀，从而形成向四面八方的膨胀力。这种膨胀力在上下方向上即上行通过身体的含胸拔背、沉肩坠肘而行于手指，下行经髋关节、膝关节、踝关节至脚而作用于地面，通过地球的反作用力再节节贯穿向上传递而行于手指。也就是说，这种以中节为起点的发力方式是脊柱（连同上下肢）之"弓"的反弹力和丹田之气的膨胀力共同作用的结果，这两种力分别传向四肢，而地球对下肢的反作用力又作用于发力点，从而形成洪水巨浪般的冲击力。在发劲的一瞬间，脊柱（连同上下肢）之"弓"的对拔拉伸和丹田之气的膨胀爆炸，可使脚像桩子一样钉入地下，而在这一瞬间，劲力也传到了与对方的接触点。但这仅是一瞬间，而大部分时间是脚下双轻、灵活自如。根据双方对抗时的实际情况，这种以命门、丹田为核心的发劲既可快速，也可徐缓，既可完全发放，也可发一半即收，还可以"即发即收"的方式连续起来进行多次复合式蓄发。快速发劲时，因为行于手指的劲力像离弦之箭一样发出，所以被武术家形象地比喻为"发劲如放箭"。

如果以上解析太抽象，则可以借助生活中形象的事物帮助理解。例如，千斤顶，每个汽车都配有千斤顶，当修汽车轮胎时，一般取出千斤顶，放在车上，通过摇转把车撑起来，这种千斤顶的力量就是从中间向两端，其下端因地面的强大支撑而固定，从而把上端的汽车撑起来；射击，一般射击时，枪都有后坐力。以步枪为例，为了射击准确，一般必须用肩抵住枪托，在扣动扳机的一瞬间，力量从中间向两端发散，向后的力量因肩对枪托的固定而形成稳定支撑，向前的力量则使子弹快速飞出。以中节为核心的发力方式与这两种现象极其类似，这种发力方式至少在明末清初就被武术家发现了，从而形成了不同于"先一点固定支撑，再通过一系列蹬、转、拧技术而形成的杠杆力"的第一种发力方式的另一种发力方式。这种以中节为核心的发力方式即很多武术家引以为自豪的"内劲"，"内劲"的形成是中华武术飞跃到一个新层次的标志，是中华武术"博大"之后而"精深"的典型标志。[1]

早在明代，著名战将俞大猷就总结提炼出了"刚在他力前，柔乘他力后，彼忙我静待，知拍任君斗"（《兵録》卷四）的技击拍位说。太极拳完全继承了这种拍位思想，不是把追求速度、力量作为训练重点，而是把与对方合拍从而形成控制能力作为训练的重点[2]，从而形成非常有技击特色的武术拳种。这也是中华武术之"精深"的一个具体体现。

三、中华武术的文化精神——自强不息，厚德载物

（一）中国文化的基本精神

张岱年先生最早提出中国文化的基本精神是"自强不息，厚德载物"。他在贯通古今的基础上指出，作为中华文化之源头、中华民族智慧之结晶的《周易》中的"自强不息，厚德载物"精神，"在铸造中华民族的民族精神上，起了决定性的作用"[3]，是"中华民族精神的主要内容"，是"中华民族最重要的民族精神"，是中华民族历史上"一个一贯的文化精神"[4]，是"中国文化传统的基本

---

[1] 该部分引自国家社科基金项目《太极类运动文化的传承体系研究》（14CTY027）的阶段性成果。
[2] 田金龙，邱丕相.武术内外家之争：焦点、论点及其分水岭[J].上海体育学院学报，2020，44（11）：13-17.
[3] 张岱年，刘仲林.铸造新精神建设新文化——千年之交新文化瞻望[J].天津师大学报，2000（1）：1-4.
[4] 张岱年.传统文化之我见[J].人民论坛，1998（6）：50.

精神"[1]，是"中国文化的基本精神或中国文化发展革新的内在契机"[2]。有学者从人性层面对该精神进行了进一步的阐释和解析，指出"自强不息""厚德载物"分别是对人的生物属性和文化属性的高度凝练[3]。

"自强不息"一词由"自强""不息"两部分组成。《辞海》中关于"强"的含义列举了9条解释，其中的"超越；好""使强大；使强壮""程度高"等解释[4]与这里的"强"有关联。此处的"强"可理解为"不断超越，变强大"。"自强"就是通过自身的努力而不断超越自己，从而变强大。一般而言，变强大有很多途径，而"自强"所突出的是通过自身的努力不断完善自己、充实自己、超越自己。如果说与别人竞争比拼而获得的"强"是一个层面的"强"，那么通过自力更生、艰苦奋斗，或与自己比拼而获得的"强"则是另一个层面的"强"。"不息"是"生生不息，永不停止"之意。"自强不息"可以理解为通过自身生生不息的努力而变强大。"天行健，君子以自强不息"是说"天体的运行刚劲强健，君子应效仿上天，奋发图强，不断进取"。"自强不息"所表现的是永远努力进取、绝不半途而废的刚健有为精神、奋斗拼搏精神，是自立之本，与人的生物属性有一定的关联，是从人的生物属性中提炼出来的开拓进取精神。有学者指出，自强不息的精神"强调的则是与自己过去相比较的历时态的自我强大""我努力、我拼搏，甚至是与他人竞争，都是为了我自己更强大，而不是为了压制别人"[5]。无疑，这种更强调与自己进行纵向对比，而不是强调与别人进行横向对的自强精神，更有利于和谐相处。

"厚德载物"一词由"厚德""载物"两部分组成。"厚德"的意思是"使品德更加厚实崇高"，"载物"的意思是"承载万物"。"厚德载物"意思即为"通过自身不断修炼，使品德更加厚实崇高，以更宽广的胸怀承载万物"。"地势坤，君子以厚德载物"是说"大地厚实和顺，君子应效仿大地，增厚美德，容载万物"。"厚德载物"所表现的是淳厚的德行、包容万物的胸怀，是一种优秀的道德品质。这种督促人们不断"向内看""反诸求己"的道德要求，有利于人与人之间的和谐相处，

---

[1] 张岱年.文化传统与民族精神[J].学术月刊，1986（12）：1-3.
[2] 张岱年.中国文化与现代化[J].河北大学学报，1992（1）：1-7.
[3] 杨建营，王家宏.中国文化的基本精神"自强不息，厚德载物"及其现实价值[J].苏州大学学报（哲学社会科学版），2015，36（2）：37-42.
[4] 辞海编辑委员会.辞海[M].上海：上海世纪出版股份有限公司上海辞书出版社，2010：1495.
[5] 乔凤杰.论作为武术精神的自强不息[J].中州学刊，2007（1）：161-163.

有利于社会的和谐发展，是立人之本，与人的文化属性相关联，是从人的文化属性中提炼出来的精华。相对于西方国家强调竞争的文化特色，中国传统文化形成了注重和谐、爱好和平的文化特色，把道德修养放在很高的位置。

（二）中华武术的精神内核

作为形成于中国文化氛围中的武打类技术，自然会受到中国文化的影响，从而更具中国文化特色。传统的中华武术具有重道、重德、重巧、重防卫、重整体思维、重辩证思维等方面的文化特色，更能直观地体现中国文化的"刚健自强"精神，以中华文化的基本精神"自强不息，厚德载物"为精神内核。

传统的中华武术在历史发展过程中已分流为两个层面：一是军事格杀、防身自卫、江湖走镖、看家护院、保安保镖、竞技夺冠、强身健体等实用技术或体育运动层面；二是通过长期的武术技术修炼而"反诸求己""向内用力"，提升技击境界，完善个人人格，提高道德修养，追求人生境界的"修身途径"层面。

第二层面的武术首先承载着"自强不息"的文化精神。长久以来，体育界学者一直在讨论：为什么竞技体育产生于西方文化土壤？为什么中国有很多可以用于竞技的运动却没有产生竞技体育？人们大多归因于西方文化的外向、开放、竞争，中国文化的内敛、封闭、和谐，但很少聚焦于文化精神。实际上，中国文化所突出的"自强"精神，是最核心的原因。在传统武术界，但凡经过长期修炼达到一定境界的习武者，很少喜欢与别人一争高低，他们的习武目的已经由增强防卫能力提升到追求技击境界。为使自身的技术日臻完善，中华武术的习武者发明了套路形式、慢练形式、站桩形式等各种耗费大量时间、精力的修炼途径。很多时候，人们以"功夫"指代"武术"，正由此而来。人们下功夫苦练，在增强防卫能力的同时，也使自身的技术日臻完善，从而指向更高的层面和境界，而他们对于苦练之后是否要和别人一争高低，似乎关注度不高。也就是说，这些习武者更关注与以前的自己相比，技击水平提高了多少，技击境界提升到了什么程度，而不像竞技体育一样一直把关注点放在"与人竞争""勇争第一"方面。因此，传统武术界的众多习武者把绝大部分时间和精力花费在套路、站桩等基础性练习方面。中华武术所突出的这种通过自身技术不断完善而获得的"强"，主要是与以前的自己进行纵向对比而得的结果，而不侧重于与其他人横向对比而获得结果。这种"强"是通过自身生生不息的努力而获得的"强"，即"自强"。正如乔凤杰教授所总结的：中华武术更突出"历时态"的"强"，而非"共时态"的"强""虽然，通过与他人的竞争，对于我的强大是有积极意义的，但是，自己的强大，毕竟还是自己的事情。强大是自己训练出来的，而不是和别人争出来的……自己强大了，自然会赢得好人的尊重，坏人也自然就不敢欺负，而根本没有必要通过压制别人来证明自己的强大"。传统武术界虽然存在竞技比武，但很多比武"并不是为了争强夺胜，而只是要以武会友，以对手为参照来检查自己与提高自己"[1]。因为众多习武者把关注点放在自身技术提高方面，所以他们才抱着"胜固可喜，败亦欣然"的心态进行比试。不同于西方竞技体育把"不断超越""永远争第一"作为运动训练的主要目的，对于高境界的习武者而言，仅仅把比武较技作为检验自身水平的手段，自身技艺水平和修养水平的不断提高才是最终目的。如果说西方的竞技体育把通过比试较技而战胜对手作为目的，那么中华武术则把比试较技作为检验自身技术的手段。这种通过自身努力而不断提高技术水平的精神，正是中国文化的基本精神"自强不息"的真实写照。因此，中华武术首先承载着"自强不息"的文化精神。

另外，高层次发展的武术强调"德艺双修"，注重武德修炼。武德是中华武术中非常突出的一个文化现象。习武者要具备高超的技击实战能力，同时要具备武德。这种"制己"的锤炼，既是实现"技近乎道"的技艺的过程，也是精神道德升华的过程。在这个过程中，武德完成了一个由内在的"制约机制"到一种高尚的"精神境界"的升华[2]。没有哪个国家的武技像中华武术这样特别突出武德，也没有哪个国家的武技像中华武术这样不提倡主动进攻，甚至出现了"以静制动""以柔克刚""后发制人"的技击理论。因为中华武术在发展过程中受到了传统文化"厚德载物"精神的浸润，所以在世界体育之林独树一帜。注重武德，是中华武术区别于中华文化圈以外的众多技击术的极其显著的文化特征。以武术为生命的众多习武者，更多的是通过武术技术的习练，提升精神境界，加强道德修养。因此，中华武术也承载着中国文化基本精神的另一面——"厚德载物"。

作为中国文化基本精神的"自强不息，厚德载物"是中华武术文化的精神内核，是指引中华武术文化发展的方向。需要说明的是，武术精神内核的两方面是辩证

---

[1] 乔凤杰.论作为武术精神的自强不息[J].中州学刊，2007（1）：161-163.
[2] 杨建营，邱丕相.从武德的实质和精神内核探析当代武术教育改革[J].沈阳体育学院学报，2009，28（3）：112-114.

的统一，因为武术的"如何才能不打"必须以"如何打"为前提，没有"能打"的实力，如何制止"别人的打"、实现"如何才能不打"的目的呢？因此，习武者应该以"自强不息"精神为内在支撑，通过刻苦训练，不断丰富"打的方法"，提高"打的能力"，完善"打的技巧"，提升"打的境界"。然而，提高"如何打"的能力，不是为了欺压弱小、横行霸道，而是为了生活中的防身自卫、见义勇为，用自身的功夫去"制止打"，为了在交流过程中"以武会友"，提高技艺，而非"永远争第一"，这又需要以"厚德载物"精神为内在支撑。因此，在武术中，"如何打"和"如何才能不打"是辩证的统一，体现了中国文化的基本精神"自强不息"和"厚德载物"思想的统一。

需要指出的是，武术精神内核的两方面虽然同时存在，但在人生的不同阶段有不同的重心。如果说在青少年时期更强调以"自强不息"精神为内在支撑，不断丰富"打的方法"，提高"打的能力"，那么，在中青年阶段则更突出以"厚德载物"精神为内在支撑，在同行之间相互交流技艺，取长补短，不断完善"打的技巧"，提升"打的境界"，并通过自身的能力服务于社会。通过青少年时期"自强不息"的努力拼搏、中青年时期"厚德载物"的交流提升，到中老年阶段，习武者更突出"以武入道""拳道合一"。很多武术大家都把武术作为"求道"的途径，通过对"技击之道"的追求来实现"拳道合一"。以孙禄堂为例，年少时练就了"打的能力"，挫败俄国大力士、打败日本大正天皇钦命武士板垣一雄，威震海内外，被武术界誉为"虎头少保，天下第一手"。因为有了这样的基础，所以他在老年时把"以武入道"作为主要追求。他的《形意拳学》《八卦拳学》《太极拳学》等武学著作均"以道论拳"。在其《拳意述真》自序中首句即言"夫道者，阴阳之根，万物之体也"，然后又论"其道未发""其道已发"，并说"形意、八卦、太极三派，形式不同，其极还虚之道则一也""三派拳术形式不同，其理则同。用法不一，其制人之中心，而取胜于人者则一也……三派拳术之道，始于一理，中分为三派，末复合一理""古人创内家拳术，使人潜心玩味，以思其理，身体力行，以合其道，则能复其本来之性体"。陈曾则在《拳意述真序》中指出"先生是书皆合乎道之言也"，吴心谷在《拳意述真》读后感中指出"使好拳术者由此而进于道焉"[1]。通过武术套路的单练、对练等运动形式将"以武入道"作为最终追求，是步入中老年阶段的习武者的主要追求。到了这个阶段，有些习武者为了着重突

---

[1] 孙禄堂.孙禄堂武学录［M］.孙剑云，编.北京：人民体育出版社，2001：263-267.

出"道"的重要性,以及通过武术养生的目的而发出"技击是拳术末技"的感叹。在本书调研过程中,北京体育大学吕韶钧教授提出"我们要打造自身的体育文化、体育精神"的观点,认为"中国的体育精神更多地体现在对生命的感悟、关怀与关照",这种"挖掘对生命有意义"的"养生文化"也带有一种精神,它更体现了"对生命的一种关爱呵护",而武术的"打"仅是"一个修为的手段""一个修的过程"。吕教授的这个观点更贴近于步入中老年阶段的习武者"以武入道"的最终追求。习武者最终"以武入道""拳道合一"的追求的大前提,是青少年阶段以"自强不息"精神为内在支撑的努力拼搏,中青年阶段以"厚德载物"精神为内在支撑的融汇交流。"自强不息,厚德载物"是习武者生生不息地追求"以武入道"的精神支撑。

对武术的精神内核诠释得最到位的是影片《霍元甲》。如果说该影片的前半部分反映的是武术的争强好胜、好勇斗狠,那么,影片的后半部分反映的则是武术精神的升华,一方面表现了中国人"自强不息"的习武精神;另一方面高度渲染了主人公在比武较技的擂台上对对手的人文关怀——"如何和谐地竞争",即以高深的技艺使对手心悦诚服,而非逞强好胜,将其置于死地。影片中主人公宁愿自己倒下,也不伤害对手,正是对武术基本思想的艺术化写照。在这部影片中,更高层的"以武会友"代替了"永远争第一",成为武术交流比试的最终目的,这种深刻体现"自强不息,厚德载物"精神的比试,应该是武术技艺交流发展的理想境界。

"自强不息,厚德载物"是武术的精神内核,是习武者的内在精神支撑,是武术文化发展的航向,但不是所有的习武之人都具有这样的文化精神,因为武术界存在好勇斗狠、争强好胜。"自强不息,厚德载物"仅是达到一定的思想境界的高层次的习武者产生的习武目标,这种精神应该成为武术文化发展的方向,成为指引武术文化正确向前发展的灯塔。

以上论述,从中华武术技术的"博大"到"精深",从独特的具体技术到深层的文化精神,都是"构建中华优秀传统武术文化传承发展体系"应该汲取的精华,这些都应该进入高等院校的殿堂,通过高层次的专业人群传承下去、发展起来。

第二节 学校武术专业教育的形成及发展

本章第一节主要从独特的技术体系、劲力系统和文化精神三方面论证了中华武术在历史发展过程中积淀的技术和文化精华，这些本应该作为武术专业教育的主体内容，在相关院校中得到传承发展。然而，目前相关院校的武术教育以突出发展创新的竞技武术技术体系为主要教学内容，忽视了经千年积淀而形成的武术传统，没有把传承优秀传统武术文化作为自身的主要任务。深入探究传统武术精华难以在高等教育中得到传承的原因发现，现在的学校武术专业教育在形成之始就走上了一条偏离自身规律的运行轨道。下面将对学校武术专业教育的形成发展进行探讨，从中找出问题的根源。

一、学校武术专业教育形成的时代大背景

武术作为一个专业开设于高等院校始于20世纪。20世纪对于中华民族而言是一个极其不寻常的世纪，一方面，从整个世界范围内来看，具有鲜明的现代文化特征的竞技体育已经形成，并逐渐向全球传播。20世纪前期，这种新型体育运动开始全面进入中国，在经历了"土洋体育"之争后，对传统的中华武术产生深远影响。另一方面，20世纪中华民族经历了内忧外患、社会动荡、政权更迭，逐渐过渡到和平发展时期，这样特殊的社会环境和文化环境必将对中华武术的发展产生极其特殊的影响。学校武术专业教育正是在整个世界体育发展的大趋势，以及中国特殊的国情双重交织的大环境下形成的。这种双重交织的大环境决定了学校武术专业教育的与众不同。

（一）世界范围内的整体大背景——人类格斗术开始跨入文明的体育竞技发展阶段

伴随着奥林匹克运动的世界性传播，20世纪初西方竞技体育开始在中国逐步开展。这些竞技体育项目中，与古老的中华武术同属一类的是西方拳击运动和击剑运动。但令国人新奇的是，这种拳击比赛完全不同于中国古代的擂台赛可以运用各门各派的各种技击方法，必须签生死状，而是只能运用直、摆、勾几种简单的拳法，还必须带拳套，不签生死状。击剑比赛也是戴面罩和很厚的护具。后来从日本传来的柔道、剑道，也采用这种比较文明的比赛方式。这种限制技术、穿带护具的比赛不仅避免了比武较技中骨断筋折的惨局，还避免了以生命做赌注的惨痛代价，是人类武打类技术文明化的产物。

查阅相关资料可知，西方的拳击、击剑比赛本来也是伤残事故不断，也常以

生命为代价，从 18 世纪开始才跨入这种文明竞技阶段。其主要标志是拳击手套的产生（1743 年）和击剑面罩的发明（1776 年），这使得拳击和击剑分别从生死型的格斗、一剑定生死的决斗逐渐发展为具有安全保障的现代体育竞技运动。其后，随着一些致残、致死的危险技术在竞技比赛中被禁止使用，它们逐渐成为一种具有一定安全保障的竞技运动。这种竞技比赛基本避免了生命危险，是人类武打技术在文明化进程中质的飞跃。19 世纪末奥运会的举办，为这类技击竞技项目的国际传播创造了条件。这种完全具有现代竞技体育特征的武打技术开始影响整个世界。受其影响，文明化逐渐成为人类武技的大势所趋。

受西方格斗类运动文明化转型的影响，日本各类武打技术于 19 世纪末 20 世纪初相继完成了文明化的现代转型。同中国的武打技术类似，日本古代的武打类技术中不仅存在柔术、剑术、枪术、相扑等诸多内容，还存在诸多风格不同的流派。就性质而言，这些武打技术都属于实用格斗技术范畴，致伤、致残、致死曾是很普遍的现象。然而，从 1868 年的明治维新开始，日本进入现代社会，随着武士阶层的没落，各类武打技术也处于被现代社会淘汰的边缘，这与 1901 年清廷废除武举制后中国武术的遭遇如出一辙，只是发生的时间更早。在日本各类武打技术即将被现代社会淘汰之际，嘉纳治五郎于 1882 年成立"讲道馆"，开始了改造传统柔术的实践。他剔除了柔术中致伤、致残的危险技术，将其首先发展成为一项具有安全保障的对抗运动，然后从中提升技术原理、凝练文化特色，将其发展成为独具东方文化特色的现代竞技运动。以之为榜样，日本剑术高手西久保弘道于 1919 年提出将"剑术"改称"剑道"、"弓术"改称"弓道"。1926 年，作为统称的"武道"一词被日本官方正式认可，日本各类武打技术不仅实现了全面转型，还实现了"由术至道"的大跨越。

综上所述，19 世纪末 20 世纪初东西方文化碰撞时，西方的武打技术在文明化进程方面已经发生了质的飞跃，跨入了人类格斗术文明技击的阶段，日本的各类武打技术紧随其后，也由实用格斗术跨入现代体育行列，完成了文明化的转型。文明化是近两个多世纪以来整个人类武打类技术发展的大势所趋。

（二）中国社会发展的特殊背景——由 20 世纪中华民族的特殊国情导致的中华武术的特殊发展

从整体上看，20 世纪初的中华武术仍处于一种实用格斗术的层面。在 1901

年清廷废除武举制之前，大量武术技术被应用于冷兵器战争中的军事格杀，通过武举考试进入仕途是很多习武者的梦想。对于民间武术而言，其最主要的价值是用于个体层面的防身自卫，很多技艺高深的武师的谋生方式是在镖局保镖护镖，而技艺一般者则看家护院。20世纪前期，随着西方竞技体育的涌入，传统的中华武术在其影响下发生了一定的变化，也尝试进行竞技化的改造，但由于历史文化的惯性、内忧外患的国情，还远没有走到实现现代转型的发展阶段，即使到了21世纪，传统的中华武术仍没有从整体上实现现代转型。究其原因，是20世纪中国的特殊国情阻断了武术的正常演进轨迹。

20世纪前期，政权更迭、社会动荡、内忧外患，这些社会现实决定了中华武术没有按照正常轨迹演进。其中，1927—1936年被学术界称为武术的"黄金十年"。在这黄金十年中，张之江组建了自中央到各省市县的国术馆，大力发展中华武术。虽然张之江弘扬国术的一个主要目的是用于军事，培养勇往直前的拼搏精神，且首届国术国考打得非常惨烈，甚至1929年的杭州国术游艺大会被称为"拼命擂台"，但是，张之江曾经尝试以西方体育为参照对传统的中华武术比赛进行竞技化改造。当时对武术的改造已初具雏形，但随着日寇侵华战争的全面爆发，包括武术在内的各项事业的发展之路都被阻断。

中华人民共和国成立后，中华民族告别了战火纷飞的年代，步入和平发展的时期，原本传统的武术拳种有了继续进行文明化、科学化改造的可能，有了进行现代转型的和平环境。然而，中华人民共和国成立初期，传统武术拳种因被视为旧文化的典型、封建社会遗留的糟粕而被视为批判和改造对象。在这种情况下，传统武术拳种很难继续完成现代转型之路。张之江作为全国政协委员，曾在1957年全国政协会议上做了《不要忽视国术的研究整理工作》的发言，其中指出："中华人民共和国成立以来……所有祖国文化遗产，亦皆在'百花齐放，百家争鸣'的号召下，重新获得重视，恢复整理，发扬光大的机会……唯独中国武术这部遗产，研究整理工作显然落在后面。"[1]这个发言是张之江通过纵向与民国时期中央国术馆辉煌时期对比，以及横向与其他文化遗产进行对比之后而对武术发展状况得出的客观结论。更严重的现实是，在禁止传统武术拳种发展的同时，国家层面还于20世纪50年代中后期组织创编了以新长拳为标志的现代武术系列内容，以此取代传统武术拳种。大力发展以新长拳为核心的现代新武术，冷落传

---

[1] 门惠丰，王建平.张之江与中国武术［J］.中华武术，1994（6）：30-31.

统武术拳种及其传人，是当时武术界的现实。在这种社会环境下，传统武术拳种整体上处于被打压的状态，根本无法继续按照正常的轨迹演化转型。

改革开放后，安定团结的社会大环境为传统武术的正常化发展提供了条件。国家于 1983—1986 年展开了对传统武术拳种大规模的挖掘整理工作。然而，这种对传统武术拳种的重视仅是历史的一瞬间，随着 20 世纪 80 年代末武术进亚运会、20 世纪 90 年代末武术进奥运会目标的确立，武术发展又转向原来的以新长拳为核心的竞技武术，致使大批"挖整"成果被束之高阁，尘封至今。众多传统武术拳种又处于自生自灭的状态。即使到现在，竞技武术进奥运会还是武术发展的主要目标，而对传统武术拳种的认识仅限于以其套路运动形式在全民健身中发挥作用。

综上所述，20 世纪的中华武术在整个世界体育发展的大趋势，以及中国特殊的国情双重交织的大环境下走上了一条极其特殊的发展之路。传统中华武术中仅有部分内容完成了文明化的转型，并跨入了飞速发展的快车道，发展成为现代竞技武术，成为现代竞技体育的一个组成部分，而传统武术拳种的主体没有实现文明化转型，仍处于实用技术层面，缓慢前行，并且其传统的文化精神没有得到弘扬。学校武术专业教育正是在这样的背景下形成的。

二、学校武术专业教育的形成及发展

20 世纪 30 年代，张之江创立的"国术体专"[1]是学校武术专业教育的开端，当时的学校武术专业教育以培育各级国术馆急需的武术师资为目的，后因日寇侵华，该校几经迁徙，最后停办。真正意义上的学校武术专业教育是从中华人民共和国成立后开始的，具体是在 20 世纪 50 年代末。

回顾学校武术专业教育的发展历程，经历了由"专项—专业—学科"的发展过程。王飞曾以 1987 年国家教委确立"传统体育类武术专业"为界，把学校武术专业教育分为两个阶段：武术专项阶段、武术专业课程阶段。之前，体育专业院校的武术教学是以单一科目、单一运动项目的形式出现的，因此称为武术专项课程；之后，武术专业教学是以与武术相关的多门单一课程组成的课程群的形式

---

[1] 该校最初定名为"中央国术馆体育专科学校"，先后更名为"中央国术体育专科学校""国立体育专科学校""国立国术体育师范专科学校"。

出现的，因此称为武术专业阶段[1]。1998年教育部将原武术专业拓展为"民族传统体育"专业后，武术成为民族传统体育专业的龙头和支柱。2012年，教育部又把专业名称调整为"武术与民族传统体育"，进一步凸显了武术的专业地位。随着20世纪后期武术专业开始招收硕士、博士研究生，武术学科的概念逐渐形成，特别是20世纪末民族传统体育被确立为体育学之下的4个二级学科之一后，武术学科的雏形开始形成。学校武术专业教育大体经过了"专项—专业—学科"几个阶段，其中在专业名称上还经过了"武术专业—民族传统体育专业—武术与民族传统体育专业"的变化。尽管如此，但武术的主体教学内容没有实质性变化，基本上以竞技武术套路（规定套路）和竞技武术散打为主体。

在本书调研过程中，据邱丕相教授回顾，1958年在青岛举办了一次全国体育院校院长会议，决定在体育院校开设武术课，然后陆续在北京体育学院、上海体育学院、武汉体育学院等体育专业院校成立了武术专业班，开始进行武术专业本科教学，并陆续开展了武术选修课、普修课、专修课。根据王飞对文献资料的整理，武汉体育学院于1957年开设了"武术专选课"。1958年，为备战第一届全运会，湖北省曾将包括武术在内的20个项目的运动员集中在武汉体育学院进行集训。当时，为改变多数学生运动技术水平低的状况，国家体委曾要求各体育学院的毕业生在运动技术水平上应达到一级运动员或运动健将标准。由此，体育教学质量主要靠培养的等级运动员数量来衡量，体育学院的武术课程形成了"培养武术运动员、教练员和能够有能力培养武术运动员的体育师资"的目标。在很长一段时期内，武术专业的教学内容是竞技比赛中"长拳、刀、枪、剑、棍五项规定套路（甲组）"。20世纪80年代，随着散打成为竞技武术的子项，武术散打作为武术专业教育的教学内容之一，成为与武术套路并行排列的课程。两者虽同为武术专业教学内容，但基本上没有关系。"体育院校中，武术套路课程与武术散打课程的这种游离状态有力地证明了当时的武术专项课程是按竞技武术项目结构设置的，从内容到形式，武术课程均以竞技武术为主导，武术课程的内容几乎成为竞技武术的缩影。"[2]

改革开放之初，为备战奥运会，国家体委出台一系列文件，强调体育学院应为竞技体育服务，承担参加奥运会队伍的培训工作，因此出现了按运动项目设置

---

[1] 王飞.民族传统体育武术专业课程理论基础研究[D].武汉：武汉体育学院，2007：11.
[2] 王飞.民族传统体育武术专业课程理论基础研究[D].武汉：武汉体育学院，2007：12-14.

专业的现象，到 1987 年，全国体育院校本科专业的名称已达 29 种。针对这种繁杂现象，1987 年国家教委进行归并，并下发了《关于修订全国普通高等学校体育本科专业目录的通知》，其中包括传统体育类的武术专业。此后，1987 年北京体育学院将原武术部更名为武术系，1988 年上海体育学院成立武术系，1991 年武汉体育学院成立武术系，随后其他各体育学院相继成立武术系。国家直属体育院校自 1989 年开始将武术作为一个专业实行单独招生，这更强化了武术的专业性。武术专业教育虽然从"专项"阶段进入了"专业"阶段，但武术套路与散打两门技术课程都是"以竞赛规则为导向制定教学大纲和教学评价，竞技武术课程的指导思想仍没有改变""武术传统文化教育的理念与行为并没有随武术专业的建立而开始，武术专业教育依旧高唱着'竞技武术'的主题曲，以培养武术运动员、教练员的模式，取代了武术专业传统文化教育模式"[1]。1998 年，国家教委颁布的《普通高等院校本科专业目录》中将原武术专业拓宽为民族传统体育。国家体育总局科教司颁布的《民族传统体育专业规范》中将民族传统体育分设为武术、传统体育养生、民族民间体育三个专业方向。虽然武术专业口径拓宽了，但其中处于"龙头"地位的武术专业技术课程仍"基本延续武术专业时期的竞技武术课程结构模式"[2]。

1978 年，北京体育学院、武汉体育学院等体育专业院校开始招收武术硕士研究生，如林伯原、康戈武、陈峥、郝心莲、温力、郭志禹等都属于第一代武术硕士研究生。1984 年，国务院正式确定上海体育学院具有武术硕士学位授予权，研究方向是武术理论与方法，1985 年首批武术硕士研究生通过论文答辩。1987 年，中国体育科学学会武术学会在北京正式成立。武术由一个单纯的运动项目逐渐向学科方向发展。20 世纪 90 年代初，不少学者专门论述了武术学科的理论体系，如温力的《论武术学科理论体系框架的构建》、周伟良的《试论现代武术理论体系及其研究范畴——武术学体系刍议》、蔡宝忠等的《武术理论体系的构建与研究的多元化》、李成银的《创建武术理论体系框架的理论思考》、白鸿顺的《武术理论体系框架研究》等。1996 年，国务院在上海体育学院设立了第一个武术博士学位点，1997 年招收第一届武术博士研究生，并将武术理论与方法改为民族传统体育，使其成为体育学之下的四个二级学科之一，由此，武术作为学科的概

---

[1] 王飞.民族传统体育武术专业课程理论基础研究［D］.武汉：武汉体育学院，2007：14，23.
[2] 王飞.民族传统体育武术专业课程理论基础研究［D］.武汉：武汉体育学院，2007：15.

念正式确立。当时的首届武术博士生（1997—2000年）深刻意识到了武术改革的必要性，纷纷把研究主题定位于传统武术，如周伟良的《传统武术训练理论论绎》、田金龙的《太极劲技理研究》分别将传统武术拳种的训练理论和太极拳技击的内在原理作为研究对象。但这些成果并没有被学校武术专业教育所吸纳，竞技武术技术体系仍然是学校武术专业教育的主体教学内容。

体育专业院校武术专业教育的发展历程实际上是紧跟体育系统武术竞赛而发展的。20世纪50年代后期武术对抗形式比赛被取消后，国家体委组织整理创编了简化太极拳、初级长拳、乙组长拳和甲组长拳、刀、剑、棍、枪等22种拳术和器械套路[1]，这些内容直接被1961年版体育学院本科讲义《武术》照搬，其中8个基本套路（初级长拳一、二、三路，简化太极拳，初级剑、刀、枪、棍套路）主要用于体院武术普修课，5个甲组规定套路（男女长拳、剑、刀、枪、棍）主要用于体育学院武术专修课，7个一般套路（太极拳、南拳、形意拳、八卦掌、太极剑、双剑、双刀）是选修拓展内容[2]。改革开放后，散打经十年试点（1979—1989年）发展成为竞技武术领域的正式比赛项目，因此20世纪90年代体育专业院校武术教育增加了武术散打专业。因为推手、短兵等经过试点没能成为正式竞赛项目，所以其至今仍没成为体育专业院校武术院系的主干课程。应1990年北京亚运会武术比赛的需要，国家体委组织专家创编了7套亚运会规定套路（刀、剑、枪、棍、长拳、南拳、42式太极拳），20世纪90年代这些新编内容迅速被体育专业院校武术专业吸收，取代了原来的甲组规定套路。21世纪初，根据武术进入奥运会的需要，国家推出系列奥运规定套路用于竞技比赛，因此这些新编套路迅速成为高校武术专业套路方向的主干教学内容。

有学者指出，"体育专业院校武术专业虽然从未将产生运动员明列为培养目标，但实际上，现有武术专业仍然基本上沿用体委系统武术队较着重于在单一的运动项目领域培养人才的方法，并在潜移默化中以之为目标"，具体表现为"体育专业院校武术专业的本科生，1~4年级仍在练竞赛的6个项目"，对现代科学的运用"只是为了指导运动的训练，提高运动员的训练成绩"[3]。还有学者对此提出批评："由于改革滞后，武术专业的课程到目前为止仍然沿用原来运动系培

---

[1] 林伯源.中国武术史[M].北京：北京体育大学出版社，1994：456.
[2] 武术编选小组.武术[M].北京：人民体育出版社，1961：53-782.
[3] 张选惠，程大力，温佐惠.体育院校武术专业现状的调查及改革设想[J].成都体育学院学报，1997，23（2）：59-65.

养运动员和体育教练员的模式",这种培养模式在指导思想上"重视物质价值忽视其文化精神价值",在教育安排上"混淆武术学科、专业和课程之间的相互关系",在课程体系上"以竞技武术训练取代传统武术教育"[1]。

至今作者还记得2000年考入武汉体育学院攻读硕士研究生时所产生的凄凉感。因为在当时武术系采用的专业技术教学内容中根本找不到曾作为武汉体育学院招牌的六合大枪、铐手翻子、绵拳等独具特色的内容,取而代之的是全国上下千篇一律的竞技武术套路和散打。当时温力教授所带的体育系武术专选班的教学内容是亚运规定套路,其他教师所带的武术专选班的教学内容是奥运规定套路。当作者欲向导师学习具有武汉体育学院传统特色的六合大枪时,得到的回答是"这是早就该淘汰的东西了,现在谁出门还扛着杆大枪"!后来跟随邱丕相教授攻读博士学位时,他提到很多武术博士研究生都有这种凄凉感。在邱丕相教授的《武术文化传承与教育研究》中曾写道"回眸一个世纪的武术发展,'现代武术、竞技武术'俨然已经成为中华武术的商标",传统武术文化思想"被逐渐边缘化","带之而来的是'锦标和利益'的明显强化"。在调研过程中(2012年11月)邱丕相教授还指出:"专业院校应该有传统武术,恰恰我们的专业院校一直搞竞技武术,致使现在很多老师传统的东西都不会,教不了。已经把竞技武术引向极端了,我们那时候的竞技武术还接受传统,后来的竞技武术路越走越窄,其他传统拳都不练了,就成了长拳、太极拳、南拳、刀、枪、剑、棍了。"他还根据自身了解的情况指出,西安体育学院和武汉体育学院稍微好些,西安体育学院的陈亚斌坚持搞传统武术,武汉体育学院张克俭任职时也坚持搞传统武术,而其他各大专业院校全部学习竞技武术了。王飞的研究也指出了这样的现实:"受武术专项时期的竞技武术项目教学与训练的影响,后一代体育院校的武术教育工作者在成才的过程中,竞技武术几乎构成了其全部的武术技术知识结构",他们"很难将研究的视野聚焦在传统武术教育规律上,很难参照武术教育特殊规律构建武术专业课程",由此导致武术课"在课程结构、功能上难以体现民族传统特色"[2]。蔡仲林等曾对高校民族传统体育本科专业做过一项调查,结果显示,各校的武术专项课仍以竞技武术技术体系为主,很难全面体现民族传统体育专业的特点[3]。2008年

---

[1] 王飞.民族传统体育武术专业课程理论基础研究[D].武汉:武汉体育学院,2007:摘要.
[2] 王飞.民族传统体育武术专业课程理论基础研究[D].武汉:武汉体育学院,2007:18.
[3] 蔡仲林,罗远东,孔军峰,等.我国高校民族传统体育(本科)专业办学现状调研[J].体育学刊,2007,14(1):69-72.

7月5日，在上海体育学院召开的高校民族传统体育专业学科规范会议上，来自全国各地的10余位专家，以及开设民族传统体育专业的33个院校的40余位代表对武术专业现状及存在的问题进行了研讨，将主要问题归结为2个方面：①各学校基本采用与竞技武术相适应的技术体系，采用类似培养运动员的教学模式；②学生的文化素质较低；该专业的大部分毕业生找不到对口的工作。2014年，在课题调研过程中北京体育大学李印东博士介绍，北京体育大学散打专业4年的教学内容前两年是散打专项，后两年让学生选修表演性的套路、养生、民族民间体育等内容，对传统武术拳种丝毫没有涉及。作者在近期课题调研过程中发现，全国各大专业院校普遍存在这种现象。

不同于武术专修课一直以竞技武术为指针更换教学内容，武术普修课教学内容一成不变，至今仍采用20世纪50年代创编的老套路。例如，有学者对甘肃民族院校的武术教育调研后发现，其武术普修课主要以初级三路长拳、初级刀、初级棍、24式太极拳为教学内容，教学效果是学生只会"划套路，不会练套路"，这样的武术不要说实战，就连表演的要求也达不到[1]。

综上所述，体育专业院校的武术教育从最初形成到最终发展，一直以国家体委（国家体育总局）组织创编的新武术，特别是用于竞技比赛的竞技武术为依据来设置教学内容，竞技武术套路和竞技武术散打一直是武术专业专修技术课程的主干乃至全部内容，而20世纪50年代创编的初级长拳、简化太极拳、初级器械等套路则是武术普修课的全部内容。

第三节　学校武术专业教育存在的问题解析

一、学校武术专业教育存在的问题

十多年前，武汉体育学院武术系院队教练王飞在其硕士学位论文中指出，"当前，武术面临着一个不容乐观的现实：武术市场正在萎缩"，然而，更严峻的是，"在现今的武术专业教育中，以竞技武术为代表的现代武术正与传统武术日益脱离，甚至成为互不相关的'两张皮'"，而"失去与传统的联系，也就脱离了中国武术历史发展的内在逻辑规律，现代武术将逐步失去其进一步发展的文化源泉和

---
[1] 张锦辉. 民族院校体育教育专业武术教学现状与对策研究 [J]. 搏击·武术科学, 2011, 8（1）: 84-85.

与其他技击项目（相比）的民族特色，在全球交流中迷失自我"[1]。"现代武术正与传统武术日益脱离""失去与传统的联系""脱离了中国武术历史发展的内在逻辑规律""迷失自我"，正是学校武术专业教育面临的严重问题。

按照常规思维，任何事物的发展都会推陈出新，因此学校武术专业教育理应紧跟时代步伐，第一时间把武术现代化发展的新成果纳入教育体系。但现实问题是，引领整个中华武术发展的竞技武术是传统武术在竞赛规则的调控下逐渐标准化、单一化、同质化的产物，仅是武术的一部分，远非武术的整体，并且这部分内容是传统的中华武术中不那么重要的部分。如果教育领域的武术专业教育与竞技学校武术完全保持一致，那么，作为中华武术之主体的传统武术由谁来传承？如果在竞技武术走偏的情况下，学校武术专业教育仍然跟风，那么，传统武术的主体命脉和真正精华由谁来传承？

在调研过程中，作者发现了以下情况：武术专业的很多学生对武术的认识非常有限，视野非常狭窄，他们眼中的武术只有竞技武术[2]。不仅如此，有相当一部分武术工作者，包括专业教练、教授、学者，完全按照割裂的二元对立思维认识武术，把武术套路定位于难美表现类运动，把武术散打定位于格斗类运动，把传统武术拳种定位于全民健身类运动。更有甚者，提出武术套路都是用于表演、展现艺术美的，只有散打才能代表中华武术的技击技术，传统武术拳种论表演比不过现代竞技武术，论实战不及现代散打，其主要的价值是在全民健身中发挥作用。这种认识导致在学校武术专业教育中，作为主体教学内容的竞技武术套路、竞技武术散打根本没有内在联系，几乎毫不相干，作为主体技术教学内容之点缀的传统武术拳种套路与以上主体教学内容也没有内在联系，作为武术专业的理论课程更是与主体技术教学内容对不上号。拳理与技术紧密相连、练法和打法高度统一的传统武术拳种，被现代思维分割成了互不相干的独立内容，传统武术拳种

---

[1] 王飞.民族传统体育武术专业课程理论基础研究[D].武汉：武汉体育学院，2007：摘要，1.

[2] 调研中发现，他们中的大多数对武术的认识基本限于套路和散打，甚至在访谈中常将武术与散打并列，言外之意，武术是套路、散打是另一类，当问及散打是不是武术时，他们才予以肯定。这种逻辑混乱的现象一方面说明了由于中华人民共和国成立之后仅开展了武术套路比赛和教学，很多人只将套路视为武术；另一方面说明他们对武术的理解基本限于套路和散打两方面，并且其潜意识中较为普遍地存在"套路就是表现性的""对抗性的只有散打"等片面的观念。这种观念是由武术专业教育体系的影响所致。武术专业从入学考试到课程设置，基本以竞技武术套路和竞技武术散打技术体系为主。该专业的生源大部分是通过单招考试招收的，而武术单招入学考试时只有竞技套路和散打的二级运动员才有资格参加，这导致该专业的学生以竞技武术技术体系的运动员为主。入学以后的专业技术课设置仍然以他们原来所熟悉的竞赛套路或散打为主。这两方面的因素导致他们对武术的认识也基本限于套路和散打，并且认为这两方面相互独立。

的完整技术体系和训练体系根本无法得到传承。因为有机统一的武术技术体系在专业教育领域被肢解成了互不相干的几部分，所以人们无法从中发现传统武术拳种中蕴含的技击之道，无法从繁杂的武术现象中发现先人提炼总结出的技击规律，无法有效传承传统武术拳种的技击精华和文化精华。学校武术专业教育完全忽视了对传统武术拳种的完整技术体系的传承，致使传统武术拳种只能在民间自生自灭，至今没有跟上世界武技的发展步伐，没有实现现代发展的大跨越。

学校武术专业教育存在的问题之症结在于紧紧围绕运动竞赛领域的竞技武术而运转，将竞技武术技术体系直接搬进课堂，抛弃了作为武术之主体的传统武术拳种，抛弃了传统的师徒传承，从而失去其"深厚的源泉"和"明确的发展方向"。将其存在的问题进行归纳，主要有以下几点：①没有主动承担起传承和发展中华优秀传统武术拳种的重任，没有延续中华武术传统的传承方式；②没有从整体上继承传统武术完整的技术体系，没有把传统武术拳种的独特之处发扬光大；③没有顺应世界武打类技术发展的大趋势，没有完成传统武术拳种的现代转型，没有将传统武术文明化的竞技方式挖掘出来；④没有把传统武术最深层的文化精神挖掘出来，没有起到弘扬中华优秀传统文化的作用。

二、学校武术专业教育问题形成的原因解析

（一）中华人民共和国成立后中华武术的归属定位导致传统武术与现代武术的严重失衡

就国家各行政部门的主要任务而言，体委或体育局系统最主要的任务首先是抓好运动竞赛，其次是全民健身，至于传统文化遗产的传承，则是文化部门的任务。中华人民共和国成立后武术划归体育部门管理，而体育部门的最主要任务是抓竞赛，因此，中华人民共和国成立之后的武术发展始终以竞赛为中心运转。竞技比赛对武术发展造成的最主要影响是促使武术技术的标准化、同一化、单一化。学校武术专业教育依托体育系统的体育学院和体育系，因此其教学内容理所当然地选择了竞技武术的最新成果，即标准化、统一化、单一化的竞技武术技术。

在中华人民共和国成立之初，各武术拳种都有登台比赛的机会，例如，1953年全国民族形式体育运动大会，各武术拳种、各武术器械、各种比赛形式都得到了充分展示，来自不同地区的运动员动作千姿百态、风采各异，充分展示

了由不同拳种、不同技术组成的武术文化生态。但是，随着武术竞技化程度的逐步加深，受竞赛规则的调控，武术逐渐走上了一条标准化、单一化、同质化的发展之路。对于竞技武术套路比赛而言，一方面，规则就是方向，规则规定哪类动作得分高，教练员、运动员就重点练哪类动作；另一方面，冠军就是方向，谁拿了冠军，谁练习的套路就会被竞相模仿。这就造成了"武术套路竞赛开展之初10个人打1个甲组规定套路有10种风格，而现在10个人打10个自选套路只有1个模样"的单一趋同状况。客观来说，现代竞技武术套路是一种表现型运动艺术，而文化艺术的生命力在于多样性，不应该标准化、千篇一律。近年来，文化领域倡导的文化生态，实际上就是保持文化多样性，使具有不同风格特点的文化形态百花齐放。归属体育部门管理的武术在竞赛规则控制下走上了标准化、同质化、单一化的发展之路，离技术丰富多彩的传统武术越来越远，从而带来了传统武术与现代武术的分离、竞技武术与传统武术的脱离。

对于武术对抗性比赛而言，经历了几近相同的发展之路。本来各武术拳种有各自的经典招法和训练方法，在武术散打竞赛之初竞赛规则中也明确规定可以使用各门各派的技法，但随着竞技化进程的加深，竞赛规则标准化后，只有那些与规则相适应的技术才得以保留下来。因此，长时间以来，武术散打技法被简化为三拳三腿和几个摔法。从近期的比赛来看，赛场上用得最多的拳法只剩下了前手摆拳和后手直拳，其他丰富多彩的技法及训练方法都被竞赛规则所淘汰。很多传统武术练习者在观看MMA（Mixed Martial Arts，综合格斗）比赛时发现，其中很多技击方法在传统武术中都有。究其原因，这种比赛的规则限定非常少，可以给各类技法施展的机会，而武术散打运动则因规则导向问题而淘汰了很多传统武术中的技击方法。

实际上，走上竞技化发展之路的武术，标准化、单一化、同质化是其发展的必然趋势，这是现代性发展机制在各领域运行的必然结果。武术领域传统与现代的分野正是在具有现代性特点的竞赛规则调控下而一步步形成的。

如果以武术的整体传承发展为着眼点，则应该一方面抓竞赛、促发展，另一方面抓传承、扬文化。实际上，武术主管部门也认识到了这类问题。如前所述，20世纪70年代末80年代初，国家体委耗资百万历时3年，组织了大规模地对传统武术文化遗产的挖掘整理。然而，之后体育相关部门迅速把工作重心调整到"大力发展竞技武术，争取竞技武术进奥运会"方面，由此，诸多"挖整"成果被束之高阁，尘封至今。尽管后来当时的武术管理中心主任李杰在 2000 年第六届全国体育科学大会上大声疾呼"中国武术 90% 在传统武术""应该大力弘扬传统武术文化"，但这仅是武术主管部门口头虚应的口号。这些口号落实到具体实践方面，并不是如何继续挖掘整理传统武术文化遗产，传承武术文化，而是在作为武术主管部门重中之重的竞技武术比赛之外，又作为补充和点缀，开展了传统武术比赛。当然，开展运动竞赛的优点是可以促进某运动飞速发展，但缺点是将导致技术的标准化、同质化、单一化。本来破坏武术文化生态的罪魁祸首就是具有鲜明现代性特点的武术竞赛，现在还用竞赛的方法发展传统武术，这显然是对武术文化生态的进一步破坏。目前的传统武术竞赛还很不正规，因此其副作用还没有凸显，而一旦这些比赛正规起来，传统武术就将重新走一遍竞技武术所走过的道路，从而变成新型的竞技武术。传统武术可以适当竞赛，但抓竞赛仅是传承武术文化的一方面，绝非唯一途径。问题的关键是体育主管部门只熟悉竞赛，而对如何传承文化非常陌生。在这种情况下，对武术文化的传承，似乎只能寄希望于文化部门。

然而，因为武术隶属于体育系统管理，所以文化部门不可能将其作为文化传承事业的重点。中国传统文化形态丰富、多姿多彩，因此武术文化遗产在文化部门处于非常边缘化的境地，以至于在 21 世纪初非物质文化遗产保护兴起时，很多省市挖掘整理的重点是各种文学艺术形式，根本没有把武术或民族传统体育作为重点。以浙江省为例，2003 年曾举办了浙江省民族民间艺术资源普查培训班，并按照"不漏线索、不漏村镇、不漏种类"的要求在全省范围内进行普查[1]，但其普查内容主要是民间戏曲、音乐、舞蹈、曲艺、杂技等几类[2]，没有把体育或武术单列，仅在舞蹈中涉及了一些相关内容，名为"龙舞""狮舞""民间国术舞"[3]。随着非物质文化遗产保护工作的逐步深入，在武术界学者的强烈呼吁下，传统武术拳种进入非物质文化遗产保护之列，但并非文化部门文化遗产保护的重点。由于部门壁垒的原因，传统武术拳种的传承处于十分尴尬的位置。尽管传统武术习练者大声疾呼，呼吁解救濒临失传的诸多拳种，但传统武术拳种的消

---

[1] 王淼.把根留住——浙江省非物质文化遗产保护的前列思考[M].杭州：浙江大学出版社，2006：6.
[2] 浙江民族民间艺术保护工程专家委员会办公厅.浙江省民族民间艺术资源普查工作培训讲义[Z].浙江省图书馆，2004：21.
[3] 浙江民族民间艺术保护工程专家委员会办公厅.浙江省部分民族民间艺术资源参考目录[Z].浙江省图书馆，2004：58.

亡之势仍难以控制。现代竞技武术与传统武术拳种发展的失衡由此产生。

实际上，在这个过程中，教育部门应该发挥作用，特别是专业院校的武术教育应该主动承担起传承中华优秀武术文化的重任。

（二）中华武术的特殊发展之路导致了武术技术体系的残缺、武术技击精华的丧失

关于日本武技研究的文献资料显示，日本武打技术并非像中华武术这样按照统一的整体概念发展，而是由柔道、剑道、空手道、相扑、合气道、铳剑道、少林寺拳法联盟等不同组织分别按照各自的发展轨迹独立地发展。如果中华武术也以拳种为单位，让少林拳、太极拳、形意拳、八卦掌、八极拳等武术拳种按照自身的发展轨迹分别独立地发展，而不是发展创新出一套"新武术"来取代"旧武术"，那么，中华武术各拳种将按照自身的发展规律，以各自的技术体系发展起来。然而，中国武术的特殊发展之路，没有给传统武术拳种如此发展的机会。

中华人民共和国成立后，中华武术发展曾有过极其短暂的复苏繁荣，这以1953年在天津举行的全国民族形式体育运动大会上各武术拳种、各种武术运动形式同台展示为标志。但自20世纪50年代中后期开始，受当时特殊的社会环境和文化环境影响，这种复苏戛然而止，中华武术发展走向了另一条发展道路。

在社会环境方面，国家体育主管部门从整个社会安定团结的大局出发，提出对"厂矿、企业、学校、机关原有武术小组"必须"加以整顿"，"没有的，暂不建立""农村中坚决停止发展""社会上的一些拳社和武术联谊会等组织必须停止发展"（摘自1955年体委副主任蔡树藩的工作报告）[1]。如此一来，本来在农耕文明中形成的以广大农村为主要根据地、以传统武术拳种为主体的中华武术基本上丧失了发展条件。

在文化环境方面，改革派提倡新文化，反对旧文化，他们认为新社会的一切都应该是新的，而武术"毕竟是封建社会中形成的""不免会受到封建性的影响"，因此，"如何使民族形式体育更能具备锻炼身体的实用价值和树立优美的形象"，被确立为"今后的民族形式体育发展的方向"[2]。当时的国家体委武术负责人毛伯浩指出："套路是武术运动的主要内容……一旦锻炼成熟，自然会表现出矫健

---

[1] 易剑东，谢军.中国武术百年历程回顾[J].体育文史，1998（4）：23-25.
[2] 社论：把民族体育项目引向更健康的、人民的道路[J].新体育，1953（12）：4-5.

敏捷、勇敢优美的形象""也可以看作是中国古代的自由体操或艺术体操"[1]。

在这种大背景下,武术的格斗对抗形式被取缔,传统武术拳种被禁止发展,只允许发展国家体委按照技术美观的标准新创编的"新武术"套路形式。中华武术的竞技比赛只有套路形式没有对抗形式的局面从20世纪50年代末一直持续到20世纪70年代末。这种武术套路显然是"周旋左右,满片花草""徒支虚架,以图人前美观"[2]的"花拳绣腿",而非传统武术拳种中与攻防技击紧密相连的武术套路。

20世纪后半叶很长的一段时期内,跨入竞技体育快车道的武术内容仅是武术分层技术体系中最外层——质变到技击术范畴之外的"虚拟"技击技法(图3-2),而作为中华武术之主体的传统武术拳种,没有获得发展机会。

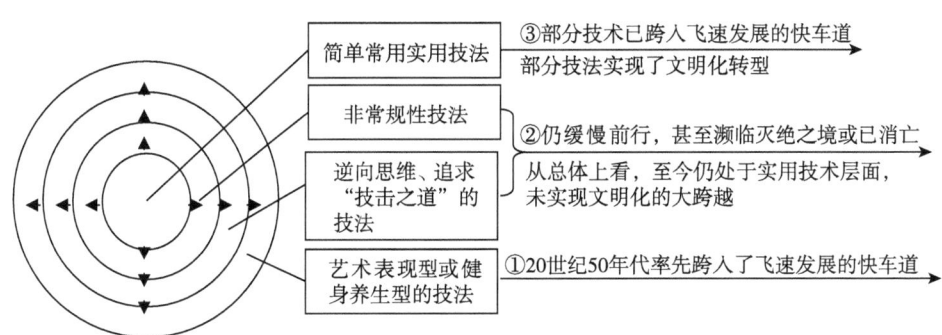

图3-2 中华武术20世纪的发展进程

1979年武术散打、短兵、推手开始试点,1989年武术散打正式成为武术竞赛项目。经试点试验最终形成的武术散打技术,在竞赛规则调控下,完全摒弃了传统武术套路中的诸多技法,仅保留最原始核心层面的技法,因此,其技术体系隶属武术分层技术体系的原始核心层。

进入21世纪以来,为满足武术界学者及民间习武者的要求,武术主管部门也发出了发展传统武术的声音,主要标志是开始开展传统武术比赛,但概览不同地市的相关赛事,比赛内容仅是由功法、套路、拆手、喂手、散手、实战等环节组成的技术训练体系中的套路环节,传统武术技术体系的其他环节被忽略,并且

---

[1] 毛伯浩.武术的表演和竞技[J].新体育,1956(24):17.
[2] 戚继光.纪效新书(十八卷本)[M].北京:中华书局,2001:19,91.

所使用的竞赛规则是老版本的竞技武术套路比赛规则（一般采用 1996 年版的比赛规则），以及以此为蓝本修订的竞赛规则。这种比赛从表面上看，促进了传统武术拳种的发展，而实际上破坏了传统武术拳种的技术结构，进一步造成了传统武术拳种的残缺发展。有"把传统武术套路引向艺术表现的发展轨道，久而久之把传统武术拳种变异为现代竞技武术套路"的危险。

综上所述，自 20 世纪 50 年代中后期至今的半个多世纪里，传统武术拳种的技术体系没有被完整地保存下来，中华武术中有特色的内容没有得到继承，更没有得到发展。就技术结构而言，只有武术分层技术体系中的最内层部分技法和最外层的部分技术在国家行为的推动下转型为现代竞技体育的技术，跨入了飞速发展的快车道，而中间两层集中体现中华民族独特技击理念、中华武术技击特色和技击精华的技术，仍然缓慢前行，甚至因受现代武术和外来武技的影响和冲击而逐渐衰落，趋于消亡。因为体育专业院系的武术专业教育完全以武术竞赛为中心，所以其设计的教学内容也是这种不完整的、残缺的武术技术体系。中华武术技术体系中通过武术套路记载的广博的技击经验，以及深刻体现中华民族技击理念的特色内容没有得到有效传承，更没有借助现代化的方法得到进一步发展。

（三）中华武术的特殊发展之路导致传统武术拳种的文明化转型之路被阻断

人类进入现代社会之后，武打技术的文明化是大势所趋。邱丕相教授曾多次在学术报告中论证"人类格斗术的文明化进程"，从宏观上将其分为嗜血的格斗、约规下的决斗、体育竞技的胜负、心理的较量 4 个阶段[1]。其中，前两个阶段都是你死我活的拼杀，常以牺牲生命为代价，而自第三个阶段开始，武打技术的文明化发生了"质的飞跃"，基本避免伤残死亡。

作为人类格斗术文明化进程中"质的飞跃"的第三个阶段是由西方国家完成的。作为体育运动领域现代化发展典型产物的竞技体育形成于西方文化氛围中，因此在体育运动的现代化发展方面，西方国家显然领先于东方国家。竞技体育是一种制度化、体系化的竞争性体育活动，竞争性、规范性、公平性、公开性、功利性等是其显著特征。于 19 世纪末开始的现代奥林匹克运动会（以下简称奥运会；1894 年成立奥委会，1896 年举行首届现代奥林匹克运动会），把具有典型

---

[1] 邱丕相，王震. 人类生态文明视域下的未来武术[J]. 武汉体育学院学报，2007，41（9）：1-4.

现代文化特征的竞技体育推到了一个更高的层次,使其逐渐发展为世界性的运动。这种竞技体育是强者文化,其文化精神之核心是竞争,即"永远争第一,永远争取超过别人"。在古代奥运会比赛中,"只有冠军才被看作是宙斯神最喜爱的勇士"[1],现代奥运会所强调的"战胜对手,战胜自我,不断拼搏,永不满足"的精神,以及"更快、更高、更强"的格言,与这种竞争精神一脉相承。因为奥林匹克运动极力突出竞争精神,所以迅速传遍全球,成为当今世界体育之主导。将研究范围缩小到武打技术领域,拳击、击剑运动跨入飞速发展的快车道,是在被纳入竞技体育中之后。然而,中国极其特殊的国情,没有给传统武术拳种这样的发展机会。仅就对抗结果而言,这些竞技运动无论是与西方历史上的角斗相比,还是与直到19世纪初才被禁止的以生死搏斗为主的司法决斗(Judicial Duel,又称决斗式审判)相比,都发生了"质的飞跃"。因为之前的搏斗术是一种实用性的生存技能,在搏斗中致伤、致残、致死是十分普遍的现象,而被纳入现代竞技运动的拳击、击剑等现代竞技运动项目基本上避免了这些残酷的现象。这些现代格斗运动完全以竞技体育的竞争文化精神为精神内核,成为活力四射的格斗类运动。在拳击运动和击剑运动的引领下,到目前为止,人类武打技术的主体已经跨入了第三个阶段——体育竞技争胜负的阶段,从而实现了文明化的"质的飞跃"。

然而,竞技体育的最终目标是争金夺银,是"永远争第一",因此,一切训练都围绕"竞争"这个核心目标而展开。在这个核心目标指引下,出现了为争冠而不择手段的现象。因此,人们向往人类格斗术更文明、更理想化的第四个阶段。邱丕相教授将这个阶段称为"心理的较量",即通过更文明的技击方法,运用技击技巧感知胜负,达到技艺交流的目的即可,不一定非要通过暴力血腥的方式拼个你死我活。例如,中华武术民间的太极推手交流,失重即输;中国式摔跤比试,三点着地即判;传统的"摘星换月"比赛形式,摘下对方衣服上的小星星即赢得一点。这种比试是一种更高层次的"君子之争",输赢可能并不重要,重要的是技艺的交流。影片《霍元甲》中有这样一个场景,霍元甲登上擂台与外国大力士进行比试之前,裁判要他签生死状,他给出了一句非常经典的回应:"在擂台上以命相搏是中国历来的陋习,可我们有另一种传统,叫'以武会友'!"接下来的几场比试确实完全淡化了如何把对方置于死地,如何竞争夺冠,而真正展现了"以武会友"。影片中的这种比试虽然不是真实历史情景的再现,但是从一个侧面

---

[1] 乐天,刘文娟,吴大才,等.奥运知识600问[M].北京:中国商务出版社,2007:22.

反映了编剧对中国武术比试的文学艺术化期望。这种"以武会友"的交流集中体现了中华武术的基本精神"自强不息，厚德载物"，这是人类格斗术文明化发展的最终归宿。很可惜的是，中华武术蕴含的这种更高层次的文明化"以武会友"式的交流方式没有得到深层挖掘和应有的重视，没有被凸显出来。

不同于中国，日本的武打技术在西方竞技运动的引领下于19世纪末20世纪初完成了从实用格斗术到竞技体育的跨越。如前所述，以1882年嘉纳治五郎成立"讲道馆"、改造传统柔术的实践为先声，日本武技开始了文明化改造的探索实践。以1919年日本剑术高手西久保弘道提出将"剑术"改称"剑道"、将"弓术"改称"弓道"，以及1926年作为武技统称的"武道"一词被官方正式认可为标志，日本武打技术全方位地完成了文明化改造。目前为止，日本武道形成了柔道、剑道、弓道、相扑、空手道、合气道、少林寺拳法、薙刀、铳剑道等九大联盟组织。这些武打类技术不仅已经实现了全面跨越，跨入人类格斗术文明化进程的第三层次，还保持着独特的东方文化特色，已经跨入了第四层次。例如，日本剑道一直是日本伦理和道德的载体，是一种独特的文化载体，为了保持个性，日本知识界主流人士极力反对"剑道的奥林匹克竞技化"，反对剑道进奥运[1]，这虽然在一定程度上影响了其国际传播，但确立了其在日本武道中的核心地位。2007年的统计数字显示：日本国内剑道有段者达150万人，远高于早已进入奥运会的柔道（日本国内柔道有段者达20万人）[2]，是日本国内练习人数最多的武道项目。又如合气道，不但无意进奥运会，而且连竞技比赛都不提倡，其最大特征在于"精神性与求道性""把人性培养、意志锻炼等精神追求摆在第一位"。"决不举行其他武道多采用的竞技比赛形式"是其一贯坚持的原则[3]。剑道、合气道显然已经完全超越了人类武打技术发展的第三个层次——通过竞技比赛来争胜负的层次，而跨入了更高的层次。

按照正常的发展轨道，中华武术因具有更文明的推手交流形式而最应该率先跨入人类武打技术的第四个层次。然而，20世纪特殊的国情导致中华武术的众多传统拳种至今没有脱离实用技击术的范畴，没有完成文明化的转型，离人类武打技术文明化进程的第三个层次还有很远的距离。即使现代竞技武术领域的散打

---

[1] 郑旭旭，袁镇澜.从术至道——近现代日本武术发展的轨迹[M].厦门：厦门大学出版社，2011：187-188.
[2] 郑旭旭，袁镇澜.从术至道——近现代日本武术发展的轨迹[M].厦门：厦门大学出版社，2011：155-156，245.
[3] 泉敬史，何英莺.日本文化大讲堂：武道[M].上海：上海辞书出版社，2007：309，315，318-319.

已经跨入了第三个层次，也无法掩盖大多数传统武术拳种还未实现现代转型的现实。很多传统拳种中仍存在大量致伤、致残，甚至致死的技术，如二龙戏珠、脑后摘盗、双峰贯耳、黑狗钻裆、倒踢紫金冠等。更严重的是，因为传统武术拳种没有经过体育竞技这个能够刺激技术水平飞速提高的阶段，所以其习武者的技击水平普遍不高，与现代散打运动员的技击水平差距非常大。不仅如此，还积累了大量玄而又玄的武打技术。只有使传统武术拳种首先迈向第三层次，跨入飞速发展的快车道，并实现技术训练体系的科学化，进而部分进入第四层次，才能真正在武术界实现党的十八大提出的"建设优秀传统文化传承体系，弘扬优秀传统文化"，党的十九大提出的"推动中华优秀传统文化创造性转化、创新性发展"。如果仅以全民健身来涵盖属于实用格斗技能的传统武术拳种，完全忽视了传统武术拳种的现代转型，那么传统武术拳种不可能实现大发展、大繁荣。传统武术拳种转型的任务应该主要由教学科研型的专业院校来完成。

（四）20世纪的全方位"西学之路"导致传统武术文化精神的丢失

已经跨入竞技体育领域并成为中华武术发展之主导的竞技武术，是在对西方竞技体育充分学习的基础上而形成的，是武术现代化发展的新分支。在西学过程中，武术文化精神不可避免地被置换为西方竞技体育文化精神的核心——竞争，永远争第一。运动员刻苦训练的主要目的是争金夺银，对自身技击境界的升华、对修养水平的提升被忽视。

对西方文化进行概览可知，其核心是竞争，它所突出的是"永远争第一，永远争取超过别人"。这种竞争文化的源头可以追溯到古希腊文明。恶劣的生存环境使古希腊人不得不争天斗地、开拓进取。正是这种自然条件铸就了古希腊人"永远争第一，永远争取超过别人"的竞争文化。在古代奥运会比赛中，"只有冠军才被看作宙斯神最喜爱的勇士"[1]，现代奥运会所强调的"战胜对手，战胜自我，不断拼搏，永不满足"的精神，以及"更快、更高、更强"的格言，与这种竞争精神一脉相承。以竞争文化为背景而形成的现代奥林匹克运动，能够在一百余年内就迅速传遍全球，成为当今世界体育之主导，得益于这种具有活力的竞争文化。竞争精神是西方文化迅速崛起的内在支撑。

现代竞技武术作为传统的中华武术"西学化"的一个新分支，其文化精神之

---

[1] 乐天，刘文娟，吴大才，等.奥运知识600问[M].北京：中国商务出版社，2007：22.

核心已经由中国传统文化的"自强不息"置换为西方文化的"竞争"。1958 年新成立的中国武术协会模拟竞技体操规则制定了第一部《武术规则》，并应用于第一届全运会武术比赛。由此，武术套路在竞赛杠杆撬动下飞速发展起来，并在不断修订的竞赛规则引导下，向艺术表现方向发展。20 世纪 70 年代末至 80 年代末，经不断试点，散打作为竞技武术的另一个重要组成部门也迅速发展起来。由此，现代竞技武术技术体系基本形成。现代竞技武术之所以成为中华武术发展的主导并飞速发展起来，是因为在国家行为驱动下跨入了以竞争文化为核心的运动竞赛快车道。作为竞技体育的一员，竞技武术以源于西方的竞争文化为精神引领。在这种文化体系中，即使运动员的技艺纵向提高的幅度非常之大，如果横向比较不能胜出，也没有任何意义。为了横向胜出，运动员想尽一切办法、竭尽全力冲击冠军。得益于这种竞争机制，人类运动技术不断向极限趋近。因此武术竞赛所突出的是在"竞争"精神支撑下的"横向比较"，而非在"自强不息"精神支撑下的"纵向比较"。

把西方文化的"竞争"精神引入武术，其积极影响是为整个中华武术发展注入了新活力，不仅冲刷了传统武术身上的"泥沙"，还把传统武术中的一小部分内容带入了飞速发展的快车道。但是，这类新型竞技武术的发展也带来了诸多问题，其中一个问题是抛弃了传统文化精神的引领，把武术精神降位于更低的层次。传统武术文化精神的丧失是随武术现代发展而产生的一个更严重的问题。传承传统的武术文化精神与传承武术技术一样，应该是由体育专业院校承担的任务。

中华武术在发展过程中出现的"传统与现代的严重失衡""武术技术体系的残缺及武术技击精华的丧失""传统武术拳种文明化转型之路的阻断""传统武术文化精神的丢失"4 个方面的问题，严重影响武术的全面发展。按照常理，体育专业院校的武术教育完全可以弥补现代竞技武术存在的不足，主动承担起传承和发展中华优秀传统武术拳种的重任，继承中华传统武术拳种完整的技术体系，把中华传统武术拳种的独特之处发扬光大，引领中华传统武术拳种实现文明化的现代转型，把处于灵魂层面的武术文化精神传承下去并发扬光大。然而，目前的学校武术专业教育没有做到这一点，这是学校武术专业教育存在的主要问题。

三、学校武术专业教育改革必须把解决问题作为主要任务

中华武术发展过程中出现的传统与现代的失衡，在很大程度上由于作为传统

武术的民间拳种没有进入现代教育领域。众多传统武术拳种之所以像其他民间艺术形式一样被列入非物质文化遗产保护之列，在一定程度上是因为它们已经处于濒危状态，不得到保护将难以生存延续。如果非物质文化遗产不能进入体育专业院校，通过年轻一代传承发展，那么这种保护是没有生命力的。2002年，中央美术学院率先成立"非物质文化遗产研究中心"[1]，创建了以中国民间文化艺术研究为主旨的新学科。这种将民间美术正式列入大学课程的举措，填补了"学院派"教育中长期忽视民间文化艺术认知教育的空白。各体育专业院校的武术学院急需成立相应的研究机构，切实把传承武术文化遗产作为己任。

如果传统武术拳种不能进入专业院校，通过专业人群传承，那么传统武术拳种将没有生命力，武术界传统与现代的失衡的问题无法得到解决，党的十八大提出的"建设优秀传统文化传承体系，弘扬中华优秀传统文化"在武术界将仅是一个空口号，难以落到实处。如果传统武术拳种不能作为完整的技术体系进入武术专业教育课程，那么传统武术拳种的发展将是残缺不全的，传统武术拳种的技击精华将得不到发扬光大，中华民族独特的技击智慧将难以被世界人民所认知。如果不经过体育专业院校高层次专业人才有目的的改造，那么传统武术拳种很难在短时间内自觉地实现文明化转型，传统武术拳种的发展将落后于世界武打技术的文明化步伐，难以被文明社会的现代人特别是广大青少年群体所青睐。如果整个中华武术的发展不立足于文化教育，而完全以体育竞赛领域的竞技武术为核心，那么中华武术将是灵魂精神异化的武术，有中华武术之"表"而无中华武术之"魂"，传统的武术文化精神将得不到发扬，无法培育和弘扬"刚健自强"的民族精神。

就体育专业院校武术教育的具体实际状况而言，其毕业生之所以普遍找不到对口工作，是因为他们在高等院校学习的以竞技武术技术体系为主的教学内容高高在上、不接地气，在广大民间根本没有用武之地。体育专业院校的武术教育只有把传统武术拳种的完整技术体系及内层的武术文化精神作为主要教学内容，扎根民间，并通过现代发展抑制或剔除传统武术文化中的糟粕，才能完成传承中华优秀武术文化的重任。

按照常理，20世纪90年代末武术作为体育学一级学科下的一个二级学科的主要内容被提出之后，体育专业院校的武术教育教学内容应该按照学科的要求，在深入研究基础上，将最新成果应用于专业教学改革。然而，直到现在，学校

---

[1] 李让.不应忽视的活态文化传统——乔晓光谈"非物质文化遗产"[N].中国文物报，2002-11-08（5）.

武术专业教育也没有改变以竞技武术为核心设置教学内容的状况。2017年2月12日在一个"中国古典武艺"的微信群里，一位体育专业院校的资深院队教练表达了他对武术专业教育改革的无奈："我们几代人就在这样的技术模式下（竞技武术）练习武术，并形成了认识观念。这种缺乏技术逻辑的观念也在影响着整个高等武术教育专业，教育着成千上万的下一代，并且根深蒂固。什么幼儿武术，什么学校武术，简直是歪曲传统智慧。"这种无奈既有偏激之处，也包含真知灼见。

我们深知武术专业教育改革阻力重重，但作为学者，至少应该提供切实可行的改革思路。党的十八大正式提出"建设优秀传统文化传承体系，弘扬中华优秀传统文化"，党的十九大也提出"推动中华优秀传统文化创造性转化、创新性发展"。其实，这是学校武术专业教育改革的契机，学校武术专业教育只有根据国家已明确的大方向进行相应的改革，才能促进中华武术的传承发展。

鉴于以上分析，体育专业院校的武术专业教育改革的重点是着力解决"没有把传统武术拳种作为完整的技术体系纳入武术专业教育课程"的问题，使高校武术专业真正承担起"弘扬中华优秀传统文化"的任务，真正构建具有高等教育特点的武术专业。

第四节 学校武术专业教育改革的相关理论研究及实践探索

学校武术专业教育改革受到学者关注始于20世纪后期，但关于以竞技武术技术体系为主要教学内容的改革的研究非常少见。进入21世纪以来，武汉体育学院、北京体育大学的研究生对此进行了深入探索，其他院校的一些学者也展开了相关研究及教学改革实践，但因为涉足这方面研究的学者不是很多，所以至今尚未形成改革的洪流。这些研究已经涉及学校武术专业教育的深层次问题。下面是对学校武术专业教育改革的相关理论研究及实践探索进行分析。

一、文献资料中关于学校武术专业教育改革的主要研究

20世纪后期，已有学者开始关注学校武术专业教育改革，相关文献。包括杨志辉的《师范院校武术选修课存在的问题与分析》、张秋和蔡宝忠的《对国家体委直属体院武术专业本科现行教学计划的比较研究》、张选惠等的《体育院校武术专业现状的调查及改革设想》、穆秀杰等的《沈阳体育学院本科各学制实用

武术专业方向知识结构与课程体系的研究报告》、陆根秀的《武术套路专修课实行学分制的探讨》等研究。

在这些研究中，只有张选惠等的《体育院校武术专业现状的调查及改革设想》中探讨了以竞技武术技术体系为主体的教学内容存在的问题，他们提出必须打破培养武术专业运动员的单一项目的教授模式，使学生知识结构由"深井型"改变为"厚基础、宽口径"的金字塔型，让学生"接受一个教育者所应受的训练，建立一个教育者所应有的合理的知识结构"。他们还指出，"对武术的全面认识，在一定程度上是对武术传统的回复（恢复）""我们的调查表明，有关各方面对此的反映相当强烈"[1]。

1998年民族传统体育成为教育部新设本科专业之后，特别是2003年教育部颁布《全国普通高等学校体育教育本科专业课程方案》之后，学校武术专业教育改革吸引了不少学者的关注，相关文献包括徐伟军和王晓军的《面向21世纪高等体育院校民族传统体育专业培养目标的研究》、赵秋菊的《沈阳体育学院本科武术专业课程设置的现状分析与建议》、王楚泽和肖丽的《从高师院校武术专业教育的功能谈武术专业教学的改革》、李旺华等的《对体育院校新设民族传统体育专业的思考》、杨啸原的《试析武术教学改革》、郑旭旭和高楚兰的《改进我院民族传统体育专业、专业类（术科）课程的思考》、苏学良等的《论民族传统体育及其专业设置》、黄秀玉的《体育教育专业武术课程设置改革的探索》、罗春霞等的《体育院校武术专业现状调查及改革设想》、朱永光等的《高等教育民族传统体育专业人才培养模式研究》、徐伟军等的《对高等体育院校民族传统体育专业培养目标和课程设置的思考》、马学智等的《我国部分体育院校民族传统体育专业人才培养状况的调查分析》、于翠兰的《对民族传统体育专业本科课程结构体系的探讨》、于翠兰和陈亚斌的《高等体育院校武术专业教育理念的改革及发展战略》、陈寿忠的《民族传统体育专业（本科）课程结构体系研究》、陈阳华的《江苏省普通高等院校民族传统体育专业本科课程设置的调查研究与发展对策》、崔建国的《安徽省体教专业武术类课程教学现状及对策研究》、唐波等的《体育教育专业武术专业课程评价指标体系创新研究》、米雄辉的《湖南省普通高校体育教育本科专业武术专选课教学现状研究》、孙永武的《从竞技武术到传统武

---

[1] 张选惠，程大力，温佐惠.体育院校武术专业现状的调查及改革设想[J].成都体育学院学报，1997，23（2）：59-65.

术——民族传统体育专业武术教育发展简论》、孙永武等的《民族传统体育专业传统武术特色课程开发研究》、杨帆的《上海市高等师范类院校武术专业师资人才培养的现状调查与对策研究》、汤立许和石爱桥的《我国民族传统体育专业面临的困境与路径选择》等。

在以上研究中，王楚泽等指出了学校武术专业教育存在"单一的传授模式，偏重竞技武术，而对传统武术的舍弃，使颇具技击实效的传统武术向肢体练习的'武舞'演化"[1]的问题。郑旭旭等在阐释武术专业教育课程安排的基础上，较为深入地提出了武术专业课教学内容方面的问题，较为详细地介绍了该校武术专业的套路专项和散打专项两个方向的教学安排，其"专业理论与实践课"都是1014学时，其中套路专项中设置了910学时的套路（竞技套路和传统套路）、104学时的散打选练；散打专项中设置了910学时的散打（踢打摔及其组合、防守反击、实战、体能等）、104学时的套路选练课。按照这样的课程设置，散打专项学生在4年时间内主要学习散打，套路专项学生在4年内主要学习套路，上课时"大量时间用于提高竞赛能力水平的训练中"，即使有交叉，也仅是"掌握粗浅"而已，由此造成的结果是"会练的不会打，会打的不会练"[2]。该研究的可贵之处是提出了学校武术专业教育存在的问题，缺陷之处是虽然提出了"为实现'能打会练'的目的，在课时安排方面，散打专项增加套路课时，套路专项增加散打课时"的建议，但未对整体改革教学内容进行详细论述。他们还指出专项课教学都是一个教师从大学一年级带到毕业，如套路专项如"长拳、南拳、太极拳、形意、推手、擒拿""竞赛的组织与裁判"等由一个教师包干到底，这种安排不科学。另有两篇研究也指出了这种"一师通教"模式存在的弊端[3-4]。南京体育学院孙永武等针对以竞技武术技术体系为主的高等专业教育存在的问题提出，虽然早在1998年武术专业就改成了民族传统体育专业，但"武术教育并没有随着专业名称的改变而发生根本的变化"，目前武术的高等专业教育把"按照西式体育的模式被改造的'竞技化武术'"作为"主要内容甚至全部"，套路专项主要教

---

[1] 王楚泽,肖丽.从高师院校武术专业教育的功能谈武术专业教学的改革[J].浙江师大学报（自然科学版），2001，24（1）：97-100.

[2] 郑旭旭,高楚兰.改进我院民族传统体育专业、专业类（术科）课程的思考[J].体育科学研究,2001,5(3)：37-40.

[3] 丁丽萍,戴有祥.学院走向民间：传统武术发展谫论[J].搏击·武术科学,2006(3)：3-5.

[4] 孙永武,于翠兰,徐诚堂.民族传统体育专业传统武术特色课程开发研究[J].中州体育·少林与太极,2012(11)：10-12.

授刀、枪、剑、棍、拳等各种竞赛规定套路,即使传统拳种,也仅仅是各式太极拳竞赛套路及适应竞技武术比赛规则的形意拳、八卦掌等传统套路,散打专项则单纯教授"中西合璧"的现代竞技散打。这种教学内容"忽视了武术的文化属性",仅"发展了其形,而丢掉了其魂",使"传统武术的技术技能过度缺失""民族传统体育专业的大学生传统武术的理论知识极其匮乏""从而使得武术教育在发展中逐渐迷失了自我"。鉴于此,他们提出"回归传统,立足于继承,改变武术教育围绕竞技武术的模式,使得武术教育成为中国传统文化教育的载体"的建议,并提出应采用"既包含有较高社会普及度、有广泛社会基础的流派拳种,又包含本地区特色的传统武术内容",在教材编写过程中不仅要"避免现行武术教材中只注重套路而忽视基本功法及技击应用的弊端",还要"突出地方特色,选择本地区的代表性拳种作为教材的主要内容"[1-2]。

2012年,由教育部颁布的《普通高等学校本科专业目录》中将原有的"民族传统体育"专业修改为"武术与民族传统体育"专业,此后有一些学者就此展开研究,相关文献包括薛欣等的《武术与民族传统体育专业教育现状和发展思考》、吴明冬和辛衍波的《武术与民族传统体育专业本科人才的培养探析》、石爱桥和汤立许的《回眸、窘境与抉择:武术与民族传统体育专业建设的再审视》、燕东的《武术与民族传统体育专业人才培养模式研究》、陆盛华和蒲夏凡的《对武术与民族传统体育专业教育发展的思考》、杨光的《武术与民族传统体育专业人才培养模式研究》、陆盛华和蒲夏凡的《武术与民族传统体育专业学生专业教学与训练能力培养研究》、次春雷的《新时代武术与民族传统体育专业教育招生改革路径研究》、蔡仲林和刘轶的《新时代武术专业教育和学科建设的回顾与展望》、刘文武和徐伟的《武术专业技术教育改革:探索与思考》、刘文武的《以武术专业技术教育改革促武术教育体系改革》等。

在以上研究中,刘文武在两篇论文中指出,"武术专业技术教育改革的根本性解决办法是超越竞技武术培养竞技人才的专项模式",应"打破专项束缚和以套路为主的武术认识",并提出"跨项兼习皆能为形、拳种理法融入为魂的超越

---

[1] 孙永武.从竞技武术到传统武术——民族传统体育专业武术教育发展简论[J].中华武术研究,2012,1(8-10):205-207.

[2] 孙永武,于翠兰,徐诚堂.民族传统体育专业传统武术特色课程开发研究[J].中州体育·少林与太极,2012(11):10-12.

武术专业技术教育专项局限的整体思路"[1-2]，这种观点确实切中了学校武术专业教育的要害。

除以上期刊论文外，体育专业院校的研究生学位论文也有可圈可点之处。由温力教授指导、王飞完成的硕士学位论文《民族传统体育武术专业课程理论基础研究》中深入研究了"以竞技武术技术为主体的武术专业教育"存在的问题。他们以求真务实的治学态度，不仅指出现今的学校武术专业教育"脱离了中国武术历史发展的内在逻辑规律"的症结所在，还描述了新一代武术工作者"对传统认识的'集体失忆'，进而在面对社会各界的质疑时出现'集体失语'，最后走上自我怀疑乃至自我否定之路"的现实，并提出改革的大方向，即在学校武术专业教育内容方面"传统武术和竞技武术都应包括在内"，但"两者在教育中所占的权重应有不同""竞技武术不应成为武术教育的核心和重点，更不能以竞技武术的思想统领整个武术教育与武术事业""传统武术是武术教育的主干""武术知识的特性要求以拳种为主选择专业课程内容""依据武术知识的属性和特点，按照'求劲悟道'的价值追求，组织武术学科的课程体系"，他们还把拳种技术分解为核心技术、套路技术、散手技术3个方面[3]。该研究规划了学校武术专业教育改革的大方向，其整体思想值得各体育专业院校借鉴。

由吕韶钧教授指导、武冬完成的硕士学位论文《体育教育专业武术课程教学内容和方法改革的研究》的写作背景是2004年教育部、中宣部联合发文，明确要求中小学体育课"适量增加中国武术内容"。该文中针对大中小学普遍存在"学生爱武术而不爱上武术课"的现象，以体育教育专业32学时的武术必修课为实验对象展开研究。虽然其初衷是针对学校武术普及教育进行分析，但得到的结论更适用于学校武术专业教育。文中（第40页）根据课时太少的现实提出了"设置32学时必修武术、64学时专选武术课程、108学时副项俱乐部训练3级系列教学体系"的设想，这正说明此类改革不适合课时量有限的各级学校体育课中的武术教学，更适合学校武术专业教育等课时量充足的武术专修课程。该文中针对武术教育中"忽视拳种、偏视套路、弱视应用、轻视文化"的弊端，提出以武术的"功、套、用"统一为本体，以"弘扬民族文化"和"塑

---

[1] 刘文武, 徐伟. 武术专业技术教育改革：探索与思考[J]. 体育科学, 2020, 40（7）：72-78.
[2] 刘文武. 以武术专业技术教育改革促武术教育体系改革[J]. 体育科学, 2020, 40（12）：83-93.
[3] 王飞. 民族传统体育武术专业课程理论基础研究[D]. 武汉：武汉体育学院, 2007；2；30-43.

造个性品质"为两翼的"一体两翼"的教学内容结构,并提出"突出拳种、优化套路、强调应用、弘扬文化"的教学内容选编原则[1](后来又将"突出拳种"修改为"整合拳种"[2])。该文中提出的改革设想对学校武术专业教育改革很有借鉴意义。

另外,有一些学者的研究涉及了相关问题,他们提到"多年来,课程教学内容仍停留在竞技武术套路和散打,没有从根本上区分竞技武术与武术教育"[3]"以套路教学为主的教学内容,已不能适应当前的学生习武的心理需求"[4]"构建竞技武术和传统武术并重的课程结构"[5]"开设地方特色拳种"[6]等。还有学者针对民族传统体育专业单招学生"从小就接受了较为专业的武术技术训练,生源一般都具有二级运动员水平"的现实,提出"大学期间开设的部分类似武术技术课实属重复,这样势必造成教育资源,以及时间精力上的浪费"[7]的问题,这也应引起相关部门重视。

二、走访调研过程中获得的关于学校武术专业教育改革的思想理念及实践探索

(一)走访调研之一：武术教育改革理念与武术精神

时间：2012月11月。
地点：北京体育大学。
调研对象：北京体育大学武术学院吕韶钧教授。

1.武术教育改革的理念解析

吕韶钧教授认为,当初进行武术教学内容改革的起因是在实践过程中发现"现在传统武术面临着一个很大的空虚、假虚的繁荣"。他说："对武术应从两方面看,

---

[1] 武冬.体育教育专业武术课程教学内容和方法改革的研究[D].北京：北京体育大学,2006：1.
[2] 武冬,吕韶钧.高等学校武术课程体系改革研究[J].北京体育大学学报,2013,36(3)：92-98.
[3] 杨光.武术与民族传统体育专业人才培养模式研究[D].郑州：河南大学,2015：52.
[4] 崔建国.安徽省体育教育专业武术类课程教学现状及发展研究[J].科技信息,2008(2)：241-243.
[5] 孙晓莎,高祥.我国体育专业武术课程设置的分析[J].时代教育,2012(7)：172-173.
[6] 李淑梅.山东省武术(本科)专业人才培养模式研究[D].桂林：广西师范大学,2006：27.
[7] 吴明冬,辛衍波.武术与民族传统体育专业本科人才的培养探析[J].现代交际,2013(6)：121-122.

一个是核心价值，一个是生存空间。""现在我们的专业教育把它的核心价值丢掉了，真是对不起祖宗！"鉴于这种情况，他以体育教育专业的武术课为切入点，展开改革实践。

武术发展最大的问题是"结构化地分解了武术""其实真正武术的本体，真正称为武术的时候，有了拳种体系，那才是武术""结果我们打碎了拳种，分解了内容，把武术肢解了""武术成了形而下的东西，把形而上的东西丢了"。因此改革首要的任务是"突出拳种"。我们虽然教授武术套路，但是"把套路的核心丢掉了，只追求了套路的形式""真正在拳种基础上对攻防格斗进行升华的恰恰是套路，它是中国武术的文化，而不是单纯的技能，因此不能淡化套路，应该优化套路""优化套路"就是"把套路的本质、套路的核心抓住"。他还提出"强调应用"，即围绕拳种套路展开应用，这才是武术真正的"术"。以上"突出拳种""优化套路""强调应用"的落脚点即"弘扬文化"。

在调研过程中作者还了解到，北京体育大学武术学院套路专项的专业技术教学内容也是以竞技武术套路为主，虽然涉及传统武术拳种，但基本上以"短平快"的单练套路为主，这正是吕韶钧一直比较忧心的问题。

2. 对武术精神、中国体育精神的思考

在向其提及武术教育应围绕"自强不息，厚德载物"的精神内核且不能脱离"对抗"的观点时，吕韶钧发表了不同意见。他说："如果想让孩子通过打就培养一种精神，那怎么行？反过来又说了，足球能不能？那你武术精神和足球精神有什么不同？再说回来了，这就是奥林匹克精神呀？""你确立这个精神又有何价值？我们现在要达到的是武术的精神，那武术的精神是什么？与西方的不一样在哪？""你如果按照刚才的思路走，很容易走到奥林匹克精神，那样自然会走向散打，因为这是最有效的、最合理的，那还是武术吗？回过头来我们要思考，武术的打到底是怎么的打？""西方的文化是减法文化，不断地减，最优，最优，最优，中国的文化是加法的文化！为什么能够形成129个拳种？这显然是不一样的，为什么会产生加法？原因在于内向型的这种模式，为什么过去人讲拳禅合一？武术是内向追求，不是外向追求，造成的结果显然不一样。只有在这种加法的上面才能够体悟、丰富。丰富的是什么？是内心。因此我建议从这个角度思考，我思考的是中国体育的精神""武术精神一定要想到它背后的东西，它背后是什么？

是信仰！我们现在要确立的是武术的信仰，先有了武术信仰，再通过器物层的操作实现、追求这种精神""我们现在的学科理念，太西化了，太奥林匹克了，当我们拿着这样一个工具、一个模子来套武术的时候，恰恰把武术核心的东西给扣没了，这还是武术精神吗？""我担心真正确立起来的这种武术精神是不是武术精神？""能不能确立自己的一种体育精神？""中国的体育精神更多地体现在生命上，感悟、关怀与关照，这种关照与现在这种追求外在的东西是不一样的。挖掘对生命有意义的东西才有意思。为什么中国产生这些养生文化？这种养生文化是否带有一种精神？它带有跟西方完全不一样的精神，它是对生命的一种关爱、呵护。""人类需要奥林匹克精神，但它绝对不是唯一的。我们现在需要打造自身的体育文化、体育精神""从这个角度，找到一个原点、思考点，可能会对整个武术教育或整个中国体育有一个新的认识""我不十分主张'打'更能体现武术精神,这是我的观点"。东西方都讲"打",但"一个注重结果,一个注重过程","我不否认'打',但如何'打'？要把'打'当成修为的手段,'打'不是追求的目标,是一个修的过程"。

（二）走访调研之二：学校武术专业教育如何开设传统武术拳种

时间：2013 月 11 月。

地点：武汉体育学院。

调研对象：澳门民族传统体育协会会长张建军先生

观点一：体育专业院校应采用开放式教学。"教学应该是开放的，请进来，走出去，不是形式上的，而是真正发自内心地做这个事情"，"例如，武汉体育学院让我来教，我可以让学生对武术形成一个全新的认识"。

观点二：应该成系统地教授拳种，而非仅教授一个套路。现在很多武术研究生在比谁会的套路多，番子拳一个套路，劈挂拳一个套路，八极拳一个套路……我会 99 套拳，而你只会 1 套拳。如果只会比谁会的套路多，就麻烦了。像我们的研究生，别人问练什么拳种的，回答练番子拳的，一上场，只会练一个或几个套路，对番子拳其他方面的内容一概不懂，如果情况都是这样，那么中华武术就出了问题！以番子拳为例，它是一个系统，属于短打类拳种，适用于中近距离实战，在步法移动、身法转换、出拳方法等方面都有一整套训练方法，套路只是一种表现形式。在技术角度讲，拳种武术的各种练习形式首先要为格斗服务，如基本站架、速度、力量、移动等，都应包含在内。

观点三：不要把训练手段当成训练目的。以劈挂拳为例，其核心技术是单劈手、开门炮、招风手三大技法。单劈手的练习有很多训练手段，如左右定步单劈、左右行步单劈，可以通过不同方法使身体在不同状态下完成此技术，平时练时要拧腰切跨，把动作做大，而在实际运用的时候动作幅度很小。形意拳、五行拳的练习，一开始时都是一个动作一个动作地重复练习，看起来很死板，但这仅是训练手段，最终结果绝不是这样。然而，现在体育专业院校里教授的劈挂拳只剩下套路里的单劈手了，形意拳只剩下很死板的固定套路了。

（三）走访调研之三：开设传统武术拳种的构思及具体实践

时间：2014月8月。

地点：北京。

调研对象：山东师范大学体育学院教授姜周存先生、北京体育大学武术学院散打教研室主任李印东博士。

2014年8月，对山东师范大学姜周存教授和北京体育大学李印东博士的调研，为传统武术拳种专业教育的发展开启了一个崭新窗口。多年以来，姜周存教授一直在继承发展并躬行实践"打练结合"的实践模式。他是武术界素有"拳库"之称的周永祥、周永福两位老先生的得意门生。两位老先生曾是中华人民共和国成立前青岛国术馆的优秀学员，中华人民共和国成立后一个在山东师范大学任教，一个在山东省队担任武术教练，他们不仅精通数十个传统武术拳种，掌握数百个传统武术套路，还具有超强的技击实战功夫。姜周存在20世纪70年代到21世纪初的近30年，风雨无阻，每天早上都两位跟周老师刻苦学习技艺，苦心钻研技法，在较为全面地继承传统武术拳种的基础上推陈出新，按照全新的思路，创编了10余个拳种的上百个套路供后来者练习。他创拳的总体指导思想是老子的"道生一，一生二，二生三，三生万物"哲学思想，无论是太极拳、形意拳、八卦拳，还是少林拳、螳螂拳、醉拳拳，都是先创立一个单练套路（阳、一），再创编一个能与其完全对接的单练套路（阴、二），把两个套路天衣无缝地对接（阴阳合一，三），最后将套路中的技术拆开练习（万物）。套路中的每个招法都有明招、暗招、变化招之分，即最常见的用法、其中暗含的用法、可以变化使用的技击方法。以他新近创编的12式太极拳（阳）为例，把阴阳两个套路中的招法拆开，其中竟有160多个招法，充分体现了由"三"化生出来的"万物"。另外，姜周存在创编这些不同拳种的套路及其中的招法时，都遵循一个大原则：柔化、顺随。他完全摒弃了硬顶硬抗、硬磕硬碰的技术，即使少林五拳的创编也遵循这个大原则。在2010年前后，当王海鸥（姜周存的学生）看到国家推行的段位制教程时说："我们老师早就走在前面了，不但创编的套路高深，而且创编思维超前。"据姜周存介绍，创编的这些套路不仅是为习武者提供不同的练习方法，还可以提高习武者的实战能力，他还提出习武者必须"以武服人"的观点。这里的"武"不是武力，而是技击实战能力。他认为"以武服人"是"以德服人"的前提和基础，首先应该具备这种能力，但不一定使用。如果自己没有过硬的实战本领，那么"以德服人"就失去了存在的物质基础，成了华而不实的空架子。他说："学会了以上阴阳单练及对接的套路，明晰了套路中的明招、暗招、变化招，仅是掌握了初级功夫，离'随机而发'的实战还有十万八千里。接下来还要通过几个环节的训练才能具备实战能力。"已经退休多年的姜周存教授每次外出授课的第一个环节就是试招，学员都可上场随便用招法进攻，之后再开始讲课。凭借过硬的功夫，他被公安部警卫局聘为武术教练。

北京体育大学武术学院散打教研室主任李印东博士是姜周存教授的学生，他到过全国很多地方，发现这些地方的武术教学都走偏了，因此时常回山东学习，并在北京体育大学教授的散打班展开了教学改革实验。据介绍，他的散打课教授内容和程序与众不同，第一个学期除正常的散打技术教学和步法练习外，还把站桩作为必练内容，并且将静桩和动桩结合，具体选择了太极桩和三体式，一个左右站位，一个前后站位，很有代表性。学生在刚开始站桩时感觉身体发沉，但站一段时间后会明显感觉身体发轻，移动步子时非常轻快。第二学期把太极推手作为必练内容，以此培养学生的平衡感及借力打力能力，练到一定程度后再将技术与散打的摔法结合起来。第三学期是综合运用。第四学期是强化学生各自的绝招。李印东从2008年开始采用这种方法训练学生，发现经此训练的学生不但力量特别大，前手能打出后手的劲，而且贴身以后能瞬间把对方摔倒，摔得都很轻巧。一般散打运动员的拳腿技法必须以一定距离为基础才能运用，而通过这种方法训练的学生则可以贴着对方打，让对方有"被包裹起来无法逃脱"的感觉，使对方只能在圈外转来转去，无计可施。李印东训练的学生曾和北京体育大学院队的队员打比赛，用前手拳小动作一点，就能把对方打一个跟头，最后赢12分，优势获胜。李印东还介绍，原北京体育大学院队教练陈超现在天天琢磨这些技术，他原来对这种功夫不是特别了解，现在随着了解的深入，想法也越来越多，这正是这种功夫迷人的地方。

（四）走访调研之四：传统武术拳种的学术化之路

时间：2015月2月。

地点：扬州。

调研对象：邯郸学院太极文化学院院长田金龙博士

2015年2月，在扬州对田金龙博士的调研受益匪浅，他对学校武术专业教育存在的问题看得最透、理解最深。他提出"专业院校应该完成传统武术拳种的'学术化发展之路''引领民间武术发展'"的观点。在武术界的一些有识之士、专家、教授、学者已经深深认识到"竞技武术已走入死胡同，专业武术教育之路越走越窄"，纷纷把目光投向民间，认为"真正的武术在民间""学院武术应该好好向民间武术学习"之际，田金龙博士却敏锐地洞察到了民间武术的缺陷。

他指出，民间一些老拳师练了一辈子武术，有亲身体验，有思想感悟，有技术含量，但缺乏从整个知识体系的理论高度思考武术。历史上一些超级武术大师的伟大之处在于有思想，提出超前的理念，可以给后人指明方向，但他们不是学术的真正实现者，不是学术的代表者。以太极拳为例，其创始人如果今天还活着，也只能做学生，因为经历了一两百年的发展，学者已经从不同角度对杨式太极拳进行了研究完善，太极拳已经是技术非常科学化、理论非常完善的体系了。练太极拳的目的是什么、最终要达到什么状态、从哪些技术起点来练习、通向什么样的技术终点、在技术起点和终点过程中有多少个步骤、每个步骤有哪些训练方法，都非常清晰地展现在我们面前。现在的太极拳是一个理论体系、技术体系、训练体系非常完善的拳种。

现在学校武术专业教育的任务就是完善传统武术。这个完善过程不是一个人能完成的，需要众多学者从不同角度思考，不断地把所有人的思想整合到一起，经过系统思考，最后形成完善的武术体系。这就是传统武术的学术化之路，而这个任务应该由高等院校来完成。然而，现在的高等院校在这方面贡献不大，没有发挥其核心价值，这是学校武术专业教育存在的最大问题。

以上众多名家学者的研究和实践对我们的学校武术专业教育改革研究很有启发。对学校武术专业教育改革理念的研究，将以之为基础而展开。

第五节　学校武术专业教育改革的定位及理念

一、学校武术专业教育改革的定位

在 2012 年 11 月党的十八大提出"建设优秀传统文化传承体系，弘扬中华优秀传统文化"，2013 年 11 月党的十八届三中全会提出"完善中华优秀传统文化教育"之后，2017 年 1 月中共中央办公厅、国务院办公厅又印发《关于实施中华优秀传统文化传承发展工程的意见》，这是第一次以中央文件形式专题阐述中华优秀传统文化传承发展工作。该文件中将"总体目标"确立为"到 2025 年，中华优秀传统文化传承发展体系基本形成"，并且 9 次提到"体育"，5 次提到"传统体育"，1 次提到"中华武术"。其中，"中华武术"是被提到的唯一的体育运动项目。在整个体育领域，中华武术是独具中华文化特色的体育运动项目，是传统体育的重中之重，应该建立优秀传统武术拳种的传承体系。面对有利的政策环境，体育专业院校应该抢先动手，着力构建优秀传统武术的传承体系，充分继承深刻蕴含传统文化内涵的以拳种为单位的传统武术，在充分继承的基础上，将传统武术体系化，完成传统武术的"学术化之路"。其中，继承传承是基础，发展完善是必须，现在急需完成的工作是继承传承工作，下一步工作才是发展完善。只有完成了这两步工作，才有可能到 2025 年初步形成中华优秀传统武术拳种的传承体系。

本章第一节中较为详细地整理了具有多层面不同类型技术的武术分层技术体系，但这个体系在当今学校武术专业教育中没有被反映出来。学校武术专业教育仅教授了原始核心层的部分技法和最外面艺术表现层的技法，而对深刻体现"具体问题具体分析"思维的第二层次技法和已经发生"质的飞跃"的第三层次"逆向思维"技法则一直作为非重点内容或根本没有教授。正如调研过程中吕韶钧教授所言，传统拳种在现在的教育体系中被"结构化地分解了"，因此这种武术不能代表中华武术。另外，本章第一节中总结的中华武术独特的以人体的丹田和命门为核心进行劲力收放的劲力系统，是中华武术最具特色的方面，这些内容在学校武术专业教育中基本上没有得到反映。中华武术的文化精神"自强不息,厚德载物"在当今以竞技武术技术体系为核心的学校武术专业教学内容中也没有得到反映。如果想将以上3点在学校武术专业教育中发扬光大,就必须把以拳种为单位的传统武术作为学校武术专业教育的主体教学内容,将拳种的完整技术体系作为武术专业教育的基本单位。

同时,我们应该看到在民间流传的传统武术拳种存在的问题。因为长期以来这些传统武术拳种没有登堂入室的机会,所以急需对其进行学术化整理,先进行技术还原,找出每个武术拳种的最本源的技术、最核心的技术、次核心的技术、在各种场景中应用于不同情况及具有不同特点的个体的技术、展现性的技术,再进行科学归类,使这些技法形成体系,并通过不断完善,形成各拳种的理论体系、技术体系、训练体系。

因此,学校武术专业教育内容应定位于中华优秀传统武术拳种,形成以不同特色的拳种为单位的中华优秀传统武术传承体系。

二、学校武术专业教育改革的理念

作者根据对文献资料中不同学者论点的梳理,以及对调研过程中武术名家的论点的辨析,特别是对自身多年实践和研究感悟的提炼,提出"立足拳种、回归技击、形成体系、弘扬文化"的武术专业教育改革理念。

在20世纪90年代就有体育专业院校武术专业工作者提出"对武术传统的恢复",并根据调查了解到"有关各方面于此的反映相当强烈"[1]。进入21世纪以来,仍有很多学者陆续指出武术教育"舍弃传统武术,偏重竞技武术"的单一传授模式问题[2],认为"传统武术是武术教育的主干",应"以拳种为主选择专业课程内容"[3],并提出"突出拳种"[4]"中国武术教育新体系的技术传承需要(必须)

---

[1] 张选惠,程大力,温佐惠.体育院校武术专业现状的调查及改革设想[J].成都体育学院学报,1997,23(2):59-65.
[2] 王楚泽,肖丽.从高师院校武术专业教育的功能谈武术专业教学的改革[J].浙江师大学报(自然科学版),2001,24(1):97-100.
[3] 王飞.民族传统体育武术专业课程理论基础研究[D].武汉:武汉体育学院,2007:2;30-43.
[4] 武冬.体育教育专业武术课程教学内容和方法改革的研究[D].北京:北京体育大学,2006:1.

'拳种意识'"[1-2]"使得武术教育成为中国传统文化教育的载体"[3]的改革理念和提议。这些学者都看到了武术教育忽视了以拳种为单位的传统武术的现实,都指出了学校武术专业教育存在的问题,并提出了改革思路。然而,从20世纪末开始有学者呼吁,目前为止,已经20多年过去了,学校武术专业教育依然没有改变以竞技武术技术体系为主体甚至唯一的局面,传统武术拳种依然无法登堂入室,只能在民间处于自生自灭的状态。

中华武术自明代开始就形成了以拳种为单位的格局,拳种是传统中华武术的基本单位,同时,拳种也是中华武术相对于西方武技最主要的文化特色,因此弘扬中华优秀传统武术文化必须以拳种为单位。受中国文化影响,日本武打技术也形成了类似的诸多流派,日本为了更好地弘扬这种"武"文化,实行分项发展,形成了柔道、空手道、合气道等诸多联盟组织,这些联盟相互独立,分别按照各自的思路发展。实际上,中华武术也应该形成以拳种为单位的发展格局,这些拳种分别成为枝干分明的大树,这样才能形成真正的武林。中华武术的专业教育如果以拳种为单位进行教学,则可能比"大一统"的模式更利于传承武术文化。

进入21世纪以来,中华传统文化的传承发展已经开始提上日程,特别是党的十八大以来,党中央、国务院提出"弘扬中华优秀传统文化""完善中华优秀传统文化教育""实施中华优秀传统文化传承发展工程"等与传统文化相关的议题。在这种大背景下,武术界学者应该行动起来,积极研究思路和对策,力争与党中央、国务院发展中华优秀传统文化的精神保持高度一致,形成与《关于实施中华优秀传统文化传承发展工程的意见》配套的武术教育改革方案。这要求学校武术专业教育的执行者倾听诸多学者的意见,积极采纳众多学者的建议,立足拳种,以拳种为单位,分别建立各优秀传统武术拳种的传承体系,从而组成整个中华优秀传统武术的传承体系。因此,"立足拳种"是学校武术专业教育改革的首要问题。

既然学校武术专业教育改革首先要"立足拳种",就必须深入了解传统武术拳种的构成,以及其不同组成部分的来龙去脉。综合不同学者的研究成果,我们

---

[1] 王岗,邱丕相.重构中国武术教育体系的理论研究[J].上海体育学院学报,2008,32(3):61-66.
[2] 王岗,邱丕相,包磊.重构学校武术教育体系必须强化"拳种意识"[J].体育学刊,2010,17(4):95-98.
[3] 孙永武.从竞技武术到传统武术——民族传统体育专业武术教育发展简论[J].中华武术(研究),2012,1(Z1):205-208.

对传统武术拳种进行如下定位：在缺乏竞赛（擂台）机制交流的情况下，不同习武者对自身在技击实践过程中获得的某方面技击体验进行反复钻研，使其向纵深发展，并以其为核心而形成的一整套训练和传承体系[1]。那种"将套路视为传统武术拳种之主体甚至全部"的观点是极其片面的，而将套路作为"初学入门"之法的观点也是不符合武术技击训练规律的。从传统武术拳种的形成及训练角度来

---

[1] 根据《中国武术史》的记载，在宋代中国武术以刀、枪、剑、棍分门别类，而"明代武术不再仅以刀、枪、棍分门别类。在全国范围内已形成了诸多风格迥异的流派；十八般武艺在明代已有了具体的名称和内容。以此为特征，标志着中国武术体系的形成"（国家体委武术研究院编纂.中国武术史[M].北京：人民体育出版社，1997：237.）。拳种流派之所以在外在表现上风格各异，是因为服务于不同侧重的技击技术。那些认为"火器的发展使武术逐渐脱离军事，失去技击价值""拳种流派的形成是武术渐渐脱离技击，趋向表演的标志""不同拳种仅是演练风格不同，劲力表达不同"的观点是肤浅的。林伯原在经多方面历史考证而写成的《明代武术发展状况初探》一文中指出，"武术做为军事武器作用的降低，并不意味其技击作用的消失，更不可能由'武'变为'舞'"，"当时的武术是以技击为内容，围绕实战应用而发展的。虽然某些项目'活动手足，惯勤肢体'的作用逐渐明显化，但亦未脱离'技击'的内容和实战应用的要求"（林伯原.明代武术发展状况初探[J].体育科学，1982（3）：8-19.）。程大力等曾引述赵道新《拳术溯源》中的观点认为：拳种流派的最初形成可归因于元代的禁武（程大力，刘锐.关于中国武术继承、改革与发展的思索——由武术门派的渊源成因看武术门派的发展走向[J].成都体育学院学报，1998，24（4）：20-24.）。元代统治者的禁武导致了中华武术发展的"第一次危机"。因为武术发展丧失了常态化的擂台交流机制，只能在秘密状态下传承，所以造成不同习武者只能根据自身对武术技击的不同理解而使武术沿着其所侧重的方面向纵深发展，由此形成了不同侧重或不同风格的技术。明代戚继光在《纪效新书》中曾列举"山东李半天之腿，鹰爪王之拿，千跌张之跌，张伯敬之打"，并言这些人"虽各有所长，各传有上而无下，有下而无上，就可取胜于人，此不过偏于一隅"（戚继光.纪效新书[M].北京：中华书局，1996.11：165-166.）。实际上，这些"偏于一隅"的技术正是不同习武者将自身体验的"善之又善"的武术技术向纵深发展的结果。戚继光等将领对民间拳术进行了总结提炼，然后又向民间传播，其二十二式长拳正是为解决各拳种"偏于一隅"的问题而取各家之长的形成的。虽然"这场军人拳术运动使萧条的拳界迎来了第一次复兴"，但由于没有启用擂台机制，没有"重振拳术的竞争淘汰秩序"，所以民间高手的技击技术仍是向纵深发展，于是"技术风格和特点变成了拳种和流派"（程大力，刘锐.关于中国武术继承、改革与发展的思索——由武术门派的渊源成因看武术门派的发展走向[J].成都体育学院学报，1998，24（4）：20-24.）。清代的"禁武"又进一步加深了这种发展趋势，使不同拳种流派的特色愈发明显和突出，拳种流派也越来越多。实际上，每个武术拳种的训练体系都是围绕不同习武者所认为的"善之又善"的那类技术发展起来的，例如，八极拳的创立者擅长挨帮挤靠、贴身近打，因此其主体技术及训练方法围绕近距离实战这个核心而展开，由于太极拳的创立者擅长由听劲、化劲功夫而形成的诸多跌法，所以其主体技术及训练方法主要围绕粘连技术而展开……由此而形成的传统武术拳种分别侧重武术技击的某一方面，并围绕这一方面形成了各自的技术及训练体系。当然，一些宗师级的人物之所以能够开宗立派，是因为确实掌握了武术技击的某些精华，而在交流过程中常立于不败之地；否则，这种流派很难流传下来。杨露禅的太极拳、董海川的八卦掌皆因此扬名而成为武林中的重要拳种流派。由于中国文化是"做加法"的文化（吕韶钧所言），习武者以自身体会最深刻的那方面技术为核心，把在技击实践中所获得在各种不同条件下的技击经验记载下来，从而使其拳种中的技击招法越来越丰富。为了便于传授和记忆，特别是把武术的结晶传承下去，他们将这些技法串联起来，通过成套的形式传承，形成了武术套路。当然，武术套路的形成主要受到了中国文化重道、崇礼、重程式化传承特点的影响（温力.中国武术套路产生的传统文化背景[J].体育科学，1992，12（3）：5-8.）。

看，套路仅是最终表达环节，绝非全部[1]，甚至从技击训练角度来看，套路可能是不重要的内容（王芗斋、赵道新等老一辈传统武术技击家甚至认为套路于技击实战毫无用处[2-3]）。传统武术拳种形成的直接原因是不同习武者对武术技击不同内容的不同体会，传统武术拳种形成的外在因素是缺乏公开比武的交流机制，使技术只能纵向发展。在这个过程中，技击是贯穿各传统武术拳种的一条主线，只是不同拳种对技击的侧重有所不同而已。例如，八极拳侧重于近距离实战，主要是挨帮挤靠、贴身近打，以肘法见长；番子拳侧重于中近距离的快速撞击，连打带撞，"双拳密如雨、脆快一挂鞭"；劈挂拳则放长击远，通过身体的"吞吐开合，起伏拧转"充分发挥"一寸长，一寸强"的优势；形意拳突出脚踏中门，善于打对方"劲之始"；太极拳则侧重于先柔化再进攻的防守反击，善于打对方"劲之尾"；八卦掌则以"避正击斜"为核心，形成了侧重于"走偏门"的技术体系。尽管不同拳种在技击方面各有所长，但都围绕技击而展开，因此，构建传统武术拳种的传承体系，必须立足本源，回归技击，以技击为主线，以技击为准绳，以技击为总纲，根据技击理念来厘清不同技术的来龙去脉、不同技术之间的逻辑关系。"回归技击"是传承优秀传统武术拳种必须考虑的首要问题。

民间武术拳师，特别是有一定影响的武术拳师，一直在做"立足拳种，突出技击"的工作，他们的教学无不以某个或某几个拳种为单位，并从技击角度阐释技术的技击含义，如果有人对某拳师说其所练的拳种没有技击性、不能技击，就是对其最大的侮辱。"立足拳种，回归技击"这项工作虽然在武术专业教育中没有做，但民间拳师一直在做，并且把技击放在突出的位置。然而，如果想更进一步，完成"形成体系"的工作，则民间拳师难以完成，必须由深悉传统武术拳种的武

---

[1] 套路是传统武术拳种技法传承的主要的载体，是传统武术拳种技术内容的总括，是传统武术拳种的最终表达环节，同时，从外显的运动形式方面讲，套路也是中华武术最突出的特征。因为一般民间师父在传授技艺时为考验学生，大多从套路入手进行教习，除了极少数入室弟子能够登堂入室学习传统武术拳种的其他内容，绝大多数学生止步中途或徘徊于门外，他们所能学到的内容主要是套路甚至只有套路，所以在一般习武者心目中形成了传统武术拳种主要是套路的印象。又因为中华人民共和国成立后相当长的一个时期内，国家层面仅推进了套路运动形式，所以很多专业武术工作者对传统武术拳种的认识仅限于套路形式。有些深入研究的学者在广泛调研基础上发现，民间师父对入室弟子除了教授套路，还教授功法、拆招、喂招、散手、实战等，他们由此总结出了由"功法、套路、拆招、喂招、散手、实战"等环节组成的传统武术拳种的技术训练体系，并认为套路是传统武术"初学入门"的技术环节。如果按照格斗技击的规律进行系统化教学，则应该从功法、单式单招入手，套路仅是最终的技术总结环节，主要用于技法传承和对外展示，而对技击实战训练的意义不大。当然，受中国文化"善于将技术性的东西艺术化"特点的影响，有些拳种的武术套路有了艺术化发展趋向，从而形成了另一类武术套路。

[2] 姚宗勋.意拳 中国现代实战拳术[M].北京：北京体育学院出版社，1989：157-158.

[3] 赵道新，黄积涛.道新拳论——关于两大武术体系的对话[J].精武，2007（11）：16-19.

术专业人士介入。所谓体系指"一定范围内或同类的事物按照一定的秩序和内部联系组合而成的整体"[1]。优秀传统武术拳种的传承发展体系至少应该由理论体系、技术体系、训练体系、技艺交流体系4个方面组成。理论体系由该拳种的拳理按照一定的内部联系而形成；技术体系由该拳种的不同环节的技术按照一定次序而构成；训练体系由技术体系各环节的训练方法按照一定的秩序而形成；技艺交流体系是包括对抗、半对抗、套路展示、功力展示等相互联系环节在内的各种技艺交流方式。特别是对抗比赛，应设计适合不同拳种技术特点、立于各拳种最具特色的技法发挥的比赛规则。武术专业工作者，特别是武术硕士、博士研究生，应该在深入了解并亲身实践某拳种的基础上，与民间拳师共同完成传统武术拳种体系化的任务[2]。另外，如果传统武术拳种自身可以形成一个小体系，那么不同传统武术拳种之间就可以建立更广阔的大体系。例如，明代戚继光针对不同拳种"偏于一隅"的状况而提出"若以各家拳法兼而习之，正如常山蛇阵法，击首则尾应，击尾则首应，击其身而首呼相应，此为上下周全，无有不胜"[3]。这里所言的"兼而习之"指几个拳种构成了一个更大的体系。近代孙禄堂先生将形意、太极、八卦融为一体，形成更具综合性的孙式太极拳。马凤图先生将八极、翻子、劈挂三大拳种融会贯通，兼而习之，形成通备拳系，把几个各有所长的拳种组成

---

[1] 此处参考"百度百科"对"体系"词条的解释。其解释要比《现代汉语词典》《辞海》的解释更合理。参阅《现代汉语词典》第6版（2013年）第1281页、《辞海》第6版缩印本（2011年）第1856页。

[2] 以其中技术体系的各环节次序为例，很多人认为：由功法、套路入手，进而拆手、喂手、散手、实战，是传统武术拳种普遍具有的技术和训练体系。一般传统武术拳师对入室弟子传授技艺正是按照这样的方式，其优点是有更充裕的时间考验学生，有利于磨炼学生意志、提升其技击境界，缺点是从提高技击实战能力的角度来看耗时低效，成才周期长，成材率低。王芗斋创立的意拳摒弃了套路运动形式，正是出于这种考虑，赵道新认为：这种"很原始、低效的操习，与其说是增长格斗实力，倒不如说是在磨炼耐心"（赵道新，黄积涛．道新拳论——关于两大武术体系的对话[J]．精武，2007（11）：16-19.）。张克俭先生指出，从提高技击格斗能力角度来看，不应从套路入手，而应该从单势单招入手，套路绝非传统武术技术体系的最初环节或中间环节，而是最后总结环节。根据这些技击名家的阐释，仅从提高核心技击格斗能力角度来看，可以建立一种更直接的技术训练体系，这个体系应该以穿插整个训练过程的功法练习为基础，从单势单招入手，进而喂手、散手、实战，把套路（单练、对练）作为技艺总结的最终环节。在这个技术体系中套路的价值主要有以下几点：用于掌握该拳种的主体核心技术之外的非常规技法，从而形成全方位的技击能力；以其为载体使该拳种的技艺代代传承；用于技艺交流时展示本拳种的技法特点；作为个人强身健体的途径；在用于平时的主体技击训练之余提高身体协调性、提升技击境界。就技艺交流体系中的对抗比赛而言，应该制定适合各拳种最核心的技术发挥的竞赛规则，通过规则引领，把每个拳种最有特色的东西展现出来，之后，考虑该拳种在综合格斗中的缺陷，考虑通过什么拳种弥补。这应该是有先后次序的两个过程。例如，拳击只能用3种拳，其竞技规则及竞赛场地主要围绕如何使这3种拳法有效发挥作用；太极拳最核心、最有特色的技击方法是引进落空之后的跌法，为了充分发挥这种技术，最好采用粘连状态下的推手竞技。如果一开始就从综合格斗角度考虑问题，用统一的场地、统一的规则，则不同拳种的技术归宿只能是现代散打，无法从深层次挖掘不同拳种的不同特色。

[3] 戚继光．纪效新书[M]．北京：中华书局，1996：166.

了更大的新体系。从 2012 年党的十八大提出"建设优秀传统文化传承体系"到 2017 年中共中央、国务院提出"到 2025 年，中华优秀传统文化传承发展体系基本形成"的总体目标，无不反映了建成中华优秀传统文化传承体系的迫切性。具体到武术领域，把传统武术拳种体系化，建成中华优秀传统武术拳种的传承发展体系，是学校武术专业教育改革必须解决的问题。

"立足拳种、回归技击、形成体系"的最终落脚点是"弘扬文化"，弘扬以传统武术拳种为载体、与拳种技术紧密相连的中华优秀传统武术文化。从文化角度划分，目前的中国武术大体上可分为传统武术和竞技武术两大类，竞技武术是传统武术的新发展，是传统武术与西方竞技体育相结合而形成的武术现代化发展的一个新分支，这个分支的精神内核已经由中国传统文化的基本精神"自强不息，厚德载物"置换为西方体育文化的基本精神"竞争"。传统武术拳种仍以中国文化的基本精神"自强不息，厚德载物"为精神内核，深刻蕴含重"道"、重"德"、重"和谐"、重"防卫"等中国传统文化，处处体现着整体思维、辩证思维、逆向思维、象形思维等中华民族的传统思维方式。拳种武术的这些文化内涵，与现代学校武术专业教育的理论课如《武术理论基础》《中国武术导论》中所阐释的理论相对应，只有以传统武术拳种为技术载体，才能够解决当今学校武术专业教育领域中理论课和技术课"两张皮"的现象。另外，应该引起注意的是，传统武术文化是以具体的传统武术拳种技术为载体，与传统武术拳种技术紧密联系在一起的文化，文化与技术浑然一体、不可分割，不存在一些学者在研究武术教育时所论的"文化比技术更重要"[1]"文化传承比技术传承更重要"[2]的问题。需要说明的是，传统武术文化并非如一些学者想象的那样完美无缺、至高无上，而是同任何文化现象一样瑕瑜互见。

根据以上各部分的论述，"立足拳种、回归技击，形成体系、弘扬文化"本身就是由相互联系的 4 个方面内容组成的武术专业教育改革思想体系，改革的立足点是传统武术拳种，改革的大方向是回归传统武术拳种的本源技击，改革的重点是以最本源的技击为纲，将各拳种的技术环节体系化，形成完善的理论体系、技术体系、训练体系、技艺交流体系，改革的目的是通过体系化的教学在高级专业人才中弘扬中华优秀传统武术文化。

---

[1] 王岗，邱丕相. 重构中国武术教育体系的理论研究[J]. 上海体育学院学报，2008，32（3）：61-66.
[2] 王岗，邱丕相，李建威. 重构学校武术教育体系必须强化"文化意识"[J]. 体育学刊，2009，16（12）：83-86.

第六节　传统武术拳种技术体系化教学示例

作者调研多所体育专业院校及师范类院校体育院系的武术专业教学之后发现，其主体教学内容仍然是竞技武术技术体系，偶有传统武术拳种的点缀，也仅是选取了某拳种的套路形式。有个别院校的武术系开设了传统武术专业方向，但教学内容仅是几个传统武术拳种的套路形式，很难找到按照传统武术拳种的完整技术体系进行教学的院校。仅教授套路运动形式势必破坏传统武术拳种的技术结构，使学生产生"套路就是传统武术拳种之全部"的错误认识。为改变这种破坏传统武术整体技术结构的现象，下面以通备拳系，特别是其中的劈挂拳为例，介绍传统武术拳种技术的体系化教学。

一、通备拳系中劈挂拳的体系化教学探析

（一）劈挂拳的技术体系解析

最初的劈挂拳应该是一类技术，属于古典长拳类。马凤图用"劈挂长拳似长江"来概括其特点，表达出劈挂拳所追求的是一种空阔浩荡、闪兼腾挪的劲道。劈挂拳在明代叫"风雷绞炮劈掛手"（《武编》前集卷五），明代王圻的《续文献通考》、郑若曾的《江南经略》中都有"孙家披掛拳四路"的记载，何汝宾的《兵録》中也有"孙家披掛拳及张飞神拳俱四路"的记载。由此可知，劈挂拳早在明代就已经形成。经过长期历史发展，劈挂拳的练习方法逐渐丰富，目前形成了由大架子、十二趟（蹚）子手、劈挂拳套路3个层次内容构成的技术体系。大架子[1]是技法非常综合的慢练形式，是为劈挂拳劲力的形成打基础的练习方法，是重要的辅助性练习内容，属于功法范畴；十二趟子手是12个单势，属于核心技法范畴，是用于技击格斗的；劈挂拳套路则是将核心技法、非核心技法及一些辅助练习方法等内容串联起来的程式化练习形式，是对技击技法的艺术表达，可用于身体素

---

[1] 大架子将劈挂拳种的诸多技术串在一起进行慢练，是一种用于调劲的练习方式，原本的内容有108式。起势包括离地通天、三体同功、分拢手、双推手、双吊手6个技术。第一段包括撅地龙、龙拿云势、龙摆尾、撩阴掌等15个技术，第二段包括平摩手、下挂手、上挂手等8个技术，第三段包括托天掌、上步蹬脚、穿林等13个技术，第四段包括退步盘手、进步盘手、右千把捶等7个技术。这里的教学内容共从中选择了前面四段的49个技术。

质练习及外场展示，劈挂拳的技术体系如图 3-3 所示。

通备拳习武者一般称大架子是"母"，称劈挂拳、青龙拳、飞虎拳为"子"[1]，但是，按照逻辑推理，应该是先有最核心的十二趟子手，再逐步完善技术体系，形成作为基础性辅助练习手段的大架子和作为技术延伸的劈挂拳套路。劈挂拳以"求横劲"为主的技法特点启示我们：其技术原形可能是扇耳光。人无论是否会武术，

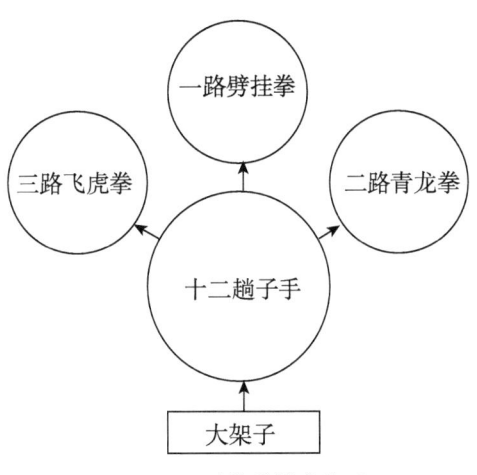

图 3-3　劈挂拳技术体系

都会抡圆了巴掌扇耳光，这种类似的鞭打发力技术可能是劈挂拳最初的原形。十二趟子手中的招风手正是类似的横向抽击技术，但由于劈挂拳的习武者经过了专门训练，特别是形成了以胯部旋转为核心的发力方式，其技术比一般的扇耳光要精细化、科学化得多；除了可以横向抽击，还可以纵向抽击，十二趟子手中的单劈手就是这样的技术，自上向下纵向劈击既可有效利用地球对肢体的引力而发力，也更容易拧腰切胯、利用背弓，因此单劈手逐渐成为十二趟子手中的核心技术；除了纵向抽击、横向抽击，还可以斜肩带背地抽击，由此形成了开门炮……这样，由生活中的原形逐渐形成几个典型招法，再配合身法、步法、掩护技术，逐渐形成了十二趟子手。十二趟子手形成后，练功方法也逐渐完善，形成了作为基础性练习的大架子。大架子共十二趟，分前八趟后四趟，可分可合，总 108 个动作单势。劈挂拳的一切重要劲法、招势都包含在大架子之中[2]。大架子是劈挂拳"找形"和"灌劲"的开始，其练习要求以慢练为主，注重意识引导、呼吸配合，如剥茧抽丝、不紧不慢、从容不迫，习惯上被称为"慢拉柔练盘架子"，完成十二趟约 10 分钟。这种练习方式有助于调节全身肌肉的协调用力，在运动技能的形成中起着非常重要的"内部语言调节作用"，能为"劲力"的整体性、随机性、协调性的形成打下坚实基础。劈挂拳讲究"慢拉架子，快打拳，疾打招"，其中的"慢拉架子"是指大架子这种的练习方法，而这种练习正是"快打拳，疾打招"的基

---

[1] 中国武术大辞典编辑委员会. 中国武术大辞典 [M]. 北京：人民体育出版社，1990：145.
[2] 马明达. 风雷绞炮劈挂手 [M] // 武学探真（下册）. 台北：逸文出版有限公司，2003：49-66.

础[1]。劈挂拳的习武者在长期实践过程中还感悟了除十二趟子手这些核心技法外的更多的技击经验，为了把这些技击经验完整地传承下去，他们将其汇编成套路形式，逐渐形成了典型的一路、二路、三路套路。马贤达主编的《中国武术大辞典》中有一段很经典的总结："习武者的个人经验被整合为习武群体的普遍经验，一代人的经验被转化成世代的经验。当然，世代之间的传承已非原有经验的简单传递，它在融合了后来者的智慧后被不断丰富完善"，劈挂拳技术体系的形成遵循了武术拳种形成的普遍规律。张建军也持"先有十二趟子手，后有其他内容"的观点，他是根据大架子采用"慢拉柔练"的运动方式，以"意、气、身相合"为练习原则而得出结论的（劈挂拳早在明代典籍中就有记载，而武术与导引结合的练习方式是清代才出现的）。马明达的研究发现，由黄林彪（马凤图的老师）传下来的劈挂拳的套路只有两个，俗称劈拳，挂拳，后称头趟、二趟。1925年马凤图、马英图融合八极拳、番子拳的内容组编了第三趟，这三趟套路分别被定名为劈挂拳、青龙拳、飞虎拳。其中，头趟是帅、是纲，是本源；二趟、三趟如同两翼，形成"右龙左虎"三足鼎立的套路格局。马凤图曾以歌诀总结劈挂拳的套路格局："劈挂长拳气宜昂，右龙左虎辅两旁，三足鼎立天下势，无人不道刘关张。"[2]

综上所述，劈挂拳的技术体系是逐渐形成的，其技术是逐步丰富的。其中，最本源的、最核心的技术是十二趟子手，同时，十二趟子手是劈挂拳整个技术体系的骨骼，居于核心地位。大架子是后来综合而成的"为十二趟子手这个核心服务的"基础性辅助练习手段，类似于功法，而一路劈挂拳、二路青龙拳、三路飞虎拳等套路则是对主体核心技法的丰富和延伸，使整个技术体系有血有肉。趋于完整。按照武术分层技术体系分析，套路中既包含了作为原始核心层技法的十二趟子手，同时也包括了劈挂拳的习练者在长期实践基础上对技击经验进行提炼而积累的大量非常规性技法，但在练习时为使习武者更好地体会动作，一般把本来很紧缩的技术放大，遵循"先求开展，再求紧缩""大练小用"的练习规律。

作为劈挂拳技术体系核心的十二趟子手包括：单劈手、招风手、开门炮、双撞掌、抄搥（哨搥）、大跨步、缠额手（掌）、操手起脚、戳指掌、倒发乌雷、穿林掌、青龙手12个单势。但这12个单势并非平行并列关系，而是有主次之别，

---

[1]张建军.劈挂拳研究——兼论传统武术拳种的一般特征[D].武汉：武汉体育学院，2006：28-30.
[2]马明达.风雷绞炮劈挂手[M]//武学探真（下册）.台北：逸文出版有限公司，2003：49-66.

其关系如图 3-4 所示。

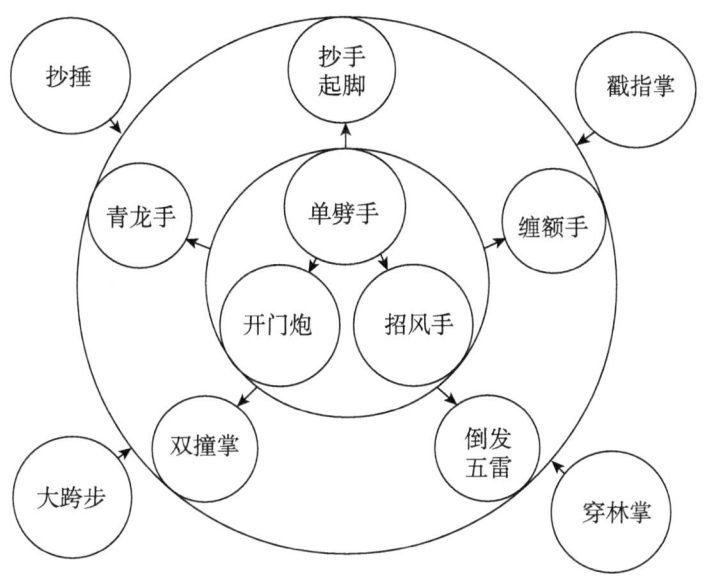

图 3-4　劈挂拳十二趟子手技法的关系

十二趟子手中最核心、最重要的是单劈手、开门炮、招风手 3 个单势[1]，这 3 个单势是劈挂拳"劈""挂"特色最直接、具体的体现，在技击实战过程中用得最多。单劈手是上下方向纵向劈击的进攻技法；开门炮是介于左右和上下之间偏左右的斜向抽击的进攻方法，类似散打中的大摆拳，一般拗步使用；招风手是左右方向横向抽击的进攻方法，一般顺步使用。这 3 个单势集中体现了劈挂拳鞭打抽击的技术原形。在这 3 个单式中居于最核心位置的是第一势单劈手，该势主要练习劈挂"滚"劲和"勒"劲，在练习时颠翻倒抽、翻滚不息，是追求通备劲最基本、最重要的途径[2]。开门炮、招风手则是单劈手在方向上的变形，一个拗步横向抽击，一个顺步横向抽击。

---

[1] 张建军.劈挂拳研究——兼论传统武术拳种的一般特征[D].武汉：武汉体育学院，2006：33-34.注：马明达先生认为单劈手、招风手、缠额手是十二大趟子中最重要的三势，合称"通备三元手"，这可能是出于"竖、横、直"全方位完善技术结构的考虑，但缠额手的劈挂特色不是很明显。
[2] 马明达.风雷绞炮劈挂手[M]//武学探真（下册）.台北：逸文出版有限公司，2003：49-66.

任何格斗都是一门移动的艺术,在与对方格斗时,首先要通过步法移动靠近对方,大跨步、穿林掌就是劈挂拳中解决这个问题的练习方法。一般大跨步用于正面强攻,充分体现了唐顺之所言的"倘君恶狠奔当胸,风雷绞炮劈挂手"(《武编》前集卷五)所反映的"大劈大挂,风疾雨骤"的技击精神。穿林掌用于走起来打,在走动中变换左右式和方位,上步、退步、左步、右步、左转、右转,不停变化,该技法充分体现了"劈挂不拿架子,自然而然"的特色。唐顺之所言的"你行当面我行傍,你行傍来我直走"(《武编》前集卷五)的战术原则正是通过穿林掌、大跨步这两种技法来实现。抄搋是劈挂拳"横劲"的主势之一[1],直接以后脚为先,侧向跃步,是以同侧手横向击打对方脑后的技法,作用类似于前刺拳,在左晃右晃的移动中迷惑对方。

双撞掌是正面直击的技术方法,该技术体现的劈挂拳特色不是很明显,但也是一类很实用的技法。戳指掌属于引对方出手的技术。一般直接抽击很难奏效,在抽击之前应以戳指掌配合,先引出对方的反应,再进行抽击。缠额手是主走外门(对方的前腿外侧)的技术,用前手经额部向前击出或缠扣对方,这是介于攻防之间的一个技术,近身之后可以应用。抄手起脚是劈挂拳中唯一的一个腿法,类似于正蹬腿,该技法十分注重手脚的协同配合,手起脚出,腿到手翻。倒发乌雷是转身抽击的技术,类似于戚继光三十二长拳中的"倒起龙"一势,一般用于对方进攻时,追求败中求胜,类似于散打中的转身鞭拳,但不是横向发力,而是转身纵向或斜向抽击,该击法最能体现劈挂辘轳翻扯的劲力和技法特色。青龙手是反弓背用手背抽击的技术,在移动过程中臂部有钩、提、斩等技法。

总之,单劈手是最核心的技术,通过单劈手使得腰背发力,腰身一抖,以手纵向抽击。然后变化方向,形成开门炮、招风手。这3个技术组成一个小系统。通过大跨步靠近对方,通过穿林掌变换,通过抄搋迷惑对方,通过戳指掌引诱对方做出反应,然后运用核心技法抽击。也就是说,大跨步、穿林掌、抄搋、戳指掌是服务于核心技法的技术。双撞掌、倒发乌雷、操手起脚、缠额手、青龙手则是对3个核心技法的丰富和延伸。马凤图先生曾以歌诀的形式对十二趟子手有一个总结,清晰地表达了十二趟子手的具体用法:"单劈滚臂手连环,开门炮打脸正反,招风手疾横扫鞭,双撞掌势推倒山,飞身跃步抄搋圈,大跃步似龙雷电,

---

[1] 戚继光《纪效新书》中有"抛架子抢步劈挂"之句(戚继光.纪效新书[M].北京:中华书局,1996:167.),根据马明达先生的研究,"抛架子"即"抄搋"。

缠额跨腿外持肩，操手起脚上下翻，迎面戳指揭打拳，倒发乌雷辘轳转，销臂戏珠钩提斩，穿林掌法变百般"[1]。

具体到十二趟子手的练习方法，不仅左右势均练，还在不同练习阶段对步型、步法、步幅有不同要求，一般有定步、活步（顺步、拗步，大步、小步）等不同练习方法。首先是定步练习。通过定步练习可以使习武者的动作技术固定成"形"，有利于习武者体会全身的协调用力，并在速度上有初步要求。在定步练习基础上可进行活步练习。活步练习有顺步、拗步，大步、小步之分，一般先进行拗步练习，因为拗步利于发力，更容易练习脚部的拧转，可以更好地掌握劈挂拳拳谚"拧腰切胯是劲源"中的"拧腰切胯"。在拗步练习有一定感觉后，进行顺步练习。另外，大步练习是小步练习的基础，应该先进行大步练习，再进行小步练习。因为大步练习时移动的距离较长、速度较慢、动作幅度较大，所以容易找到上下肢动作之间的协调感，有利于达到运动中的整体性。在大步练习的基础上，逐渐缩小步幅，小步练习最难，也最重要，因为它是最终的落脚处。在实战过程中步幅越小，变化的节拍越多，越容易控制节奏。劈挂拳的练习不但有定步、活步（顺步、拗步，大步、小步）之分，而且不同的招势有不同的步法配合，具体有上步、迈步、跟步、拖拉步等。劈挂拳能够体现格斗是一门"移动的艺术"，是"进进退退的学问"，重视步法练习是劈挂拳相对于其他拳种的一个突出的优势[2]。

（二）劈挂拳的体系化教学

在武术专修课程教学设计时，应该把劈挂拳的整个技术体系作为教学内容。如果把整个课程划分为4个单元，则应把大架子这种最重要的辅助练习形式贯穿于各教学单元的始终。前两个单元主要教授十二趟子手，先练习单势，依照定步、活步（拗步、顺步，大步、小步）的顺序进阶，再练习喂招，最后练习实战。后两个单元主要教授3个劈挂拳套路，但应该在每节课中拿出一定的时间进行十二趟子手的单人练习、喂招练习、实战练习。

第一单元从十二趟子手中取1~2个单势，如取单劈手和开门炮或招风手，以此为核心，辅之以相关的基本功（如乌龙盘打、双挂掌、反弓背等）和其他单势（戳指掌、穿林掌、缠额手等），同时从原地技术开始，配合教授大架子前半套技

---

[1] 张建军.劈挂拳研究——兼论传统武术拳种的一般特征[D].武汉：武汉体育学院，2006：31.
[2] 张建军.劈挂拳研究——兼论传统武术拳种的一般特征[D].武汉：武汉体育学院，2006：31.

术，主要目的是加强习武者对动作的体会和认识。通过这些练习，一方面可以找到劈挂拳的发力习惯，另一方面可以掌握劈挂拳的基本技术、基本动作，这对以后系统掌握劈挂拳技术体系有很大帮助。具体安排顺序如下："原地单劈手、基本功（单双抡臂、双挂掌、双臂对折）、大架子中的基本技术"—"原地戳指掌（基本站姿）、行进间单劈手、基本功（单双抡臂、双挂掌、双臂对折）、大架子中的基本技术"—"原地开门炮、行进间戳指掌（穿林掌的基础）、基本功（单双抡臂、双挂掌、双臂对折）、大架子中的基本技术"—"穿林掌、穿林掌结合戳指掌的练习、基本功（单双抡臂、双挂掌、双臂对折）、大架子第一段内容教学"—"缠额手（原地、行进间）、行进间开门炮、基本功（单双抡臂、双挂掌、双臂对折）、大架子第二段内容教学"—"上述5个核心技术在对抗中的具体使用方法和变化"—"考核：5个核心技术的原地、行进间演示"。

第二单元教授双撞掌、招风手、抄捶、倒发五雷等十二趟子手中的其他单势，以其为核心，形成力量、速度、移动等有一定基础的劈挂拳的基本功力，完成大架子技术的教学。这个单元的教学中重点要把单势技法的基本对抗加进去，让学生知道技术怎么用，还要把连接技术加进去，如"乌龙盘打＋双撞掌""戳指掌＋缠额手"等，为连续组合和套路练习打基础。具体安排顺序如下："双撞掌的练习方法及基本用法、盘打＋双撞掌组合用法"—"招风手的练习方法及基本用法、招风手＋开门炮组合用法"—"大架子第三段（调节动作）、抄捶的练习方法、基本用法及其特有的移动方式"—"倒发五雷的练习方法及基本用法（败中求胜翻转打法）、大架子第三段技术和身体调理"—"大跨步的练习方法及使用方法、戳指掌＋大跨步组合使用"—"抄手起脚的练习方法及使用方法、大架子第四段技术"—"青龙手的练习方法及使用方法、大架子第四段技术"—"巩固熟练十二趟子手单个技术方法"—"十二趟子手单势演示、用法讲解、喂招形式考试"。

第三单元重点教授由十二趟子手的单势组成的组合技法，并渗透战术观念，同时，完成劈挂拳一路套路教学。具体安排顺序如下："强化以戳指掌＋单劈手＋开门炮为核心技术的格斗组合、大架子调理身体技术"—"强化以招风手＋开门炮为核心技术的格斗组合、劈挂拳套路组合（大架子内容大部分就是劈挂拳套路技术内容）"—"强化以穿林＋戳指掌＋抄捶为核心游斗技战术组合、劈挂拳套路组合"—"强化大跨步＋开门炮＋抄手起脚正面强攻技战术组合、劈挂拳套路组合"—"强化以倒发五雷为核心的欺骗性质技战术组合、劈挂拳套路组合"—

"深入理解劈挂拳3个战术理念下的技术组合（以戳指掌+穿林为基础的游走格斗、以大跨步+开门炮+单劈手等为基础的正面强攻格斗、以倒发五雷为基础的欺骗性诱敌模式技术组合），完成劈挂拳一个完整套路教学"—"条件实战[1]考试、套路演练考试"。

第四单元深化和熟练掌握十二趟子手，在这个基础上突出不同个体对某1~2个技术的使用，即所谓的绝招训练，使习武者能够在十二趟子手中找到最适合自己的1~2个技术进行强化训练。同时，完成劈挂二路、三路套路的教学。最终完成劈挂拳的大架子、十二趟子手、套路3项相互关联内容的系统传承，使学生对劈挂拳形成一个整体认识。考试内容是两两实战和套路演练，实战可在 8m×8m 的场地上进行，通过加权的方法，加重十二趟子手单势的分值。

此外，如果课时量充足，则可教授长短器械方面的内容，需要注意的是，不是从套路入手，而是从基本技法入手。例如，刀法的劈（正劈、左斜劈、右斜劈）、扎、内圈、外圈、格（左格、右格）、撩（左撩、右撩）、拦（左拦、右拦）等；再如，棍法的抢（平抢、立抢、斜抢）、劈、撩、戳、拦、拿、架、扣、崩、击等。

二、通备拳系的体系化教学简析

如果说师范类院校体育系武术选项方向因课时量有限，应以某个拳种为主展开技术教学，那么体育专业院校、具有民族传统体育专业的院校则有充足的课时，应以由几个拳种组成的教学内容进行教学，实现各拳种兼而习之的体系化教学，但这里的兼而习之，绝非仅练习各拳种的套路，而是练习各拳种的核心技法，应该以核心技法为主体、以套路为辅助设计整体教学内容。下面以通备拳系的体系化教学为例进行简要分析。

（一）通备拳系的技术体系简析

劈挂拳应该是早期的习武者以鞭打技术为原形，围绕鞭打抽击这一核心技术而逐渐发展形成的一个拳种，这种技术的优势是步法灵活，放长击远，缺陷是缺乏近距离短打技术。为弥补这个缺陷，在历史发展过程中，其习武者吸收了其他拳种的特长。劈挂拳经清末潘文学在河北盐山设堂传授推广之后，又经李云表、

---

[1] 注："条件实战"是技击对抗的一个常用术语，是指在一定条件下的实战，或有一定限制的实战。比如，实战虽是相对自由的，但规定不能用某个或某些方法进攻，不能用其他技法进攻，也就是有一定限制的实战，即条件实战。

黄林彪等人的发展，无论在理论上还是技术上，都有了新的突破，在理论上形成了"通备理论"，在技术上兼习八极、太祖等拳种，并纳入了奇枪廿四式及六合对扎、双手刀法等内容，从而为通备武艺的技术成型打下坚实基础。后经马凤图的系统整理，最终形成了以劈挂拳为核心，兼容番子拳、八极拳、螳螂拳、戳脚、大枪、单手刀法、双手刀法及西北长短棍法的通备武艺系统[1]。

通备拳系的技术内容除了作为主体的劈挂拳，还包括八极拳。不同于劈挂拳是放长击远的拳术，属于古典长拳类，而八极拳则是适于近距离实战的拳种，属于古典武艺的短打类。八极拳是由枪法演变而来的。早期的八极拳以用长枪为主，徒手八极拳技术是枪法的辅助[2]。《中国武术大辞典》记载："八极拳以六大开、八大招为技术核心，套路有八极小架、八极拳（亦称'八极对接'）、六肘头、刚功八极、八极新架、八极双轨等"[3]。但一些名家在实践过程中发现：八极拳的八大招是最核心的内容，

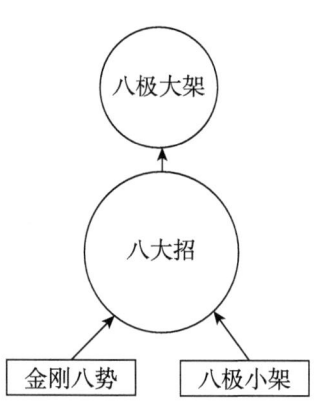

图 3-5　八极拳技术体系

金刚八势是练习力量的基础性功法，八极小架主要练习协调性、劲力，也属于基本功范畴，而"八极对接"汇集了诸多招法，主要用于外场展示。八极拳的徒手技术是以八大招为核心、以金刚八势为基础性练习、以小架为调劲手段、以大架为非常规技法汇总及外场展示的技术体系（图3-5）。

正如十二趟子手是劈挂拳的技术核心，八大招则是八极拳的技术核心，这八个单式组合分别是猛虎硬爬山、霸王硬折缰、眼望三见手、黄莺双抱爪、迎门三不顾、立地通天炮、迎风朝阳手、左右硬开门。这八个动作的核心是用掌打人。为解决八大招打得比较死、力量比较差的问题，习武者从少林拳中吸收了金刚八势，作为基础专项力量练习的方法。金刚八势即撑捶、降龙、伏虎、劈山掌、琵琶势、斜劈手、双封双锁硬插指、虎抱冲拳八个势子。金刚八势的引入使八大招

---

[1] 张建军. 劈挂拳研究——兼论传统武术拳种的一般特征[D]. 武汉：武汉体育学院，2006：19-20.

[2] 现在的八极拳套路中之所以有打跺脚，是反映八极拳的原貌，因为打跺脚本来是拦枪、拿枪时便于上步，具体应该是上步颠跺，"踏、踏"两下，这种技术经演化被吸收到八极拳套路中，就是震脚发力。然而，震脚发力对徒手技击基本上没有多大作用，因此八极拳的徒手技术体系中的核心技术（八大招），基本上没有震脚发力的动作。

[3] 中国武术大辞典编辑委员会. 中国武术大辞典[M]. 北京：人体育出版社，1990：145.

有了突破性发展，对提高八极拳习武者的专项力量非常有帮助，八极拳的核心力量"十字劲"正源于金刚八势的第一势撑捶。十字劲虽然是平面劲，不及王芗斋提出的六面挣力那样全面立体，但八极拳把这种平面力做到了极致，非常有威力。八极小架主要是解决身形、协调等方面问题的练习方式。八极大架是用于外场展示的套路。八极拳的优势在于在近距离范围内能够迸发出天崩地裂般的威猛劲力，缺陷之一是缺乏放长击远的技法，缺陷之二是步法灵活度欠佳。老一辈武术家说八极拳是"镣子拳"，意思即在练习八极拳时像脚上捆着铁镣子，步法不灵活。

劈挂拳、八极拳兼而习之，既解决了劈挂拳有长无短的问题，又解决了八极拳步法不灵活的问题，可以说两者是绝配。刘云樵先生曾在《八极拳术图说》一书中对这两个拳种有一段非常精彩的比较："八极之劲紧，劈挂之劲畅；八极之势猛，劈挂之势悠；八极之工架绷撑，劈挂之工架舒坦；八极一动以脊作轴，劈挂一举本腰为根；八极之功以深沉为成就，劈挂之功以畅达为有得；……八极最利埋身短战，劈挂尤可遐举遥击；……八极攻中参劈挂，则可以远近无遗，令人无从招架，劈挂守来融八极，它又能长短肆应，敌手你由得隙；……八极多直进之法，劈挂擅迂徊之计；八极要打得步步如木桩之法，劈挂要打得手手赛蛱蝶翩飞；八极是刚中有柔，劈挂是柔里调刚"，故谚美之曰："八极参劈挂，神鬼都害怕。劈挂参八极，英雄叹莫及！"[1]另外，八极拳的主要攻击部位是胸腹，劈挂拳的主要攻击部位是头部，由此而言，这两个拳种也是很好的搭配。劈挂拳与八极拳间的完美结合正是通备武艺技术体系构成的基础，马凤图先生更以"龙翔虎潜"来形容两者的结合。

番子拳是适用于中近距离实战的拳种，其主要的特点是"一步三拳"，手法密集。拳谱讲"一步三拳是根源"，道出了番子拳的主要特色。番子拳的母体是"六趟根"，每一趟过去是3个动作，共6趟、18势。其最主要的组合有番拳六手、番拳八手。番拳六手，即"劈心迎面掌—叠手滚肚捶—外扇嘴巴掌—顺手搂—搬拦打—裹手崩打转换捶"；番拳八手，即"出手打鼻梁—缩手奔胸膛—卸身迎门肘—挑炮双上手—外上打—顺手搂—铁翻杆—双捆手"。番子拳的优点是手法密集，拳谚形容其"双拳密如雨，脆快一挂鞭"，其缺点是缺乏力量训练的手段、步法灵活度不够。一方面，不像八极拳从少林拳中专门吸收了练习专项力量的金

---

[1] 张建军.劈挂拳研究——兼论传统武术拳种的一般特征[D].武汉：武汉体育学院，2006：39.

刚八势，番子拳始终没有解决如何训练专项力量的问题；另一方面，不像劈挂拳有专门练习步法移动的穿林手和大跨步，番子拳缺乏类似技法，其很多技术是原地站着打，最多加迈步似的上步。因此，就综合技术而言，劈挂拳优于八极拳，八极拳优于番子拳。就步法而言，劈挂拳优势最明显，虽然如此，但劈挂拳的步法也基本上是迈步，如果能吸收独流通背拳的沉髋滑步，就更先进了。虽然番子拳有如上缺点，但其拳法密集、脆快是劈挂拳和八极拳所不及的。如果将劈挂、八极、番子兼而习之，则具有取长补短的效果。

劈挂拳、八极拳、番子拳是通备拳系的主要拳种，除此之外，还有戳脚、螳螂拳、太祖拳等拳种，不再一一陈述。

在器械技术方面，黄林彪曾重新组编了"六合对扎"套数，以及融"六合精要"为一体的大枪套子奇枪（也叫戚枪），并曾撰写成《戚枪正解》文稿。此外，他还整理和传存下来了劈挂刀、昆吾剑的技术，这些技术都具有去繁就简、取精用宏的特点。劈挂刀避虚击实，昆吾剑避实击虚，一刚一柔，一明一暗，有珠联璧合之妙，可谓成功地保存了我国古典刀剑法势的精粹[1]。马凤图先生移居兰州后，对西北棍法和鞭杆技法进行了深入研究。在其指导下，王天鹏和罗文远对西北长短棍法进行了较为系统的整理，最终提炼出以五阴、七手、十三法为核心，以缠海鞭、调手鞭、黄龙鞭为演练套式的鞭杆技术系统。加之此前由马凤图、马英图在程宗猷《少林棍法禅宗》棍势五十五图基础上，加入部分枪法组合而成的风磨棍，从而构成了一个包括刀枪剑棍等主流器械在内的器械技术系统[2]。

综上所述，通备拳系是以劈挂拳为技术基点，以劈挂拳与八极拳的结合为基础，吸纳了番子拳、戳脚、太祖拳、螳螂拳等多种拳法，继承了以六合大枪、单双手刀剑法、风磨棍为主要内容的古典器械技术，采撷了流行于西北的民间武艺精品——鞭杆、西北棍法等而形成的长拳短打、长兵短械兼而有之的技术体系。贯穿整个拳系的是以开合、吞吐、起伏、拧转4个具体的劲力方法为核心的通备劲。

（二）通备拳系的专业教学安排

根据教育部高等学校体育教学指导委员会于2014年制定的《高等学校体育学类本科专业教学质量国家标准》中"体育教育、运动训练、武术与民族传统体

---

[1] 马明达.武学探真[M].台北：逸文出版有限公司，2003：45.

[2] 张建军.劈挂拳研究——兼论传统武术拳种的一般特征[D].武汉：武汉体育学院，2006：36.

育 3 个专业运动技能课程不少于 40 学分""理论课和技术课教学通常每 16~18 学时记 1 个学分"的规定，专业运动技能的学时数为 640~720。对于体育专业院校和有民族传统体育专业等的院校，专业技能课教学有相对充足的课时量，这为按拳系教学提供了条件。以通备拳系为例，大致安排如下：可以拿出前 1/3 的课时进行劈挂拳教学；在中间 1/3 的课时依次安排八极拳、番子拳教学；后 1/3 的课时进行长短器械教学。

因为八极拳在结构、内容方面与劈挂拳完全不同，所以在教学设计方面有很大的区别。具体安排应该是前 1/3 的课时进行金刚八势和八极小架教学，中间 1/3 的课时进行八大招教学，后 1/3 的课时进行八极大架教学。八极拳初级阶段教学的核心是八极小架，基础性练习是金刚八势。零基础的习武者应该先找到前后对称发力和上下挣拔发力的方法，可以从金刚八势的撑捶、单踢、双踢入手，把金刚八势作为找劲力的基础性功法练习的主体，以提高八极拳的专项力量。同时，把八极小架作为初级阶段的核心教学内容。八极小架共 16 个动作，可单个动作练习，也可成套练习。八极小架的主要价值在于调劲，是八极拳技术体系中最基础的内容。习武者解决专项力量和身体基本用力问题之后，可上升到中级阶段的八大招教学，八大招是八极拳最主要的技击方法。首先可以进行单势教学，进而过渡到喂招练习，最后进行在一定规则限制下有利于八极拳贴身近战技术发挥的技击对抗实战。最后的 1/3 的课时进行拳种风格明显的八极大架套路的单练和对接教学。如果时间充裕，则可以讲授六大开、六肘头。

在完成相对灵活的放长击远的技法教学和劲力充足的贴身近战的技法教学之后，接下来应该求速度，番子拳正好可以解决这个问题。番子拳的教学应该从定步左右拳入手，然后进行拗步和顺步的一步两拳、一步三拳教学，最核心的是六趟根教学（共 6 趟，一趟 3 个动作，共计 18 个动作），可按照单势、喂招、实战的顺序进行教学，最后进行番拳六手、番拳八手等组合技法教学。

器械教学是从基本技法的单练和喂招教学入手，最后进行套路教学。以棍法为例，应该先教授棍法的抡（平抡、立抡、斜抡）、劈、撩、戳、拦、拿、架、扣、崩、击等基本技法，遵循单势、排棍、穿梭、套路的程序，把套路教学放在最后一个环节。在套路选择方面，可以从扭丝棍、疯魔棍、天启（齐）棍、蒲团棍中选择其一。劈挂刀、昆吾剑、奇枪的教学也应该遵循这样的教学程式，如果课时有限，则可以只进行基本技法教学和套路教学欣赏等。

以上仅以通备拳系为例进行了体系化解析，实际上，其他拳种都可以进行体系化的技术还原，形意拳、八卦拳、太极拳等拳种也可以形成拳系，进行专业化教学。

三、学校武术专业教育的技术考试及竞赛简析

与竞技体育领域竞赛规则引领技术发展类似，学校武术专业教育中的最终考试环节在一定程度上引领学校武术技术的发展。对于不同的拳种，应该制定最适合这种类型的技术发挥的竞赛规则或考试办法。根据相关武术拳种形成的论述可知，武术拳种是在缺乏擂台机制交流的情况下，不同习武者将在技击实践中各自不同的经验体会向纵深发展，使技术逐渐精细化，并围绕各自的核心内容不断丰富完善的结果。戚继光在《纪效新书》中曾列举了"山东李半天之腿，鹰爪王之拿，千跌张之跌，张伯敬之打"[1]等明代一些有名的武术家的专长。这些武术家将自身的专长向纵深方向发展，分别使各自的"腿、拿、跌、打"更加精细化，并且围绕各自的核心，在代代传承过程中使这类技法更加丰富，逐渐形成了拳种。戚继光在《纪效新书》中又写道："虽各有所长，各传有上而无下，有下而无上，就可取胜于人，此不过偏于一隅。"[2]这实际上指出了这些武术家的缺点是"偏于一隅"。从技击实战角度来看，传统武术拳种的缺点在于其技击技术"偏于一隅"，仅侧重于某一方面的技击专长。如果传统武术拳种的传人仅凭这一方面的专长，就去参加散打比赛或综合格斗，即使技击经验非常丰富，也很难取胜。然而，这些"偏于一隅"的拳种技法的优点在于在某一"隅"或者说在技击的某一方面非常精深、独到。例如，劈挂拳善于鞭打抽击，八极拳善于贴身近战，番子拳善于中近距离快攻，太极拳善于在粘贴状态下通过柔化的方法使对方倾跌……如果以"把各拳种最精深的技击挖掘出来"为出发点，制定最适合各拳种技术发挥的比赛规则、交流方法或考试办法，则在一定程度上有利于拳种的传承发展。

西方拳击比赛只使用直、摆、勾3种拳法，韩国跆拳道以腿法进攻为主。这些国家为了公平竞技，将古代技击实用技术的某方面提炼出来，转型为现代体育运动，进行相对公平状态下的竞技比赛。西方拳击以这3种拳法为核心构建了完整的训练体系，并将其发挥到了极致，成为风靡世界的运动。韩国跆拳道则紧随

---

[1] 戚继光.纪效新书[M].盛冬玲,点校.北京：中华书局，1996：165.

[2] 戚继光.纪效新书[M].盛冬玲,点校.北京：中华书局，1996：166.

其后，以几个典型腿法为核心构建了完整的训练体系，逐渐成为风靡世界的运动。中国武术界的一些民间拳师、散打教练还嘲笑这两个运动，说"拳击运动只有拳法、技法不全面，跆拳道不实用，其练习者普遍脚下没跟"，而实际上这类经提炼筛选而保留下来的技击技术本来就是"偏于一隅"的技术，但是，他们围绕这"一隅"完成了武打技术的现代转型、文明化竞技。

为什么跆拳道在中国能够把中华武术"踹出都市时尚"？为什么北京市还贴出"学习跆拳道，体验中国武术精神"[1]的广告语？因为我们的传统武术拳种在现代转型、文明化发展方面已经远远地被甩在了后面。一些传统武术拳种的习武者不是去追求传统武术本来蕴含的"自强不息，厚德载物"的武术精神，而是故步自封，蔑视其他一切功夫。武术专业教育的主要职责是完成传统武术拳种的现代转型、学术化发展、文明化跨越，并把各传统武术拳种的技击精华及技术背后所蕴含的文化精神挖掘出来，只有完成了这项工作，才能以武术服务于社会，服务于青少年成长，服务于国家民族的发展。

基于"拳种技术是单一性的，是为某一类格斗方式或格斗形态服务"的事实，传统武术拳种学术化的首要任务是厘清各传统武术拳种的技击特长、技击精华、技击核心，并以此为立足点制定最适宜其技击特长发挥的比赛规则或交流方法。日本的各类武打技术形成了柔道、剑道、弓道、相扑、空手道、合气道、少林寺拳法、薙刀、铳剑道9大连盟组织[2]，它们围绕不同技术流派的武打技术的最核心内容而制定出竞赛规则或交流方法。这些联盟有的通过竞技比赛引领发展，有的通过很有特色的展示方式进行技术交流。这是中华武术拳种学术化发展的榜样。中华武术绝不应该仅搞大一统的竞技比赛（如果仅进行大一统的竞技比赛，则会消灭个性，使传统拳种最终消失），而应该以拳种为单位发展，以拳种为单位教学，以拳种为单位进行技击对抗竞赛或技击技术展示交流。以八极拳为例，属于短打类拳种，其核心技法适于贴身近战，以攻击对方胸腹部位为主。根据这样的特点，其竞赛应该定位于近距离格斗，可制定在小场地内竞技的规则，如在直径3米的圈内运用八极拳技法竞技，出圈即失分（只有被对方用八极拳的靠打技法打出圈或被对方的八极拳技法逼出圈才失分，如果被对方推推搡搡地逼出圈，则判对方失分），而且规定只准许攻击胸腹、软肋，并在躯干护具上设置

---

[1] 慈鑫.武术被跆拳道踹出都市时尚——失落中的中国传统武术（上）[N].中国青年报，2005-04-01（A8）.
[2] 郑旭旭，袁镇澜.从术至道：近现代日本武术发展的轨迹[M].厦门：厦门大学出版社，2011.

相应的得分点。对于番子拳,可以根据其适合中近距离进攻的特点,适当加大场地,以上肢进攻为主;对于劈挂拳,则应放开场地,并加大鞭打抽击类技法的得分权重,限制一些非劈挂拳技法的运用;对于太极拳,则应规定只能在直径 3 米的圈内运用粘连型技法进攻……只有根据不同拳种的不同侧重点,通过合适的竞赛规则、交流方法或考试办法将这些"偏于一隅"的传统武术拳种的最精深的那"一隅"之技充分发挥出来,才有助于传统武术拳种传承体系的构建。如果像武林大会那样,用统一的场地、统一的规则进行比赛,那么其规范化之后的结果只能是现代散打,根本不可能保留各拳种的技术特色。

第七节 学校武术专业教育传承方式改革案例

自 20 世纪 50 年代武术被纳入学校体育专业教育以来,传统的师徒传承就被完全抛弃。现代学校教育的优点在于可以通过相对标准化的教学内容促进武术技艺大范围传播;缺点在于难以深入,不利于武术技艺向纵深层发展。20 世纪后半叶至今,民国时期武术大师云集的场景再也不见了,这与完全抛弃了师徒传承有很直接的关系。师徒传承的缺点在于传承面太窄,不利于武术技艺的大面积普及,而且容易形成"门户之见",不利于武术技艺的相互交流。但师徒传承也有其可取之处:其一,这种精英式的教育有利于武术技艺向纵深发展;其二,师父对徒弟的影响是潜移默化的,是全方位的,有利于尊师重道传统的传承延续。在新时代传承中华优秀传统文化的时代背景下,有必要重新审视在学校武术专业教育中被长期抛弃的师徒传承,应在"取其精华,去其糟粕"的大原则下将其纳入学校武术专业教育,这样才更有利于中华优秀传统武术文化的传承发展。

2000 年周伟良完成博士学位论文《传统武术训练理论论绎》,将传统武术的"师徒论"作为重要研究内容,此后师徒传承相关研究开始进入武术界学者的视野。相关期刊论文有:周伟良的《师徒论——传统武术的一个文化现象诠释》、李俊卿的《师徒传承与师生教学在弘扬中华武术文化中的作用比较》、王岗和刘帅兵的《中国武术师徒传承与学院教育的差异性比较》、姚彬彬和孙鹏的《师徒传承与学校教育在武术传播中的优缺点分析》、朱海涛的《我国传统武术传承方式对学校武术教育改革的启示》、周建新的《武术师徒制传承思考》、张大志的《中国武术师徒制传承的"变"与"辨"》、卢月的《文化认同视角下传统武术拜师礼价值研究》、杨铭的《从师徒到契约：社会变迁中武术文化传承机制的演变》、苑城睿和陶萍的《从师徒制到班级制：中国武术传承的嬗变与困境》、赵歆的《从师徒到师生：教学关系转变后学校武术教育的时代之思》、刘启超等的《中国武术师徒制文化传续论》、宿凤玲等的《武术传统师徒关系的传承与发展研究》等。然而，这些研究大多集中于对传统武术师徒传承的解析、与学校传承的比较，并有研究试图将师徒传承引入学校教育，但这些研究仍停留于理论探讨层面，尚未发现具体的实践案例。下面以作者亲历的学校教育中的师徒传承为例，从具体实践案例层面为学校武术专业教育引入师徒传承提供参考。

一、"类师徒传承"的具体案例

因为该部分的案例是学校传承与师徒传承的融合，有别于传统的师徒传承，所以采用"类师徒传承"的称谓，即类似于传统的师徒传承，但有一定区别的传承方式。对于"类师徒传承"的案例，将以在武术界素有"拳库"之称的"鸳鸯二周"中的周永祥的教学实践为例进行分析。

图3-6 周永祥先生晚年拳照

周永祥（1910—2004年）出生于山东潍坊，中华人民共和国成立前曾经是青岛国术馆的学员，中华人民共和国成立之后曾与弟弟周永福（1914—2015年）一起参加1953年在天津举办的全国民族形式体育表演及竞赛大会，其表演的双手带进枪、查拳均获优秀奖。因技艺精湛，他和弟弟周永福表演的双手带进枪还被拍进了电影。他于1959年到山东体育学院工作，1962年由山东体育学院转至山东师范学院体育系任教，直至1986年以76岁高龄退休（图3-6）。在任教过程中，他对武术由"热爱"转变为"痴迷"，苦练、收集、传授武术成了他一生的事业，甚至成了他生活的"唯一"。

1973年，山东师范学院恢复招生后[1]，他迎来了第一批工农兵大学生，开始了新的教学生涯。就在这一年，姜周存（1950年—）考入山东师范学院体育系，开始跟随周永祥系统学习武术。

---

[1] 1973—1976年，山东师范学院体育系招收了4届"工农兵大学生"，学制为2年。

山东师范大学姜周存教授的回忆如下：

当时体育系的武术老师只有周永祥一个人，课程安排是每周两大节武术普修课（每大节课100分钟），没有专选课。授课内容是周老师自编的武术操、基本拳、基础棍、基础枪和国家体委组织专家创编的初级剑、初级刀和24式简化太极拳。在教学过程中，如果当日有武术课，那么第二天早操，周永祥老师会再上一次武术辅导课，主要是复习昨天所教的内容，不学新内容，但早操辅导不算工作量，没有报酬，全是老师无私的奉献。

除了每周两次对体育系所有学生的早操课外辅导，周永祥还坚持每天早上带领对武术有兴趣的学生学习武术。从进入山东师范学院体育系的第二天，姜周存就坚持天天早上天不亮就到训练场地跟随周永祥老师学习训练，风雨无阻，这种习惯一坚持就是一辈子，即使现在已74岁高龄，他仍坚持天天带学生训练。

周永祥老师几十年如一日的生活习惯是：每天晚上20:00睡觉，第二天早上4:00起床开始练功，练完功后再教爱好武术的学生。几乎每天早晨，周永祥老师都教新内容，姜周存每天把学的新内容反复练习。如果昨天学的动作第二天不能很熟练地掌握，周老师也不批评你，但不教新内容，这证明你没有掌握昨天学的动作。跟周老师学练动作，不能比划，要全力把动作做到位。姜周存对周老师的严格要求都认真执行，每次练完大冬天都是一身大汗。1975年8月，姜周存以优异成绩完成各门学业后留校任教。

在两年的学习时间里，姜周存课外跟周老师学习了以下内容：（1）步型功；（2）十路弹腿；（3）虎雁拳；（4）龙形剑；（5）甲组长拳；（6）甲组刀术；（7）甲组棍术；（8）甲组剑术；（9）甲组枪术等。他按周老师的要求，坚持课后先记功夫日记，再整理后写在正规的笔记本上，以备后忘。

1975年毕业之后，姜周存开始留校当助教，一直到1978年开始独立上课。这期间姜周存继续坚持天天早上跟周老师练功，并且每天晚上自己练功。此阶段他先后跟周老师学习了如下内容：（1）普及拳术；（2）普及刀术；（3）普及枪术；（4）普及棍术；（5）普及剑术；（6）扑蝉螳螂一路；（7）扑蝉螳螂二路；（8）少林拳；（9）五阴棍；（10）七手棍；（11）鞭杆对练；（12）短拳（螳螂偷桃）；（13）捻手对练；（14）朴刀进枪；（15）龙形双剑；（16）少林枪；（17）形意五行拳；（18）形意安身炮；（19）八极拳套路（八极对接）等。

1978年之后，姜周存虽然开始独立上课，但没有停止跟随周永祥老师继续学习，除了外出进修及讲学，他仍然每天跟周老师训练，不仅如此，他还经周永祥老师介绍，抽空到山东体工队跟周永福老师学艺。

1978—1989年这10余年间，他主要跟两位周老师学习了如下内容：（1）形意五行炮；（2）五手对打；（3）形意九套环；（4）扑按对练；（5）四十八式太极拳；（6）双刀；（7）形意五花炮对练；（8）太极拳散手对打；（9）形意连环拳；（10）形意十手艺；（11）形意对劈拳；（12）形意拳散手对练；（13）八卦掌；（14）六路对打；（15）十二横锤；（16）十六手；（17）八卦掌对练；（18）反把剑；（19）十路擒拿；（20）老八掌；（21）孙膑三十二手；（22）太乙腿法；（23）32式太极剑；（24）孙膑拳六十四手；（25）孙膑拳九十六手；（26）陈式太极拳一路；（27）陈式太极拳二路（炮锤）；（28）摔跤式；（29）少林双钩；（30）形意杂式锤；（31）形意十二形；（32）综合形意拳；（33）太极刀；（34）太极剑；（35）太乙刀；（36）戳脚拳；（37）流星锤；（38）通背拳三十六手；（39）通背拳奇形掌；（40）螳螂拳八肘；（41）春秋大刀；（42）武当太乙五行功；（43）月牙铲；（44）陆合剑；（45）七星刀；（46）陆吉棍；（47）陈氏太极拳竞赛套路；（48）吴式太极拳竞赛套路；（49）杨氏太极拳竞赛套路；（50）孙式太极拳竞赛套路。

从1973年入校到1989年，姜周存跟周永祥老师共学习了各拳种的近百个套路及其实用技法。更重要的是，在周永祥老师的熏陶下，他具备了"认认真真教学、兢兢业业工作"的优良作风。

在所有学生中，姜周存跟周永祥学习的时间最久，习得的技艺最全，练就的功夫最深。之所以如此，一方面是因为周永祥毫无保留地倾囊相授，另一方面是因为姜周存几十年如一日地坚持每天练功。他们都将武术作为一生的挚爱追求。

姜周存是周永祥带的1973级的体育系学生,对于体育系的一般学生而言,仅学习了武术操、基本拳、基础棍、基础枪和国家编的初级剑、初级刀和24式简化太极拳,而这些教学内容仅是博大精深的中华武术中最初级、最简单的内容。姜周存所学的各拳种上百套技艺,几乎都是在正规的课堂之外获得的。周永祥、周永福带领姜周存在课下几十年如一日的教学训练,实际上类似于传统的师徒传承。姜周存之所以成为鸳鸯门二代门人中技术最全面、功夫最深的人,与两位周老师这种师父带徒弟般的培养是分不开的。如果姜周存的武术技艺仅停留于1973—1975年在武术普修课上习得的教学内容,课下没有跟周永祥每天训练,那么,他进行一般的武术教学肯定没有问题,但根本无法跨进中华武术的大门。正是经过了这个类似师父带徒弟般的几十年如一日的每天研习过程,他才得以登堂入室,充分领略了中华武术的无限风光,并在此基础上进行了开拓创新,成为闻名国内外的武术大家。

在写这一部分内容时,恰巧一位在四川工作的从未谋面的武术界后起之秀申请加我为微信好友,在聊天过程中谈及了国内多位武术大家。在谈到姜周存老师时,其评价如下,"姜老师低调,务实""那个年龄段,国内能和他动手的不多。我在山东散打队练过,对动手很清楚"。这个局外人的评价是非常客观的,姜周存广博的武术技艺、深厚的武术功底、超强的技击能力,与他多年以来跟周永祥老师勤学苦练是分不开的。另外,姜周存敬师如父,对待两位恩师胜似亲生父亲,这种师生之间的深厚情谊,更是学校专业培养中少见的。

菏泽学院桑全喜教授回忆如下:

> 他(桑全喜)是山东师范大学体育系1984级的学生,是周永祥老师带的最后一级武术专选班。大一他跟着李成银老师上武术普修课,同时,课余时间每天下午跟姜周存老师带的1982级的学生一起训练,主要内容是形意拳。后来姜周存老师出国了,大二就由周永祥老师带他们学习专选课,周永祥老师带了两年之后因已76岁高龄而退休,后来姜周存老师回国后又带了他们一年。
>
> 除了每周三大节专选课,每天早上他都要跟周永祥老师学习训练一个半小时左右,在早上训练时,基本上1~2周就能学一个新的套路,现在还能够记起来的如太祖长拳、虎燕拳、梅花螳螂拳的一些套路,形意

拳的十手艺、九套环、安身炮、扑按等套路，朴刀进枪、龙形剑、穿林剑等器械套路等。

当时1984级武术专选有4个人，1983级有5个人，周永祥老师就选桑全喜当队长。每天早上他带队友跟周永祥老师学习训练。桑全喜至今清晰地记得：每天早上5点多，周永祥老师就在他们宿舍外面喊"桑全喜，训练了"！他就抓紧时间招呼队员起床。特别是在冬天时，天还很黑，有些队员想偷懒，说"我头痛"。周永祥老师则说"头痛？起来练练就好了！"一看说头痛不行，后来有学生说"我脚扭了"。周老师说："脚崴了，我给治治，练练就好！"后来，学生们都知道没法偷懒了。

桑全喜说："毕业之后，还经常回学校看望周老师，但周老师很少让去家里，更不让带礼品。"因此，他们一般都是早上去训练场找周老师。退休之后，周老师的训练场移到了进山东师范大学校门之后左手边的一号教学楼前面。他们都是到那里重温当年的训练时光。

周永祥老师教授武艺的对象不仅是体育系的学生，还包括其他院系一些对中华武术兴趣浓厚的学生。

外语系1965级的张双印（1945年—）回忆如下：

他（张双印）从1965年开始在山东师范学院（1974年8月更名为山东师范大学）外文系学习，就跟从恩师周永祥习练少林拳械。1975年他到青岛工作，又跟从周永福恩师继续练习太极拳、六合八法等鸳鸯门功夫。前前后后历经五十余载，两位恩师在武艺和武德方面的言传身教，使他终身受益匪浅。

他只是利用在校读书和上班工作的业余时间跟从两位恩师习武。从少林基本功12路弹腿开始，恩师要求非常严格，一招一势，只要练不到位，就不教新内容。恩师常提示循序渐进习武："不要贪多，要求精！"

他记得20世纪80年代跟恩师学习时，周老师说："套路是人编的，功夫是自己练的。"他一直牢记恩师教诲，每天习练不停，身体健康无碍。

两位恩师一生耿直忠厚，仁义待人，不媚上不欺生，不妄言他人他事，高风亮节，令世人仰敬，终成一代武学大师。两位恩师德高艺精，功夫深不可测,但从无门户偏见,他们常说:"功夫有高低,但拳没好坏之分。"诚哉斯言!多年前青岛很多武师都愿向两位恩师讨教太极拳推手之奥妙,他总是见到恩师点到为止,不发力,待到对手失衡时再轻轻拉回扶一把,给对方留脸面。两位恩师先后仙逝,但他们的高尚人格情操和武艺留世长存,是后辈学习的光辉榜样!

山东师范大学1991级数学系杨建营回忆如下:

上大学时最初跟姜周存老师的代表队每周二、周五下午进行武术训练(体育系1990级、1992级、1994级),后来每天早上跟周爷爷练习武术,最初学的是武当太极剑、龙形剑,后来学习了螳螂拳系列七八个套路、形意拳系列四五个套路、少林拳系列三四个套路,以及八极拳对接、88式八卦连环掌、鸳鸯连环拳等。

周爷爷寒来暑往,风雨无阻,没有周末,没有假期,每天如此,一直坚持教大学生学习武术。有一天下大雨,大家都以为可以休息了,但还是抱着去看看的态度过去了,而周爷爷早就到场地等候学生了。外面没法练习,就在教学楼楼道里练习。那些没来者第二天来了很脸红,以后再也不敢偷懒了。即使大雪纷飞的冬日,周爷爷也很早就到场地,和学生们先一起扫雪,再练习。那段岁月,他每天早上都是5点多起床去跟周爷爷学艺。如果前两节有课,就练到7:20结束,快步跑到教室上课(当时第一节课7:30开始);如果前两节没课,就练到八九点。

1995年大学毕业时,他拿着毕业纪念册找周爷爷在师长寄语栏留言,一开始周爷爷推托,后来他说训练场上不方便,拿回去写。结果第二天带过来时,他发现周爷爷写到了同学留言栏里(图3-7),周老真是太谦逊了。记得毕业离校的前

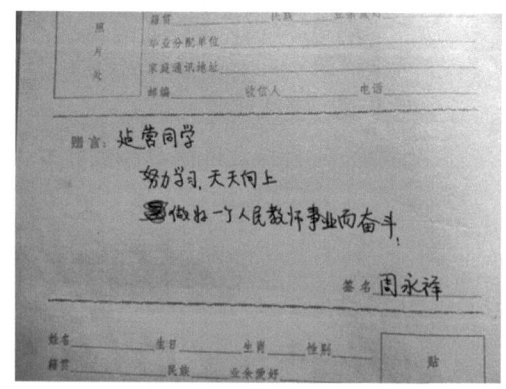

图3-7 1995年杨建营大学毕业时,周永祥前辈的留言

几天，因鸳鸯连环拳还没学完，周爷爷让他早上训练完之后，去他家里继续学，直到把整个套路学完。

毕业后他曾多次回母校看望周爷爷，一般都是先到场地，再到家中。后来，随着年龄的增大，周爷爷腿脚走路不灵便，就每天早上让人推着轮椅到场地，指导那些后来的大学生练功。他去济南看望周爷爷时，练完功之后能有幸推一下轮椅，陪周爷爷回家，也是一种幸福。

正是大学里跟周爷爷练功的那段难忘时光一直激励着杨建营在人生道路上砥砺前行，后来由原来的数学专业跨到武术专业攻读硕士、博士，乃至带硕士生、博士生。在读大学时，他跟周爷爷天天练习武术的那段时光，学到的不仅是诸多武术技艺，还有"生命不息，运动不止""天行健，君子以自强不息"的精神。正是这种强大的精神支撑，才激励着他攻克一个个难关，不断取得武术教学科研方面的辉煌成绩。

于均刚是物理系1991级的本科生、1995级的硕士生，他跟周爷爷学习武术稍微晚一些，到1995年大学毕业前夕才开始学习，他本科毕业之后直接在山东师范大学攻读物理系研究生，后来又到山东师范大学附近的山东体育学院工作，因此有更长的时间跟周爷爷学习武艺。也正是受周爷爷这种习武之人的精神影响，2003年于均刚在山东体育学院工作5年之后，也跨专业考取北京体育大学武术专业的博士研究生，正好跟已经在北京体育大学工作了5年的师兄李印东成为博士研究生同班同学。

李印东曾经是山东师范大学体育系1988级的学生，一直跟姜周存老师练习武艺，1992年毕业之后到山东工业大学工作，但仍坚持每天早上来山东师范大学跟周爷爷学习武艺。1995年他考取上海体院的硕士研究生，1998年毕业到北京体育大学任教，现为北京体育大学中国武术学院散打教研室教授，博士生导师。

李印东、于均刚、杨建营都是当今活跃于武术界的学者，这些中华武术舞台上的后起之秀，都受到了周永祥先生的精神引领。

在周永祥老师的无私奉献和严格要求下，这些学生在一定程度上拓宽了武术视野，加深了对中华武术的理解。这种在学校武术教育的课余时间传授武术技艺的方式,虽然不是师徒传承,但类似师徒传承。在这种每天披星戴月学习训练的"类师徒传承"过程中,这些学生不仅习得了多方面的武术技艺,还培养了持之以恒、坚忍不拔、自强不息的精神。这将成为他们一生的技艺财富和精神财富。

二、以"师徒传承"延续学校传承和专业队训练的具体案例

(一)周永祥、周永福创立鸳鸯门的案例

为更好地传承中华武术技艺,周永祥、周永福退休之后(分别于1986年、1990年退休,当时均已76岁高龄),于1992年成立新的武术拳派"鸳鸯门",不仅为形成独具特色的鸳鸯门功夫奠定了基础,还开创了以师徒传承延续学校传承和专业队训练,弥补现代教育不足的新模式。对于周永祥、周永福开创新门派的深层原因,总结如下。

(1)周永祥、周永福经青少年时期的习练百艺、博采众长,中老年时期的教学相长、兼容并蓄,为进一步融会贯通、开拓创新武术技艺奠定了坚实基础。在武术界,山东的"二周"素有"拳库"之称。之所以获得这样的美誉,是因为对一些常见的拳种,两位周先生能不假思索地演练出来,这是当今武术界其他武术家难以做到的。北宋苏轼曾说"博观而约取,厚积而薄发"。两位周先生以谦逊好学的治学态度广泛涉猎中华武术各门各派的拳种,长期积累了广博的武术技艺,为进一步创新发展武术技艺奠定了坚实基础。更重要的是,他们一生的大部分时段都朝夕相处、形影不离,共同钻研各流派武术,并在此基础上开拓创新。

(2)周永祥、周永福在高校教学、专业队训练过程中逐渐意识到,中华武术发展存在的最大问题是抛弃了古老的师徒传承。在20世纪之前,中华武术的传承除家族传承之外,更重要的是师徒传承。师徒传承对中华武术的传承发展起到了至关重要的作用。20世纪初,学校传承传入我国之后,中华武术开始了学校传承、社团传承的新发展,但古老的师徒传承仍然在发挥作用。民国时期的那些武术大师,如李存义、孙禄堂、李书文、王子平、王芗斋、马凤图、郭长生,以及后来的李小龙等,都是通过师徒传承的方式习得的武术技艺。而中华人民共和国成立以后,在文化政策影响下,传统的师徒传承被完全抛弃,取而代之的是专业队训练、学校传承。

专业队训练的优点是能够把武术中的某项技艺向纵深挖掘，使运动员的武术技艺在某个方面非常突出，缺点是因为运动员进行专业训练的目的是争金夺银，所以平时训练的武术技艺仅是用于参加比赛的一个非常具体的"点"，内容非常不全面。同时，因为在专业训练期间过早挖掘开发了运动员的所有潜能，所以他们退役之后鲜有以武术为生活的重要组成部分而坚持天天练习者。此外，过度功利的训练目标也不利于传统武术精神的传承，不利于武德的培养。这种现象对中华武术的传承发展不利。

学校传承的优点是更有利于武术的大面积普及，但缺点是不利于完整、系统、深入地对学生进行全方位武术培养，并且学生习得的武术都是深受现代竞技武术影响而形成的武术技术，这使学生对一直流落民间的传统武术技艺知之甚少。中华武术博大精深，学生在大学期间通过课上时间所习得的技艺极其有限。虽然有些院校的武术教学内容涉及传统武术，但仅是套路形式这一个方面，这使学生对传统武术一知半解，并且绝大部分学生浅尝辄止，难以对武术产生深厚感情。

师徒传承的最大缺点是不利于武术技艺的大面积普及，不同拳派之间互守其秘，"门户之见"成为一种普遍现象；其优点是徒弟与师父长期生活在一起，所接受的是系统的、全方位的、深层次的武术技艺。不仅如此，徒弟在为人处世的各方面都受到了师父潜移默化的影响。师徒传承这种全方位的育人过程是其他传承方式无法比拟的。

因为现代武术教育完全抛弃了师徒传承，所以像清末至民国年间那种武术大师辈出、名家云集的局面难以再现。不仅如此，淡漠的师生关系完全不同于师徒传承过程中产生的那种"师徒如父子"的类血缘关系。

周永祥、周永福一个从事高校武术专业教学多年，一个从事专业队训练多年，对这两种人才培养模式的弊端一清二楚。如何解决这两种人才培养模式存在的问题，一直萦绕于两人的脑海中。退休之前他们几乎将所有精力都投入到自己深爱的武术事业中，根本无暇顾及这些问题，但退休之后，随着闲暇时间的增多，如何解决专业队训练和学校教学无法解决的问题，开始提上了日程。在这种背景下，他们于1992年成立了"鸳鸯门"，并于同年6月20日在山东济南举行了第二代鸳鸯门人拜师联谊大会，共有33人成为第二代鸳鸯门人，其主要成员是两位周老师曾带过的学生及专业队队员，如姜周存、乙立清、徐学礼、王代友、王常凯、王长臣、牛怀禄、周效文、杨盛合等。

此外，为减少师徒传承的弊端，他们在鸳鸯门的"八规八戒"中明确"仁义待人，勿论人非""戒门户之见"（图3-8），在一定程度上抑制了传统的师徒传承的问题。

鸳鸯门习武八规

一、严尊师训，尚武崇德，具民族之气节，扬中华之武术。
二、勤学苦练，精益求精，取人之长，补己之短，谦虚好学，学无止境。
三、仁义待人，勿论人非，严禁以武凌人。
四、光明磊落，宽宏大度，匡扶正义，压邪镇恶，修身养性，陶冶情操。
五、收徒入门，严格训练，德艺并修，尊师爱徒。有目无师长或道德败坏者，师训之改过，必要时予以清理门户，以消后患。
六、掌门人应遵师训或公议而立，让久负重望德才兼备的弟子担任。
七、爱国爱民，珍惜武术，为国家尽匹夫之责。
八、严守门规，世代相袭，团结协作，永振武业。

鸳鸯门习武八戒

一、戒断。习武要持之以恒，系统训练，不可间断。
二、戒贪。初学武术要循序渐进，不可操之过急，贪多嚼不烂，事倍而功半。
三、戒浮。武术历史悠久，诸多套路和功法乃前人呕心沥血之创造，反复实践积累之结晶。招式需认真思考，反复体会、防止浮躁。
四、戒蛮。各拳种都有各自的训练程序和方法，训练要讲究科学，循规律、不可蛮练。
五、戒变。武术拳种门类繁多，诸师各具所长，初学武术，切忌见异思迁，顾此失彼，一无所获。
六、戒满。武术博大精深，学无止境。习武要视野广阔、志存高远，不断进取，切忌夜郎自大，高骄自满。
七、戒门户偏见。各拳种门类各有所长，关键是能学好练精、切忌唯我独尊，要博采众家之长，融会贯通，大有益处。
八、戒忘师忘本。习武之人，不管学了多少拳种，武功多么高强，声誉多么远扬，切莫忘师忘本，不尊师长。

图 3-8 鸳鸯门的"八规八戒"

综上所述，周永祥、周永福成立鸳鸯门的初衷是以师徒传承延续学校传承和专业队传承，弥补现代武术教育的不足，使传统的中华武术能够得到更全面深入的传承延续。

（二）鸳鸯门第二代掌门姜周存开拓创新的案例

在得周永祥、周永福汇集百家技艺的基础上，鸳鸯门第二代掌门姜周存进行了开拓创新。自20世纪90年代开始，在两位恩师指导下，他对习得的中华武术技艺按照全新的理念进行规划设计。这个理念体现在技击方面，即粘连相随、不丢不顶、来叫顺送、引进落空、化中有打、打中有化、连消带打、处处可发、手无空出、腿无空回、变幻莫测、招法奇特；体现在套路编排方面，即单练分阴阳、阴阳合一为对练、徒手为母为本、器械为子为生；根据"道生一，一生二、二生三，三生万物"的推演，将套路拆成无数个明招、暗招、变化招。

从鸳鸯门第二代掌门人姜周存的练功日记记录来看，20世纪90年代至2016年，他在充分继承基础上创编的独具鸳鸯门功夫理念的武术套路有100多套，这些武术套路成为鸳鸯门人取之不尽、用之不竭的技术内容。按照时间顺序，这些技术内容如下：（1）鸳鸯连环拳；（2）鸳鸯六十四肘；（3）十二形合演；（4）山东省武术高考拳术规定套路；（5）形意连环剑；（6）形意散手；（7）少年拳；（8）少年棍术；（9）少年剑；（10）少年刀术；（11）鸳鸯双手剑对练；（12）螳螂拳初级竞赛规定套路；（13）螳螂拳中级竞赛规定套路；（14）螳螂拳高级竞赛规定套路；（15）螳螂剑初级竞赛规定套路；（16）螳螂剑中级竞赛规定套路；（17）螳螂剑高级竞赛规定套路；（18）防身短棒；（19）鸳鸯八卦掌；（20）鸳鸯八卦双钩；（21）鸳鸯八卦双剑；（22）鸳鸯八卦枪；（23）鸳鸯八卦双刀；（24）鸳鸯八卦刀；（25）鸳鸯八卦棍；（26）鸳鸯八卦太极散手对练；（27）鸳鸯连环拳对练；（28）初级螳螂拳对练；（29）中级螳螂拳对练；（30）鸳鸯四十四式太极拳；（31）鸳鸯太极扇；（32）鸳鸯太极扇对练；（33）鸳鸯四十八式太极剑；（34）鸳鸯八卦双斧；（35）鸳鸯十二形对练；（36）鸳鸯太极拳对练；（37）鸳鸯太极拳二路；（38）鸳鸯形意散手对练；（39）鸳鸯形意棍；（40）鸳鸯调息功一套；（41）醉拳；（42）初级螳螂拳三路；（43）鸳鸯三路太极拳；（44）鸳鸯二十八式太极拳；（45）鸳鸯二十八式太极剑；（46）鸳鸯二十八式太极扇；（47）二十式螳螂拳；（48）二十四式形意拳；（49）二十二式太极拳；（50）二十六式双手剑；

（51）二十六式八卦掌；（52）鸳鸯四十四式太极枪；（53）十八式螳螂拳对练；（54）鸳鸯二十八式太极刀；（55）形意鸡形；（56）鸳鸯十六式太极拳一路；（57）鸳鸯十六式太极拳二路；（58）鸳鸯十六式太极剑；（59）太极拳八招对拆；（60）螳螂拳四招对拆；（61）鸳鸯五行连环拳一路；（62）鸳鸯十四式双手剑对练；（63）醉八仙；（64）醉八仙一路；（65）醉八仙二路；（66）八仙醉剑；（67）鸳鸯五行拳一路；（68）鸳鸯五行拳二路；（69）鸳鸯五行对练；（70）鸳鸯五行棍；（71）鸳鸯五行剑；（72）鸳鸯五行刀；（73）鸳鸯五行朴刀；（74）鸳鸯五形棍对练；（75）鸳鸯五形剑对练；（76）鸳鸯豹形对练；（77）鸳鸯鹤形对练；（78）鸳鸯龙形对练；（79）鸳鸯虎形对练；（80）鸳鸯蛇形对练；（81）鸳鸯五形腿法；（82）鸳鸯五形枪；（83）鸳鸯五形地趟拳；（84）鸳鸯五行粘手；（85）鸳鸯太极推手组合；（86）擒敌拳对练；（87）擒敌拳一路；（88）擒敌拳二路；（89）鸳鸯五形拳一路；（90）鸳鸯五行拳二路；（91）鸳鸯九宫太极拳一路；（92）鸳鸯九宫太极拳二路；（93）鸳鸯九宫太极拳对练；（94）鸳鸯二套调息功；（95）警棍十六式；（96）警棍匕首对练；（97）鸳鸯短棍对练；（98）鸳鸯杖一路；（99）鸳鸯杖二路；（100）鸳鸯杖对练；（101）鸳鸯镇门剑；（102）机舱制敌；（103）鸳鸯九宫太极剑一路；（104）鸳鸯九宫太极剑二路；（105）鸳鸯九宫太极剑对练。当然，这仅是鸳鸯门武功的部分内容，其他门人还有诸多创新内容，2016年之后姜周存又创新了很多技术内容。

虽然姜周存教授已74岁高龄，但仍然坚持每天练习武术技术，拜其为师的弟子数百人，大多是他在山东师范大学教过的学生，这些拜师者大多继承了这种每天练功的传统。在济南，每天早上来姜周存老师的训练场学习的人络绎不绝，特别是周六、周日。有些外地工作者，则常利用假期时间回济南继续学习武术技艺。这是以师徒传承延续学校传承的典型案例。山东师范大学的王海鸥教授也继承了这种传统，于2020年11月开门收徒，其徒弟也是其在山东师范大学教过的学生。这些后继拜师的鸳鸯门四代弟子，是大学毕业后继续延续学校武术专业教育的新一代中华武术技艺的传习者。

可以说，从老一辈武术家周永祥、周永福，到当今山东武术界的顶梁柱姜周存，再到新一代武术名人王海鸥，他们为当代学校武术如何融入师徒传承提供了很有价值的范例。

（三）鸳鸯门第三代弟子杨建营开拓创新的案例

鸳鸯门的第三代弟子杨建营在上海的华东师范大学延续了"类师徒传承"的传统。凡是选他为导师者，无论硕士、博士，只要在学校，都必须每天坚持跟随导师训练2~3小时，没有周末，没有假期。所不同的是，训练时间改在了16:30—20:30，学习和训练的内容由武术拓展到了其他传统体育项目。不仅如此，对于那些酷爱武术者，他会推荐其拜全国武术名家为师，以另一种师徒传承的方式延续学校传承。例如，他推荐华东师范大学2018级硕士研究生周雨芃于2019年拜全国武术名家张建军为师，每到暑假、寒假，周雨芃都去珠海学习武术技艺；推荐华东师范大学2021级博士研究生彭国强拜张建军、徐亚奎为师，向两位明师分别学习以实战对抗为主的传统武术器械技艺、太极拳技艺。

此外，因为这些学生毕业之后的去向大多是中小学或普通高校，所以杨建营在多年度、多轮次教学实践基础上，从传统文化体育项目中选取了既有利于培育民族精神，又能够传承中华优秀传统文化、还能够提高学生身体素质、使学生形成良好的运动能力、适合青少年年龄阶段特点的传统体育运动项目，如"摘星换月"、太极推手、中华剑艺、中华武龙、柔力球、太极球，供学生从中选学，以适用于未来的武术教学。这6个运动项目的具体设计[1]如下。

1."摘星换月"

（1）项目介绍。"摘星换月"是传统武术中练习步法和反应能力的游戏性对抗练习形式。武术家蔡龙云先生曾在《体育报》[1962-12-03（2）]发文专门介绍这种对抗练习形式。比赛双方穿不同颜色的星月衣，在衣服的胸、腹、背、腰、两踝、两肩、两肘、两腕处分别缝制黄色的小月亮，上面用可黏的毛布或按扣贴上银色的小星星，被摘取一个星星，就露出一个月亮，故名"摘星换月"。比赛时选手运用散打的步法、手法，摘下对方一星即得一分。在比赛过程中不允许踢打摔拿，不允许抓人，不允许搂抱，只允许快速摘取对方的星星。这种运动需要灵活多变的步法、快速躲闪的身法、准确无误的判断，是技巧性、兴趣性、观赏性非常高的非接触性武术运动形式。该运动项目是一项简单易学、适于在各级中

---

[1] 该部分内容是上海市高校"立德树人"人文社会科学重点研究基地—体育教育教学研究基地项目《中华传统文化体育项目进校园的理论构思及实践探索》（项目号：11001-412221-16057）成果的节选。

小学推广的游戏性武术对抗运动项目。将其纳入中小学学校体育教学内容中，可充分实现兴趣引导的教学思路。

（2）学习目标。通过教学，学生能够掌握几个基本的摘星方法，并能够学以致用，在瞬息万变的争夺过程中摘得星星，在此基础上，通过进一步学习，能够掌握和运用几个基本拳法、腿法、摔法进行技击实战。同时，通过该运动项目的学习，学生可增加对中华武术的学习兴趣，了解中国的兵家思想（如兵无常势，水无常形，能因敌变化而取胜；利而诱之，乱而取之；能而示之不能，用而示之不用；疾雷不及掩耳；审势趋危、避实击虚；进锐退速、势险节短），养成敢于拼搏、冷静果敢、坚忍不拔、尚武崇德的精神，形成尊重规则、遵守规则、服从规则、敬畏规则的现代体育公平竞争意识，增强快速移动、灵活反应、准确判断、把握时机、机智灵活等方面的能力，提高速度、灵敏、柔韧、爆发力等方面的身体素质。

（3）学习内容。该运动项目的基本技术包括实战姿势、直拳、掼拳、抄拳；进步、退步、左移、右移、垫步、换步；沉身、起身、转身、左右躲闪；组合技术包括左右直拳、后直前掼、前直后抄、前直前直后直拳、前直后抄前掼拳、前掼后直前抄拳。

（4）教学比赛及考试形式。根据实际情况，在中小学推广该运动项目时可采用 8m×8m 的场地，2 分钟为一局，比赛为两局，累计积分。根据学习进度，初级阶段可先设计头、胸、双肩 4 个点；随着教学进度的深入，可增加腹、背、双踝 4 个点。

（5）适合学段及大概学时数。该运动项目更适合小学生，在中学生、大学生中也可以开展。游戏性的摘星换月的初步学习需要一个单元 12~16 学时，如需巩固提高，则可再安排一个单元 12~16 学时，可安排在小学三年级；武术散打基本拳法学习（兼摘星换月练习）需要一个单元 12~16 学时，武术散打基本腿法学习（兼摘星换月练习）需要一个单元 12~16 学时，可安排在小学四年级；武术散打摔法（兼摘星换月练习）需一个单元 12~16 学时，武术散打综合性对抗练习需要一个单元 12~16 学时，可安排在小学五年级。以上几个单元，可以在初步学习一个单元 12~16 学时的摘星换月基本技术基础上，相对独立地进行教学。

2.太极推手

（1）项目介绍。太极推手是太极拳中的一个训练在粘连状态下听劲、化劲能力的技术环节，其他如形意拳、八卦掌、意拳、咏春拳等拳种也有类似的训练内容。在太极拳历史发展过程中，人们将这种形式提炼出来，形成了一种文明高雅的技艺交流形式。目前的太极推手比赛有定步、活步之分，在规定的时间和场地内双方互推，通过使对方倒地、脚移位或出界得分。比赛时，双方相互搭手，不得主动脱离、不得拳打脚踢、不得死抓擒拿，只能靠一定的技巧运用掤、挂、偏、拧等技法赢人。这种运动需要良好的身体感知能力、快速的化解能力、整体的发放能力，是技巧性、兴趣性、观赏性非常高的接触性武术运动形式，是一项易于推广、适合在各级中小学及大学开展的游戏性武术对抗运动项目。

（2）学习目标。通过教学，学生能够掌握并运用如封似闭、白鹤亮翅、海底针等几个典型招法进行推手实战，同时，增加对中华武术的学习兴趣，加深对中国传统的道家哲学、太极哲学的理解，养成敢于对抗、冷静果敢、坚韧不拔、尚武崇德的精神，形成尊重规则、遵守规则、服从规则、敬畏规则的现代体育公平竞争意识，增强整体协调、灵活反应、把握时机、攻防一体的运动能力，提高速度、灵敏、柔韧、爆发力等方面的身体素质。

（3）学习内容。该运动项目的基本技术包括起势、搭手、掤、挂、偏、拧；组合技术包括如封似闭、海底针、白鹤亮翅、野马分鬃。如果课时量充足，则可选学揽雀尾、搂膝拗步、玉女穿梭、提手上势、单鞭、闪通臂、上步靠、抱虎归山等技术。

（4）教学比赛及考试形式。根据实际情况，在中小学推广该运动项目时，初级阶段可采用定步推手，随着教学进度的深入，比赛时可采用 $1m \times 2m$ 或 $1m \times 3m$ 小场地，2分钟为一局，净推两局，累计积分。

（5）适合学段及大概学时数。该运动项目适于在小学高年级学生中开展，但因为有一定难度，所以更适合在中学生、大学生中开展。具体而言，可在初一安排定步推手，需要两个单元24~32学时；在初二安排小场地活步推手，需要两个单元24~32学时。

3. 中华剑艺

（1）项目介绍。中华剑艺是中国武术剑的技击对抗形式。该运动项目源于中国古代的击剑。击剑在中国有悠久的历史，早在先秦、秦汉时期就有大量文献记载，如《南华真经》中的"庄子说剑"、《吴越春秋》中的"越女论剑"、《汉书·艺文志》中的《剑道》三十八篇，三国时期曹丕与邓展曾"以蔗为剑"对抗，唐代大诗人李白曾向当时的剑圣裴旻学击剑，以上这些都说明了击剑有悠久的历史。民国时期张之江成立的中央国术馆曾大力开展剑术对抗运动，当时称为击剑、劈剑，后来人们将刀剑竞技合称为短兵对抗。20世纪70年代末，国家体委曾组织短兵对抗的试点试验，近年来国家又进行了多次试点试验，目前该运动已经在全国范围普及开来。2019年，在贵州遵义举办了首届中国大学生太极推手、长短兵锦标赛，其中很多技术内容源于中国传统的剑技技击。目前该运动项目所用的器械是中间有碳纤维外包海绵的圆棒，具有很高的安全性。安全性、竞技性、观赏性是该运动项目的主要特点。这项运动适合在小学高年级、中学、大学学生中开展。

（2）学习目标。通过教学，学生能够掌握并运用格、洗、击、刺、点、崩等基本剑法进行实战对抗，同时，可增加对中华武术的学习兴趣，重点理解中国传统的剑文化，特别是其中的君子精神（君子如剑，其形正直），养成敢于亮剑、临危不惧、奋勇拼搏、敢拼敢打、冷静果敢、刚健自强、仁爱为本、尚武崇德的精神，形成尊重规则、遵守规则、服从规则、敬畏规则的现代体育公平竞争意识，增强快速移动、灵活反应、准确判断、把握时机等方面的能力，提高速度、灵敏、柔韧、爆发力等方面的身体素质。

（3）学习内容。该运动项目的基本技术包括实战姿势、格、洗、击、刺、劈、崩、点、挑、斩等。其中，实战姿势包括单手持器械、双手持器械两种；作为主要防守技法的格包括抹格、圈格、举鼎格等；作为主要进攻技法的刺包括直刺、搓刺、折刺、抹刺、插刺等。该运动项目的组合技术包括击剑—刺剑（豹头势）；洗剑—劈剑；架剑—斩剑；刺剑—点剑—刺剑；崩剑—点剑等。

（4）教学比赛及考试形式。可采用 8m×8m 的场地，2分钟为一局，打两局累计积分。

（5）适合学段及大概学时数。该运动项目可以在小学高年级学生中开展，但更适合中学生、大学生。该运动项目基本技术学习需要一个单元 12~16 学时，组合技术学习及巩固提高需要一个单元 12~16 学时。

4. 中华武龙

（1）项目介绍。中华武龙是华中师范大学郑勤教授于 2010 年左右发明的一种以武术套路为基础、以龙为道具、以艺术演练为主要运动形式的新兴民族体育运动项目。中华儿女自称是龙的传人，龙是集几种动物的特点于一身的传说动物，是中华民族精神的象征、中华武术在历史发展过程中形成了独具特色的艺术演练形式。将武术与舞龙二者的技术特点相结合，以龙形武舞的运动形式进行演练，形神兼备，内外相合，能极好地彰显民族精神。中华武龙是武术与舞龙技术重构和文化熔铸的产物，既不单纯属于武术，也不是以前传统的舞龙，而是兼容并蓄的运动项目，是一种极具文化内涵的新兴民族体育项目。中华武龙的创造，是民族体育在技术素养和文化品格上的创新突破。不仅如此，中华武龙不像武术套路那样在动作技法上有着严格的规格要求，也不像传统的舞龙那样复杂难学，其运动方式具有极高的艺术表现力，非常适合展演，因此在被发明之初就广受赞扬，因而在校园推广的可行性极高，适合在各级学校中开展。

（2）学习目标。通过教学，学生能够掌握武龙的基本技法、组合技法，并能够据此创编套路，同时可进一步加深对中华龙文化的了解，明晰龙的传人应具有的创新精神（龙是汲取各种动物之优点的精神图腾），养成善于表现、追求审美、勇于创新、自强不息的精神，增强整体协调、身械合一、快速移动、艺术表现的能力，提高速度、柔韧、爆发力等方面的身体素质。

（3）学习内容。该运动项目的基本技术包括小武龙和大武龙两部分。小武龙的基本技术包括前冲（刺）、戏水（点）、抬头（崩）、浅水下伏（截）、体侧上下盘旋（挂、劈、撩、车轮）、体前上下盘旋（包括顺、逆、"8"字）、云里盘旋（包括顺、逆、8字）、左右绕身盘旋（缠头、裹脑）、螺旋缠绕盘旋（钻、绞）、正反绕腕盘旋（剪腕花、撩腕花）；大武龙的基本技术包括头上盘旋（云拨）、绕身盘旋（平抡）、体侧盘旋（劈、撩）、螺旋缠绕盘旋（绞）、"8"字绕环盘旋、"S"字绕环盘旋、"B"字绕环盘旋等。该运动项目的组合技术包括小武龙和大武龙两部分。小武龙的组合技术包括体侧上下盘旋（左右撩）—戏水（提膝点）；体侧上下盘旋（左右挂）—螺旋缠绕盘旋（钻）；体侧上下盘旋（左右撩）—潜水下伏（叉步下截）—体前上下盘旋（盖步下按）—转身平衡；头上盘旋（云）—左右绕身盘旋（缠头裹脑）；左右绕身盘旋（缠头裹脑）—绕腕盘旋（撩腕花）—浅水下伏（插步下截）；头上盘旋（云）—螺旋缠绕盘旋（绞）—左右绕身盘旋（跳换步缠头）。大武龙的组合技术包括小"8"字绕环盘旋—头上盘旋（左右云拨）；体侧盘旋（劈）—螺旋缠绕盘旋（绞）；体侧盘旋（撩）—螺旋缠绕盘旋（绞）；大8字绕环盘旋—转身体侧盘旋（劈）—螺旋缠绕盘旋（绞）—绕身盘旋（平抡）；"S"字绕环盘旋—"B"字绕环盘旋—跳换步转身头上盘旋（云拨）。

（4）教学比赛及考试形式。在8m×14m的场地上进行20秒、40秒、60秒的个人演练、小组集体演练。

（5）适合学段及大概学时数。该运动项目适用于小学生、中学生、大学生。小武龙技术学习需要一个单元12~16学时；大武龙技术学习需要一个单元12~16学时。以上可以独立教学。如需巩固提高，则可以增加一个单元12~16学时。

5.柔力球

（1）项目介绍。柔力球原名太极娱乐球、太极柔力球，是由山西晋中卫校的白榕老师于1991年发明创造的一项以弧形引化为技术核心，以隔网对抗、套路演练为主要运动形式，独具中国传统文化内涵的持拍小球类运动项目。该运动既具有鲜明的中国传统文化内涵，又具有典型的现代体育文化特征，是中国传统文化结合现代体育文化创新发展的产物，虽然只有30余年的历史，但早已传遍世界各地，目前参与该运动项目的人口有400万~500万人。1994年国家教委体育卫生与艺术教育司召集"全国高校体育教学指导委员会公共体育组""全国中小学体育教学改革指导小组"的在京成员组成"太极柔力球评定组"对该运动项目进行评定，并给出评定意见，"太极柔力球易学、易练……便于在学校中开展，也符合学生的身心发展特点"；原国家体委科研所主任研究员李力研在《关于"太极柔力球"运动立项的评审意见》中称其为"有意味、有情趣的'哲学球类运动'"。经过长期教学实践，该运动项目的隔网对抗运动形式适合在小学高年级及中学、大学学生中开展。

（2）学习目标。通过教学，学生能够掌握柔力球的6个基本技术、4个转体技术，并能够运用其中的一些技法进行隔网对抗，同时加深了对中国传统的道家哲学、太极哲学思想的理解，养成勇于拼搏、善于思考、探寻规律、坚韧不拔的精神，形成尊重规则、遵守规则、服从规则、敬畏规则的现代体育公平竞争意识，增强整体协调、灵活反应、准确判断、把握时机、顺势而为、攻防一体的运动能力，提高速度、灵敏等方面的身体素质。

（3）学习内容。该运动项目的基本技术包括正手位高进低出、正手位低进高出、反手位低进高出、反手位高进低出、正手位体前横拉、反手位体前横拉；转体旋转技术包括正手位平旋、反手位平旋、正手位立旋（侧旋）、反手位立旋（侧旋）。此外，还有正手位腿下隐蔽、反手位腿下隐蔽、正手位背后隐蔽、反手位背后隐蔽、正手位头后隐蔽、反手位头后隐蔽等隐蔽技术，可根据课时量选学。

（4）教学比赛及考试形式。根据实际情况，可采用单打、双打形式，可采用11分制或15分制，可采用三局两胜或五局三胜的赛制。

（5）适合学段及大概学时数。因为该运动项目有一定难度，所以更适用于中学生、大学生。基本技术教学及隔网对抗需要两个单元24~32学时；隐蔽技术及转体技术需要两个单元24~32学时。该运动项目应依次进行，很难独立进行。

6. 太极球

（1）项目介绍。"太极球"是柔力太极球的简称，也称"柔一球""柔极球""浑圆球"，是由华东师范大学杨建营教授在长期柔力球教学实践过程中根据其技术理念于2019年发明创造的一项以弧形引化为技术核心，以单打、双打、三人打隔网对抗为比赛方式，独具中国传统文化内涵的大球类运动项目。这项新型运动独具中国传统文化特色，不仅直观展现了道家"柔弱胜刚强""反者道之动""无为而无不为"的哲学思想，还形象诠释了"整体合一""阴阳一体"的太极哲学思想，是亲身体验中国传统文化的实践途径。此外，因为该运动项目有明确的竞赛规则，所以是培育规则意识、拼搏精神等现代体育精神的实践途径。该运动项目适合在小学高年级、中学、大学学生中开展。

（2）学习目标。通过教学，学生能够了解其中的36个技术动作，并能够运用其中一些技术进行隔网对抗比赛，同时可加深对中国传统的道家哲学、太极哲学思想的理解，养成勇于拼搏、善于思考、探寻规律、坚韧不拔的精神，形成尊重规则、遵守规则、服从规则、敬畏规则的现代体育公平竞争意识，增强整体协调、灵活反应、准确判断、把握时机、顺势而为、攻防一体的运动能力，提高速度、灵敏、耐力及核心力量等方面的身体素质，增强心肺功能。

（3）学习内容。该运动项目具体包括基本技术、隐蔽技术、转体技术、腾空技术4类，其所有技术都左右对称，左手位技术、右手位技术要领相同，只是方向相反。该运动项目基本技术包括高进低出、低进高出、体前横拉3组6种技术；隐蔽技术包括腿下隐蔽、背后隐蔽、腋下隐蔽、头后隐蔽4组8种技术；转体技术可分为半转体、全转体，均包含平旋、立旋（侧旋）、贴身旋共6组12种技术；腾空技术包括腾空平旋、立旋（侧旋）、贴身旋、腾空高进低出、空中截击5组10种技术。

（4）教学比赛及考试形式。根据实际情况，可采用单打、双打、三人打形式，采用11分制，采用三局两胜赛制。

（5）适合学段及大概学时数。该运动项目从小学高年级开始，更适合中学生、大学生。学习该运动项目需要一个单元12~16学时。如需巩固提高，则可再增加一个单元12~16学时的学习练习时间。

以上精选的6个运动项目以对抗类项目为主、表演性项目为辅，其共同点是蕴含鲜明的中华优秀传统文化，同时又分属不同种类。其中，"摘星换月"、太极推手、中华剑艺都属于武术对抗类项目，既有徒手，也有持械，既有粘连型技法，也有击打型技法，很有代表性；中华武龙是武术与舞龙的结合，是其中唯一一个非对抗性的艺术演练型项目；柔力球、太极球属于隔网对抗的球类项目，分别属于小球类项目、大球类项目。整体而言，这些运动项目既有利于培育民族精神、传承中华优秀传统文化，也有利于提高青少年的身体素质，且符合青少年的年龄特点，是教学实验过程中的成功案例。

根据新的教学理念，在以前所学武术技艺的基础上开拓创新，采用"类师徒传承"的方式培养学生的多方面技术，并对其中的佼佼者采用师徒传承的方式进行培养，是该案例的突出特点。

综合本节的具体案例，将传统的师徒传承与现代学校教育相结合，在学校内，以"类师徒传承"弥补现代学校教育的不足，在学校外，以师徒传承延续学校传承，是更深入地传承中华优秀传统武术文化的实践途径。

本章小结

中华武术在历史发展过程中形成了以拳种为单位的广博技术，这些拳种技法有一定层次性，其层次性按照由先到后、由核心到外围的顺序归纳如下：最简单、最直接、最有效、最实用的核心层常规攻防技法—在一定场景中或一定条件下能够应用、体现"具体问题具体分析"辩证思想的各类非常规技击招法—具有逆向思维特点、追求"以巧斗力"的"技击之道"的特色技法—从技击术领域质变到艺术领域和健身术领域的"虚拟"技击技法。这些技法构成了武术的分层技术体系，因此学校武术专业教育应该采用体系化的教学内容。

人类武打技术在长期发展过程中主要形成了两种完全不同的发力方式，具体如下：一是"起于根，顺于中，达于梢"的以根节为起点由下而上节节贯穿式发力方式，二是"以命门、丹田为核心向四梢发放"的以中节为起点的发力方式。第一种发力方式是包括中华武术在内的世界各种武打技术普遍具有的发力方式，第二种发力方式是独具中国文化特色的发力方式。这两种发力方式，特别是独具特色的后者，应该通过学校武术专业教育传承下去并发展起来。

中华武术的精神内核是中国传统文化"自强不息，厚德载物"的基本精神，这种精神的关注点在于与以前的自己进行纵向对比，更侧重通过自身努力而变强，不侧重与他人横向比较。习武者更关注与以前的自己相比技击水平提高了多少、技击境界提升到了什么程度，而不是把关注点放在"与人竞争""勇争第一"方面。这种"自强不息，厚德载物"精神正是在学校武术专业教育领域通过传统武术这个载体来弘扬中华优秀传统文化的核心。

受各种因素影响，学校武术专业教育忽视了传统武术拳种，忽视了传统武术比较系统的技术体系、独特的发力方式、以中国文化的基本精神为内核的文化传承，而是把以西方"竞争"文化为精神内核的竞技武术技术作为教学内容之主体，一直以竞技武术为核心运转。在竞技武术一统天下的格局中，全国各地的学校武术专业教育几乎都采用以竞技武术规定套路和竞技武术散打为主的教学内容，从而造成了不同地区武术专业教学内容的千篇一律，造成了中华武术发展的同质化，使武术教育不仅失去了传统文化特色，还失去了地方特色。

学校武术专业教育存在的问题可归纳为以下几点：①没有主动承担起传承和

发展优秀传统武术拳种的重任；②没有从整体上继承传统武术完整的技术体系，没有把传统武术拳种的独特之处发扬光大；③没有顺应世界武打类技术发展的大趋势，没有完成传统武术拳种的现代转型，没有将传统武术拳种文明化的竞技方式挖掘出来；④没有把传统武术最深层的文化精神挖掘出来，没有起到弘扬中华优秀传统文化的作用。

目前，传统武术拳种只能在民间自生自灭，不能进入高等教育殿堂是学校武术专业教育存在的主要问题，这是制约武术文化传承发展的最关键因素。学校武术专业教育只有把继承各具地方特色的武术拳种放在首位，在充分继承的前提下兼顾发展创新，才能实现武术文化的"百家争鸣"。忽视了继承、仅强调借鉴和创新的学校武术专业教育难以获得可持续发展。由民国时期的"培育武术师资"到中华人民共和国成立后的"现代竞技武术技术体系的培训基地"、再到"中华优秀武术文化的传承发展中心"的变化，是学校武术专业教育从过去通过现在指向未来的发展历程。学校武术专业教育内容由目前的竞技武术技术体系转向拳种武术技术体系是今后武术教育改革的大势所趋。

学校武术专业教育改革的大方向是定位于中华优秀传统武术拳种，形成以不同特色的拳种为单位的中华优秀传统武术传承体系。具体改革可按照"立足拳种、回归技击，形成体系、弘扬文化"的理念而展开。这种改革不是仅引入传统武术拳种的套路形式，也不是将传统武术拳种直接搬进课堂，而是先从技术本源入手，明晰每个拳种对技击的不同侧重点，弄清每个拳种中的各种技术的来龙去脉，理顺拳种技术之间的关系，构建各拳种的技术体系，再形成训练体系、理论体系，乃至最适宜的考试或竞赛方法及其他交流方法。在传承方式方面，可以将传统的师徒传承与学校传承相结合，引入"类师徒传承"的传承方式，或以师徒传承延续学校传承，更好地传承中华优秀传统武术文化。

需要说明的是，因为现在的中华武术已经在原本技击术的基础上分化为攻防技击武术、艺术表现武术、健身养生武术三大类（按照主体内容的性质划分），所以学校武术专业教育也划分为3个专业方向。应该把目前的竞技武术套路技术归入艺术表现武术，但应该突破在竞赛规则制约下千篇一律的局限，向技术多样性的艺术化方向发展。对很多拳种的功法练习形式如太极拳的慢练形式，则可以发展成健身养生武术。学校武术专业教育应该形成"一体两翼"的模式，"一体"即以传统武术拳种为主体的攻防技击类武术，"两翼"即从武术母体发展出来的两个旁支——艺术表现武术、健身养生武术，也即本章第一节构建的武术分层技术体系最外层的质变到技击术领域之外的技术。这两个武术旁支可以作为武术教育主体内容之外的选修内容。

第四章
学校武术普及教育改革研究

导言：第三章的关注点主要集中于中华武术的自身发展，焦点在于如何使博大精深、技法独特、文化特色鲜明的中华武术传承下去、发展起来。本章的关注点则主要集中于服务社会，焦点在于如何更好地发挥武术的社会服务作用，使其真正有益于国家民族的发展和当代青少年的成长。以往一些研究存在的主要问题是把学校武术专业教育和学校武术普及教育混为一谈，并提出"学校武术开展一定不能失去武术最主要的文化特色，一定不能舍弃武术最主要的套路运动形式，否则就不是武术了"的观点。这实际上还是以武术自身为出发点，让学校武术普及教育来承担学校武术专业教育应该承担的传承武术文化的任务，在一定程度上影响了学校武术本来应该发挥的社会服务作用。本章重点澄清的问题是在学校体育课中增设武术的主要目的不是立足武术自身的传承发展，不是通过武术课把技术精微奥妙、博大精深的武术传承下去，而是立足广大青少年具体实际，以及国家民族层面的实际需要，以武术育人，通过武术课强身健体、培育精神。当然，"传承武术"和"以武育人"是同时存在的，这里所讨论的是把哪一方面作为第一性、把哪一方面摆在第一位的问题。很显然，在各级学校体育课中开展武术教学与开展其他运动项目一样，是为了充分发挥这些运动项目的育人功能，因此，学校武术普及教育应该把"以武育人"摆在第一位，这是与学校武术专业教育最大的不同之处。基于这种认识，学校武术普及教育应该从广博的武术技术中选取最适宜的内容，来实现中华武术最主要的社会价值，而不是考虑武术自身的文化特色、自身的技术传承。当然，把"以武育人"摆在第一位，其中也包含传承，除了传承部分技法，更重要的是传承武术精神，以武术为载体传承中国文化的基本精神，特别是其中的"刚健自强"精神，这既是中华民族伟大复兴的实际需要，也是当代青少年健康成长的实际需要。因此，本章首先回到20世纪初学校教育中增设武术的原点,然后回顾一个多世纪以来武术教育的发展变化,并重点剖析学校武术普及教育存在的主要问题及近年来的改革探索,最后以十余年的学校武术教育改革实践为依据,以国外武技的对比为参照,确立学校武术普及教育的改革理念,以及与之相对应的武术教学内容。

第一节 学校武术普及教育的历史变革

一、在学校教育中加入武术的前奏——中国文化发展出现了严重问题

通过分析可知,不同历史时期人们对武术教育的认识发生了几次重大变化,从而导致了不同的历史变革。西周乃至春秋战国时期的教育中曾涉及武术方面的内容,当时的武术是培养"三达德"——"智、仁、勇"之"勇"的重要手段,当时的教育体系中"文"化和"武"化是平衡的,因此先秦诸子涌现的时代既是文化繁荣的时代,又是阳刚之气激荡的时代。

自宋朝开始,尤其是理学成为文化的主导之后,相关武术方面的内容被从正统的教育体系中割除,从而导致中国文化的柔静化,"柔静之结果,一切都成病态的"[1],文化病态化的直接后果是民族精神的衰微、整个民族的衰落。19世纪末东西文化碰撞时,精神上麻木顺从、身体上骨瘦如柴的病夫遍地皆是,这种现象的症结也在于文化出了问题。

通过以上分析可知,先秦时期,"文"化和"武"化教育是平衡的,封建社会后半程"文"化和"武"化教育是完全失衡的。文化的固化、柔静化直接导致了整个民族精神的衰微。20世纪初学校教育中增设武术,其初衷是拯救文化,拯救文化的具体举措即以武术培育和激发精神。

二、在学校教育中开设武术的初衷——拯救文化,进而拯救民族

历史上对于中国文化的病态化发展,不是没有学者站出来批判。例如,清初大学者颜元曾提出"必破一分程朱,始入一分孔孟",并身体力行,在其建立的学派中推行武术教育。20世纪初梁启超真正认识到中华民族之病根。他因戊戌

---

[1] 张岱年. 张岱年文集(第一卷)[M]. 北京: 清华大学出版社, 1989: 271.

变法失败流亡日本之后于1904年写成的《中国之武士道》，正是为了拯救文化，力图使中国文化回归先秦阳刚之气激荡的时代，激发当时中华民族最缺乏的勇武精神，重塑中华民族的"精气神"。武术的社会价值正是在这种大背景下被革命党人重新认识的。

革命党人在不断求索过程中发现曾被清廷严厉禁止的武术是恢复文化精神、培育尚武精神的最佳载体，因此大力提倡武术教育，成立武术社团。1914年，教育家徐一冰上书当时的教育部："拟请于学校体操科内兼授中国旧有武术，列为必修课以振起尚武精神"，该建议于次年被教育部采纳[1]，由此，武术登上了学校教育的大雅之堂。1924年6月，北京体育研究社对全国16个省市的40余所学校的调查显示，有52.5%的学校将武术列为正课[2]（这个数字远高于2005年国家体育总局武术研究院在全国范围内的调查结果，2005年仅有29.7%的中小学开设武术课）。武术先后被称为"国技""国术"，并被纳入政府统筹范围，还成立了自上而下的国术馆系统，这说明武术社会地位的不断提升。因为创立国术馆、开展武术的目的是激发民族精神，所以，张之江历来主张国术应该以技击对抗为主。发生在"国府要人"张之江和褚民谊之间关于提倡"打"还是提倡"演"的"张褚之争"[3]，反映了张之江提倡国术的初衷。1928年，第一届国术国考的正试包括徒手对抗的"拳脚斗""摔角斗"，持械对抗的"刀剑斗""棍枪斗"，都是很好的证明。易剑东也指出："当时的刀、剑、枪、棍术竞技是武术竞技的主流，并且多采用对抗竞技，以培养习练者勇敢、顽强的拼搏精神"[4]。张之江还提出《请定国术课程为国民体育案》《拟请部通令全国大中小各级学校列国术为必修科案》《请由部设中央国术体育特别培训班，严格补习，藉资沟通，以期健全师资统一教学案》[5]等多项议案，力图使这种以技击对抗为主的武术进入各级学校，以武术教育彻底改变国人的精神面貌。

综上所述，20世纪初，人们成立武术社团、在学校教育课程中增设武术的初衷是拯救文化，进而拯救民族。以武术"铸就文化之脊，激发和培育民族精神"是当时学校武术乃至整个社会武术的主潮流。

---

[1] 易剑东.民国时期的尚武思潮与武术[J].体育科研，1996（4）：10-15.
[2] 林伯原，民国初期学校武术课程的设置状况[J].体育文史，1994（4）：27-28.
[3] 戴国斌.武术：身体的文化[M].北京：人民体育出版社，2011：172-178.
[4] 易剑东.民国时期武术竞技述论[J].成都体育学院学报，1995，21（3）：7-12.
[5] 戴国斌.武术文化研究[D].上海：上海体育学院，2005：14.

三、20 世纪后半叶学校武术的重大变革——定位于"锻炼身体的实用价值和树立优美的形象"

中华人民共和国成立后,中华民族的精神面貌焕然一新,英雄的人民不仅站起来了,还团结友爱、坚强如钢。在这种斗志昂扬的情况下,再提倡以旧有的武术来培育民族精神似乎有点儿不合时宜。新的学校武术教育体系是在武术大变革的背景下形成的。

政治方面,当时的中国社会环境极其复杂,对武术实行"控制规模使之有节制的发展战略"[1]。例如,1955 年全国体育工作对武术工作采取了暂时收缩,加以整顿的方针[2]。时任体委副主任的蔡树藩在工作报告中指出,"武术工作根据主观力量和客观情况,目前只能进行一些整理和研究工作;提出一些与体育有关的对健康有益的又能推行的项目","厂矿、企业、学校、机关原有武术小组,要加以整顿;没有的,暂不建立。农村中坚决停止发展"[3]。

文化方面,改革派提倡新文化,反对旧文化,而武术属于旧文化之列,自然属于改造对象。武术可以大力发展,但原来的那种最贴近技击本质的、作为传统武术之主体的内容不能发展,只有按照新要求改造之后的武术内容,才能够在新社会发展,改造的方向即"锻炼身体的实用价值和树立优美的形象"。

根据新的改造方向,武术领域的格斗对抗形式被取消,套路运动形式则依照新的方向被改造。例如,1958 年 6 月,在北京举行的武术观摩会上,原国家体委运动司司长李梦华在一次简短的报告中指出,今后谈到武术的价值,不必强调自卫应敌等,而应该强调它对人民健康的作用;即便是练习枪刀剑棍,也不应该理解为战斗武器,而应理解为运动器械[4]。当时的国家体委武术负责人毛伯浩曾指出:"套路是武术运动的主要内容……一旦锻炼成熟,自然会表现出矫健敏捷、勇敢优美的形象""也可以看作是中国古代的自由体操或艺术体操"[5]。当时创编的甲组长拳及器械,是新标准的具体实践,后来的南拳、太极拳系列竞赛套路及诸多自选套路,都与其一脉相承。这些新编套路自 20 世纪 60 年代始,成为体

---
[1] 易剑东,谢军. 中国武术百年历程回顾[J]. 体育文史,1998(4):23-25.
[2] 国家体委武术研究院编纂. 中国武术史[M]. 人民体育出版社出版,1997:365.
[3] 易剑东,谢军. 中国武术百年历程回顾[J]. 体育文史,1998(4):23-25.
[4] 苏晓晴,李一平,施文忠. 试论文革时期中国武术发展的特征[J]. 武汉体育学院学报,1999,33(6):29-32.
[5] 毛伯浩. 武术的表演和竞技[J]. 新体育,1956(24):17.

育专业院校武术教育的主体内容。另外,为推广普及武术,根据同样的技术导向,国家体委创编了更简单的简化太极拳、初级长拳、初级器械等武术套路。这些初级武术套路自20世纪60年代开始,成为学校武术普及教育的主体教学内容,后来创编的更简单的少年拳、青年拳、形神拳等,也是遵循这种标准和样板创编的更简单的武术套路。

基于以上政治、文化两方面原因,武术被改造为体育范畴内以套路为主体的"锻炼身体""对健康有益""树立优美的形象"的运动项目。时代发展了,武术也变化了,可以说,时过境迁,物是人非,"此武术"已非"彼武术"。

就中华武术的历史发展而言,"矫健敏捷,勇敢优美"、类似于"中国古代的自由体操或艺术体操"、用于"树立优美的形象"的武术古已有之。客观地讲,这类武术从美学角度看有其价值,但这种以"表现艺术美"为主的武术仅是中华武术发展的旁支,而非主脉。然而,根据武术的新定位,这种旁支发展成了主脉。不仅如此,在国家行为驱动下,之前曾作为中华武术主体的作为攻防技击之基础的武术套路为获得生存空间,也竞相朝着表现艺术美的方向发展[1],由此导致武术的发展抛弃了传统武术之主体,偏离了武术运动正常的发展轨道,背离了武术自身的发展规律。有学者指出:"长拳这一'新编武术'的出现,使武术在学校传播的内容在继承传统与发展创新之间出现断裂。"[2]

改革开放后,随着对传统武术拳种挖掘整理工作的启动,以及武术散打运动的开展,整个武术发展领域的失衡有所缓解,但学校武术普及教育领域却"死水一滩"。自20世纪90年代确立武术进奥运会的目标之后,国家体委武术主管部

---

[1] 在课题调研过程中,邱丕相教授指出:"有一段时间,武术练习比较强调弓马扑歇虚,一些人认为没有这些就不叫武术。实际上称不上现代长拳还说得过去,很多传统拳种不讲究这些。强调弓马扑歇虚实际上是强调动作的规范化、美观,实际上很多拳种的弓步没有这么规范,自由步,那样的动作小孩子也比较容易做。实际上,实战中没有要求站那么低,那样打出去也收不回来,进退很难。"这里的"有一段时间",正是指从50年代中后期开始这段时间,实际上,即使从美学角度来看,这种理解也是很片面的。正如邱教授所言:"我们国家的武术在有一段时间比较注重从美的角度来考虑。武术的美学不仅仅是工整、均衡、舒展的问题,只强调这些,就失去了风格","传统武术很讲究劲法,怎么将全身的力量集中于一点,不同拳种发劲方法不一样。除掌握得机得势得力以外,更要掌握发力方法。学生掌握了发劲方法以后,练的特别有兴趣。专业武术教育应该继承不同传统拳种的发力方法。劲力方法没了,拳种的风格就没了"。(2014年3月于上海体育学院金体苑其家中)

[2] 郎勇春,张文涛,李伟艳.当代学校武术教育的失范与矫治[J].上海体育学院学报,2011,35(3):48-51. 文中说:"传统武术的练习包括从功法、套路、对练过渡到实战对抗的一套完整的练习程序,但以长拳为主体的学校武术教育现在只有套路一种练习方式。体悟方式的单一化成了武术失去自身魅力的主要因素之一。"

门致力于武术进奥运会[1]，不但将武术"挖整"成果束之高阁[2]，而且无暇顾及学校武术普及教育，只能放任自流。正如调研过程中专家所言，改革开放后，文学、戏曲、音乐等诸多领域都拨乱反正，重新走上了符合其自身发展规律的轨道，唯独学校武术普及教育没有任何改变，这种完全脱离了武术主体和本质的教学内容"鸠占鹊巢"。直到今天，学校武术普及教育领域仍然大面积采用脱离武术主体的简化太极拳、初级长拳、初级器械等教学内容[3]。这类教学内容使"大部分教育实施者对学校武术教育目标不明确或不认可，但又不得不被动地执行现行的学校武术教育规则，因此，使学校武术教育流于形式"[4]。

为什么广大青少年"喜欢武术，却不喜欢武术课"[5]？为什么"武术在校园里渐行渐远"[6]？为什么武术课"备受冷落，陷入学生不愿参与、教师无所事事的境地"[7]？为什么在中小学"有70.3%的学校没有开设武术课"[8]？为什么"武

---

[1] 武术主管部门致力于武术"入奥"，最直接的原因是争取武术获得与其他众多奥运项目同等的待遇，提高武术在体育运动项目中的地位。

[2] 直到武术"入奥"无望之后，2011年才开始着手整理这些早已尘封的资料，但由于种种原因，至今无果。

[3] 可以通过文献资料及课题调研过程中获得的信息加以佐证。有学者曾对18所高校进行调研，发现大部分高校武术教师仍停留在以套路为主的单纯的技术教学，内容方面则以20世纪50年代编定推广的三路长拳加24式太极拳为主，并且教育理念和模式单一守旧；考试则是以能否完整规范熟练完成一个套路为唯一标准；部分学生在上了武术课后发现并不涉及对抗内容而失望不已，课堂学习和课外锻炼的积极性减弱。学生在选择武打类选项课时，纷纷投向了同类技击对抗项目的跆拳道、空手道的怀抱，使得武术在高校的生存空间被进一步压缩。(郭发明.普通高校武术教育现状诊断及对策研究[J].搏击·武术科学，2012，9(3):64-66.)课题组在调研过程中也发现类似状况：其一，目前全国范围内的普通高校的武术课，绝大部分采用选项课教学形式，只有少数高校将武术作为基础课中与田径的跑跳投等并列的部分教学内容，还有个别院校安排专门的课时对所有学生进行简化24式太极拳教学(如西安交通大学每学期的前8周利用七八节课外活动时间以行政班为单位进行技术教学，再安排6周时间组织考试)。其二，开设武术选项课的高校普遍将初级三路长拳、24式简化太极拳作为教学内容，个别学校还采用初级剑和新编南拳套路，也有少数学校开设武术散打。其三，就武术套路选项课的教学效果而言，基本上不理想，与以上课程改革实践的结果几乎无异；一些开设武术散打课的学校，由于护具问题、安全问题，一般仅进行技术动作教学，不进行对抗性练习，但技术动作的教学效果比套路教学效果要好得多。其四，大部分教师由于教学大纲的限制，或自身的惰性及自身武术专业技术结构等方面的原因，没有进行教学内容改革，仅在教学方法方面修修补补；有些武术教师有教学内容改革的想法，但找不到方向。综上所述，目前大部分普通高校的武术课采用选项课形式，大部分学校仍以初级套路、简化套路为主要教学内容，但教学效果普遍不佳，这种状况充分说明学校武术教学内容改革的必要性。

[4] 郎勇春，张文涛，李伟艳.当代学校武术教育的失范与矫治[J].上海体育学院学报，2011，35(3):48-51.

[5] 蔡仲林，施鲜丽.学校武术教学改革的指导思想——淡化套路、突出方法、强调应用[J].上海体育学院学报，200731(1):62-64.

[6] 杨凰.校园里，那渐行渐远的武术[N].中国体育报，2009-02-26(7).

[7] 花妙林.论高校开展传统武术与《段位制》相结合的教学新思路[J].体育科研，2008，29(1):85-87.

[8] 花妙林.论高校开展传统武术与《段位制》相结合的教学新思路[J].体育科研，2008，29(1):85-87.

术在中小学已名存实亡"[1]?为什么"传统武术免费班无人问津""传统武术在中国大学里已经奄奄一息"[2]?为什么"有些学校不仅没有增加武术内容,还削减武术以增加跆拳道等域外武技项目"[3]?为什么学生纷纷"投向跆拳道、空手道等项目的练习行列"[4]?为什么"中华武术在学校体育教育领域处于岌岌可危的境地"[5]?——这些问题的根源都在于特殊历史时期因对武术的错误定位而选取错误的教学内容。"将格斗功能的主导地位剥夺"[6],仅进行操化内容的教学,必然使学生形成"武术运动就是类似体操的身体练习"[7]"只是具有技击意象的体操动作"[8]"武术就是做操"[9]的错误认识,必然使学校武术逐渐衰落。

四、21世纪武术的功能诉求——"弘扬和培育民族精神"

进入21世纪,党的十六大果断地把"坚持弘扬和培育民族精神"提上日程,提出"面对世界范围各种思想文化的相互激荡,必须把弘扬和培育民族精神作为文化建设极为重要的任务,纳入国民教育全过程,纳入精神文明建设全过程,使全体人民始终保持昂扬向上的精神状态"。2004年4月,中宣部、教育部联合出台《中小学开展弘扬和培育民族精神教育实施纲要》文件,提出"体育课应适量增加中国武术等内容"。以此为契机,武术界相关学校武术教育的研究成为热点。

然而,"此武术"非"彼武术",现在的学校武术与20世纪初用于激发和培育民族精神的武术完全是两种不同类型,以现在的这种远离了本质、摒弃了对抗、脱离了传统武术主体、仅是一种活动肢体的操化运动的武术,根本无法完成以前的武术能够完成的任务。也就是说,当需要通过武术来培育民族精神时,却发现现在的学校武术根本无法承担此任务,不仅如此,还问题百出,处于岌岌可危的境地。

---

[1]《关于武术教育改革和发展的研究》课题组.改革学校武术教育 弘扬中华民族精神[J].中华武术,2005(7):4-5.

[2] 慈鑫.武术被跆拳道踹出都市时尚——失落中的中国传统武术(上)[N].中国青年报,2005-04-01(A8).

[3] 国家体育总局武术研究院.我国中小学武术教育改革与发展的研究[M].北京:高等教育出版社,2008:1.

[4] 花妙林.论高校开展传统武术与《段位制》相结合的教学新思路[J].体育科研,2008,29(1):85-87.

[5] 康戈武,洪浩,马剑等.《中国武术段位制系列教程》的学校教学指导方案研究[J].武汉体育学院学报,2014,48(10):62-69.

[6] 石华毕,翟少红.学校武术的教育性与开展形式的反思[J].西安体育学院学报,2010,27(3):366-370.

[7] 王文辉.高校武术普修课教学中存在的几个问题[J].六安师专学报,1998,14(1):58-60.

[8] 郭发明.普通高校武术教育现状诊断及对策研究[J].搏击·武术科学,2012,9(3):64-66.

[9] 张东宇.高校武术教学存在的问题及相应措施[J].上海体育学院学报,1998(12):163-164.

在这种情况下，改革学校武术成为 21 世纪初武术界研究的重点。这种改革一方面要解决学校武术教育存在的问题，另一方面要实现以武术"弘扬和培育民族精神"的国家需要。笔者将首先总结归纳学校武术教育存在的主要问题，然后剖析典型的武术教育改革思想和改革实践，在此基础上以十余年的教学改革实践为依据，确立学校武术普及教育的定位及教学内容。

第二节　现行学校武术普及教育存在的主要问题

早在 20 世纪 90 年代，就有不少学者开始关注学校武术普及教育存在的问题。如有学者对作为学校武术普及教育师资源头的高等院校体育专业的武术普修课进行了研究，发现教学内容方面"重套路运动，轻基本功法和格斗运动"，教学模式方面普遍采用"填鸭式""注入式"方法，"对学生满堂灌，让学生一味硬记某几个初级套路，强行使学生囫囵吞枣"，导致"学生学得不伦不类，教的人叫苦不迭，看的人啼笑皆非"[1]。还有学者对普通高校武术选项课进行了研究，指出以套路为教学内容的武术课，使学生形成"武术运动就是类似体操的身体练习"[2]"武术就是做操"[3]的错误认识，从而使武术失去"最本质的技击价值"，导致"学校武术不景气"。另有学者对体育专业毕业生进行了调查，发现他们毕业后从事武术教学的人数逐年减少，大多放弃武术教学。该学者还对大三在校学生进行专门实验，让其演练大一时普修的武术套路，实验结果是"绝大部分学生均已遗忘"[4]，这在一定程度上说明武术普修课形同虚设。

进入 21 世纪以来，反映学校武术问题、呼吁武术教育改革的研究很多。《中国体育报》曾记述了一位中学一线体育教师的惋惜和无奈："体育老师们要么没有太接触过，要么就不屑，似乎都不探讨或教研武术；上级部门也不组织武术比赛或表演"；体育中考的项目"年复一年，增增减减，唯独不见武术的踪影"，"一边是新闻媒体的极力倡导的民族传统项目，另一边是学生不愿意学习。这曾经风靡神州的国粹，在校园里到底怎么了？"[5]。之所以出现如上状况，是因为学校

---

[1] 阳洪波.对高校体育教育专业武术必修课教材改革思考［J］.西昌师范高等专科学校学报,1999（4）：80-82.
[2] 王文辉.高校武术普修课教学中存在的几个问题［J］.六安师专学报,1998,14（1）：58-60.
[3] 张东宇.高校武术教学存在的问题及相应措施［J］.上海体育学院学报,1998（S1）：163-164.
[4] 张艳敏.素质教育与中、小学的武术教学［J］.体育函授通讯,1999（2）：61-62.
[5] 杨凰.校园里,那渐行渐远的武术［N］.中国体育报,2009-02-26（7）.

武术教育的定位与教学内容出现了问题。表现性的套路不仅完全不适合活泼好动的青少年，还难以培育当代青少年急需的"刚健自强"精神。有学者在广泛调查基础上指出，"经过近50年发展形成的以套路为主要内容的武术教材模式，已经偏离了武术的本质特性，不符合社会的发展和人们的需求"，"学校武术教材必须进行改革"，改革原则是"淡化套路，提倡攻防"[1-2]。还有学者指出，"学校武术没有发展好"的症结在于"将格斗功能的主导地位剥夺"，"综观世界各国的格斗术，有哪个国家舍弃了它的本质格斗功能"，"武术的最大魅力就是由武术的格斗功能衍生而出的格斗文化"[3]。另有知名高校学者以国外武技为参照进行了对比，发现"令人深思的现象是，学生极其喜欢的民族传统体育课程武术项目，近年来备受冷落，陷入学生不愿参与、教师无所事事的境地"，"尤其是近几年来随着外来武技的'入侵'，学生们纷纷投向跆拳道、空手道等项目的怀抱"，"学生们对外来武技的积极踊跃全身心投入已远超中华武术"[4]。还有学者进行了更深入的对比，发现"跆拳道以实用的对抗性技术为教学的切入点，在教学中倡导'以礼始，以礼终'的崇礼尚武精神，从而提升人的顽强、果断、自信、坚毅，以及吃苦耐劳的意志品质，增强民族凝聚力"，"其简单易行的特点是取得成功的关键所在"[5]。除此之外，还有很多学者指出了以初级套路为主的教学内容是使学校武术衰落的罪魁祸首。

对学校武术普及教育的教学内容存在的问题进行梳理，可归纳为以下几点。

（1）与一般人对武术的认识形成错位。除了曾在体育教育专业学习过武术普修课的体育专业人才和深受现代竞技武术影响的武术专业人才，很多人提及武术第一反应是技击对抗（每当有人得知我是练习武术的教师之后，几乎都会问同样的问题，"你能对付几个歹徒？"。遇到这种问题我总是很尴尬，因为学习的这类武术内容可能连一个歹徒都无法对付）。有学者指出："现实社会中一个不可否认的事实便是人们心目中的武术，并非赛场上蹦蹦跳跳、花拳绣腿般的竞技武术套路，而是以传统文化为根基的具有攻防技击内涵的传统武术。"[6]广大青少年都

---

[1] 翟少红.试论构建"淡化套路，提倡技击"的武术教材体系[J].体育文化导刊，2005（5）：58-59.
[2] 翟少红.试论中小学武术教学改革的出路[J].中国体育科技，2005，41（6）：82-84.
[3] 石华毕，翟少红.学校武术的教育性与开展形式的反思[J].西安体育学院学报，2010，27（3）：366-370.
[4] 花妙林.论高校开展传统武术与《段位制》相结合的教学新思路[J].体育科研，2008，29（1）：85-87.
[5] 左文泉，彭阳，李雨衡.中小学武术教学思考[J].体育文化导刊，2009（9）：85-86.
[6] 郭发明.普通高校武术教育现状诊断及对策研究[J].搏击·武术科学，2012，9（3）：64-66.

是抱着学习技击防卫本领的目的来上武术课的，但发现学习这些内容根本不具备防身自卫能力之后往往失望而归。实际上，他们完全不知晓其心目中那些能自卫应敌的武术早就从学校武术教育中消失了。因为如今的武术教学内容与提高技击防卫能力没有关系，与一般学生的认识形成了错位，所以使广大学生"喜欢武术，却不喜欢武术课"。

（2）属于封闭性运动，不易激发学生的学习兴趣。武术套路都是事先编排好的，必须按照一定程式、编排好的顺序练习，这类技术显然属于封闭型技术，远不如属于开放型技术的球类项目和跆拳道、空手道等对抗类运动更能激发学生的兴趣。现在很多普通高校的体育课实行选项制，学生可以从众多体育项目中任选一个作为体育必修课。在众多选项中，田径、体操、武术套路最冷门，而篮球、羽毛球、乒乓球、跆拳道等开放型运动最受欢迎。究其原因，前者属于技术封闭性运动，难以激发广大学生的兴趣。特别是武术套路课教学普遍采用"填鸭式""注入式"教学方法，让学生干巴巴地记忆一些既枯燥无味又毫无攻防价值的动作，久而久之，必将使学生远离武术课。在球类运动项目中，广大学生其乐融融，玩得热火朝天；在跆拳道课上，学生既可以通过开放性的对抗性练习习得防卫技能，还可以学习礼仪。对于活泼好动的青少年来说，能否激发运动兴趣，是体育课成功与否的关键一环。因为这类封闭型的套路技术不利于激发广大学生的学习兴趣，所以在校园里"渐行渐远"[1]。

（3）动作太复杂，简化不当，难学难练。中华武术是一个经过上千年的文化积淀而形成的技术动作复杂、有相当难度的运动。从这个角度来看，该运动要比西方体育高深得多，属于技术复杂的高级运动。因此，即使在武术专业人士眼里非常初级的套路，对于一般学生而言，也有相当的难度。在调研过程中（2012年12月4日），周之华教授曾举了一个例子，多年之前，北京师范大学校长董奇跟他练武术时曾说："武术套路就是记不住，太难！这是一个很大的问题，有些人想练，可忘记几个动作以后，后面的内容就全想不起来了，有没有简单的武术？一两个招的，不要那么复杂的。"周之华教授对此的评价是，人家作为教育大家（搞教育学的），把这问题看得很透，很有先见之明，这就是"旁观者清"。在调研过程中，邱丕相教授曾直言，对于武术工作者而言，五步拳是最简单的武术套路，但对于一般青少年来说仍有相当大的难度，仅一个仆步穿掌，就能难倒一片学生，

---

[1] 杨凰.校园里，那渐行渐远的武术[N].中国体育报，2009-02-26（7）.

而第一个动作拗弓步长拳,一般学生由于柔韧性不好,也很难做到位。邱教授还说:"动作不到位,别人看了觉得难看,自己练得别扭,老师教起来吃力,学生练起来又没有兴趣。"从武术套路角度来看,几乎没有比五步拳更简单的了,但这种最简单的套路也很难在青少年中得到推广普及。作为普及性的学校武术,不应该选取这些高度艺术化的技术,而应该选取贴近武术技击本质的简单、直接、实用性的技术。韩国跆拳道从庞杂的武打技术中简化出保留技击内涵的几个典型腿法,构成教学体系的技术核心,配以适当的礼仪,形成了"礼仪+对抗"的模式。该运动既没有失去技击本质,也体现了文化内涵,取得了巨大的成功。中华武术的学校化发展需要选取适宜的内容,进行适当简化,形成简单明了、易学易练的新教学技术体系。

（4）技术上没有明显的目标定位,使学生学习缺乏明显的目的性,难以体验成功的喜悦。与武术套路、体操相比,各种球类项目、跆拳道等之所以倍受青睐,是因为这类运动都属于游戏性运动或更贴近武打技术本质,都有较为明确的活动目标。例如,足球的目标是通过有效地配合来抢攻射门,篮球的目标是通过团结协作投篮命中,乒乓球、羽毛球、网球等项目也有十分明显的得分判定标准,跆拳道对抗的命中得分也很明确,因而这些项目能得到青少年喜爱。目前武术课教学的现状是,教师上课忙着赶进度教套路,仅讲解动作技术如何完成,不讲攻防含义,不强调攻防应用,技术考评时只看学生完成动作的协调性、优美程度,即仿照竞技武术套路比赛的评判标准对学生进行打分。这些很难量化的评判目标,使广大学生平时很难知晓动作完成的好坏,根本无法体验成功的喜悦[1]。只有首先给学校武术教学以明确的技术目标定位,使学生自身能够十分明了地判别技术动作是否成功,才能使学生获得成就感,激发学生学习武术的动力。

（5）不具备培育中华民族发展急需的民族精神的价值。相较而言,封闭型的武术套路运动远没有开放型的武术对抗运动更能激发青少年顽强拼搏的精神。目前的青少年最缺乏的是受挫能力、自强精神。封闭性的武术套路显然难以培育广

---

[1] 2014年暑假在北京体育大学访问太极推手教练黄康辉时,他说:"小孩学推手可以增加团结,平时练武术（套路）是跟自己较劲,你说你练得好,凭什么？我还比你练得好呢,你看我的扑步比你的弓步练得好。对抗的项目不会出现这种问题,不行咱们较量较量。另外,不怕挫折,胜败在较量当中随时可以发生,在无形当中锻炼了他的意志品质,不怕挫折,败了再来嘛,还有机会。推手不像散打,心理的伤害、视觉的伤害没那么大,或者几乎没有伤害的感觉,因此对他们的锻炼是非常好的。他们在一起经常发生的摩擦在较量中就打没了,可以增加团结。还有友谊的增加是在练习当中,因为不光是对抗,还有对练,对练的时候需要配合,需要团队精神。"这段话一方面反映了武术套路学习"目标定位不明确"的事实,另一方面说明了武术对抗类项目的精神培育价值。

大青少年这种能力和精神。在攻防对抗过程中，每个人都会遇到失败，这些失败仅是短暂的痛苦经历，它将作为经验教训的积累，成为精神培养历程中的永久财富。"生于忧患，死于安乐"，经历无数次"苦其心志，劳其筋骨"的锻炼，才会"增益其所不能"。只有让青少年置身于这种环境，其能力才能得到锻炼，精神面貌才能得到改观。2008年在苏州大学召开的第五届全国青年体育科学学术会议暨第二届中国体育博士高层论坛上，田雨普教授作为主持专家点评时说，最近正在收看电视连续剧《李小龙传奇》，其中主人公"自强不息"的精神很有感染力，目前的学校武术成了花架子，完全失去了这种精神，学校武术亟须改革。可以说，武术界外人士的感慨，一语道破学校武术存在的问题。

学校武术普及教育必须改革，改革的大方向即抛弃这种在特殊的政治环境和文化环境下形成的背离了中华武术主体、不符合武术运动自身发展规律的教学内容。

第三节　21世纪学校武术普及教育改革的实践探索

一、三种典型的武术教育改革思想及其实践

进入21世纪，"坚持弘扬和培育民族精神"被提出之后，先后出现了多种学校武术教育改革思想，其中较为典型并依靠行政力量付诸改革实践的主要有两种：一是2004年前后由武术名家邱丕相、蔡仲林、周之华等提出的"淡化套路、突出方法、强调应用"[1]，在该思想指导下，以教育部体育卫生与艺术教育司为依托，展开了较大规模的武术教育改革实践。二是由北京体育大学吕韶钧、武冬等武术专业人士于2006年提出的"突出拳种、优化套路、强调应用、弘扬文化"[2]（后来又将"突出拳种"修改为"整合拳种"[3]），受该思想启发，国家体育总局武术研究院创编了武术段位制教程（创编之前，在全国范围内对中小学武术教育进行了广泛调研），这种教学实践已经通过短训班培训的形式在社会上大范围推广普及，同时开始向各级学校试点推行。这两种改革思想及改革实践都将学校武

---

[1] 教育部办公厅.普通高等学校体育教育本科专业各类主干课程教学指导纲要[Z].教体艺厅[2004]9号，2004-09-29.

[2] 武冬.体育教育专业武术课程教学内容和方法改革的研究[D].北京：北京体育大学，2006：1.

[3] 武冬，吕韶钧.高等学校武术课程体系改革研究[J].北京体育大学学报，2013，36(3)：92-98.

术教育改革向前推进了一大步,但也存在一定问题。针对这些问题,2013年全国学校体育武术项目联盟主席赵光圣又提出了第3种武术教育改革思想"一校一拳,打练并进,术道融合,德艺兼修"[1]。

(一)"淡化套路、突出方法、强调应用"的武术教育改革思想及其实践

这种改革思想最初是针对学校武术普及教育的师资源头——体育教育专业武术教学存在的问题而提出,最早出现于2004年教育部颁布的《普通高等学校体育教育本科专业各类主干课程教学指导纲要》中提及的武术类课程教学指导纲要,其中教学基本要求的第三点是"教学中要体现淡化套路、突出方法、强调应用的指导思想,内容选择与课时分配要保证重点,突出师范特点"。其后,邱丕相教授在论文中对该思想进行了说明,指出"武术教学内容不是不要套路,而是要淡化套路教学,教学内容要短小精练、简单易学,强调动作方法及动作的运用,在此基础上形成套路"[2]。随后,蔡仲林教授又撰写专文《学校武术教学改革的指导思想——淡化套路、突出方法、强调应用》,解析了这一指导思想提出的时代背景、要解决的问题、要点的具体含义,以及武术教学改革中应注意的问题[3]。根据以上指导思想而形成的标志性成果是由邱丕相任总顾问,蔡仲林、周之华主编的普通高等教育"十五"国家级规划教材《武术》[4]。该教材删除了以前版本教材中的初级拳和初级刀术、剑术、棍术、枪术等套路内容,取而代之的是徒手踢、打、摔、拿的基本技法,以及刀术、剑术、棍术、枪术的基本方法,同时示范性地介绍了几种拳术与器械技法的组合练习方法;在套路方面仅编入了徒手套路——少林十八法、八式太极拳,保留了24式太极拳的图示。该教材中对少林十八法套路中的动作讲解,在保留原教材讲解技术动作运动路线的同时,增加了对每个技术动作攻防含义的讲解,并以图示说明。对于八式太极拳,则增加了每个技术动作的健身养生、防病治病功效的说明。该教材删除原来的众多初级套

---

[1] 赵光圣,戴国斌.我国学校武术教育现实困境与改革路径选择——写在"全国学校体育武术项目联盟"成立之际[J].上海体育学院学报,201438(1):84-88.

[2] 邱丕相,王国志.当代武术教育改革的几点思考[J].体育学刊,2006,13(2):76-78.

[3] 蔡仲林,施鲜丽.学校武术教学改革的指导思想——淡化套路、突出方法、强调应用[J].上海体育学院学报,200731(1):62-64.

[4] 蔡仲林,周之华.武术[M].北京:高等教育出版社,2005.

路，充分体现了"淡化套路"的思想；增加徒手和器械的基本方法和组合技法，充分体现了"突出方法"；编入少林十八法的攻防含义和八式太极拳的健身防病，充分体现了"强调应用"。因此，该教材是以上指导思想的具体载体。2009年出版的普通高等教育"十一五"国家级规划教材《武术》[1]连"十五"教材中仅有的套路少林十八法和24式太极拳图示也删掉了，这更进一步体现了"淡化套路"的指导思想。

随后，这种教学改革指导思想逐渐延伸到民族传统体育专业，其标志性成果是由邱丕相、蔡仲林任总编，林小美、周之华任主编，于2010年出版的普通高等学校民族传统体育专业主干教材《武术套路基础教程》[2]。该教材只是在器械技法方面创编了剑术、短棍、二节棍3个简短套路，在徒手技法方面，则完全摒弃了套路，取而代之的是13个拳种的典型招法。其中，从长拳、南拳、太极拳三大拳系中分别选出8个典型招法，从形意、八极、通背、戳脚、翻子、劈挂、五祖、永春白鹤、少林、螳螂等传统拳种中分别精选出4个典型招法。这些招法既有单人练习技术，也有双人应用破解技术，更进一步体现了"淡化套路、突出方法、强调应用"的指导思想。2010年11月，首都体育学院组织了一次新教材培训，来自全国体育专业院校和师范类院校体育院系的众多代表参加了培训，这标志着新教材开始向全国推广。

但是，近期在具有民族传统体育专业的院校调研时发现，新教材的内容并没有得到实施。究其原因是新教材形成后，仅进行了一次技术培训，绝大部分武术教师不熟悉新教学内容，因此仍然采用以往的初级长拳、初级器械、简化太极拳作为教学内容。

（二）"突出拳种、优化套路、强调应用、弘扬文化"的武术教育改革思想及其实践

这种教育改革思想最早出现于北京体育大学吕韶钧教授指导、武冬完成的硕士学位论文《体育教育专业武术课程教学内容和方法改革的研究》中。这篇论文中首先将制约学校武术发展的主因归结为两点："教学内容和方法陈旧单一""师资严重缺乏"（书中没有详细论证第二点，而是将其归结为第一点）。同时，文中

---

[1] 蔡仲林，周之华.武术[M].北京：高等教育出版社，2009.
[2] 邱丕相，蔡仲林，林小美，等.武术套路基础教程[M].北京：高等教育出版社，2010.

指出：原教学内容"既没有满足社会和学生的需要，也背离了武术的本质"，存在"忽视拳种、偏视套路、弱视应用、轻视文化"等弊端。有鉴于此，武冬提出以武术"功、套、用"的统一为本体，以"弘扬民族文化"和"塑造个性品质"为两翼的"一体两翼"的教学内容结构。对于教学内容的选编，遵循了"突出拳种、优化套路、强调应用、弘扬文化"的原则，采用"体用攻防的教学要求、两两试对的教学组织形式、功套用有机循环的教学程序、说拆喂试的练习过程"的教学方法。该研究以北京体育大学 2003 级体育教育专业的武术必修课为实验对象，进行了两轮教学改革实验。实践证明"在新的理论指导下的新的教学内容和方法，普遍受到同学喜爱"，并且专家对其的评价为"很有推广价值"[1]。

在第二种改革思想指导下形成的标志性成果是北京体育大学武术套路教研室开展的实践课程和 2010 年前后由国家体育总局武术研究院编制的 20 余册包括理论及各拳种技术的中国武术段位制系列教程。在 2011 年 6 月的一次交谈中，当作者向国家体育总局武术研究院康戈武研究员提及"淡化套路，突出方法，强调应用"的学校武术改革思想时，他表示北京体育大学提出了更好的 16 字方针，即"突出拳种、优化套路、强调应用、弘扬文化"。在对其高度赞赏之余，他还介绍了武术研究院以拳种为单位创编的近 20 册段位制教程，其整体设计正是北京体育大学 16 字改革思路的具体体现。在段位制系列教程中，除了 3 册理论教程《武德与武术礼仪》《中国武术史》《武术概论》和 1 册《中国武术段位制理论考试题解》，还选编了长拳、少林拳、太极拳（陈、杨、吴、武、孙、和）、形意拳、八卦掌、通臂拳、戳脚、番子拳、八极拳、螳螂拳、五祖拳、咏春拳等 12 个拳种和拳系的 17 册教程。此外，还有不受拳种限制的《趣味武术（段前级教程）》《武术功法》《自卫防身术》《剑术》《短棍》《二节棍》等 6 册教程。在教程创编的技术标准方面，依据传统武术发展的内在规律，将"既可单练、又可对打、还能实战"的传统武术习练方式确立为技术内容结构标准。每册技术教程整体按照"打、踢、拿、靠、摔"的顺序依次递增，分别创编了 6 个套路（第 1~5 段每段增加一个内容，第 6 段是综合），每段套路既有单练，也有对打（套路的前后两部分可以对接），还有拆招。这种教程模式首先突出了拳种的限制——精选了 12 个拳种的 17 册教程；其次优化了套路——按照"打、踢、拿、靠、摔"顺序依次递增的方法创编；再次强调了应用——每个拳种都有对练和拆招；最后弘扬

---

[1] 武冬.体育教育专业武术课程教学内容和方法改革的研究［D］.北京：北京体育大学，2006：1.

了文化——这种练习模式是中华武术所独有，集中体现了中华民族对技击的独特理解。因此，段位制系列教程是对北京体育大学提出的武术教学改革16字方针的具体实践和延伸细化。

已经通过短训班的形式在社会上对新编段位制教程进行了推广普及，这对推动武术的社会普及起到了一定的作用，同时也开始向学校推行该教程。

（三）第三种武术教育改革思想——"一校一拳，打练并进，术道融合，德艺兼修"

以上两种改革实践的起因是国家提升"坚持弘扬和培育民族精神"，其着力点是解决在市场经济大潮影响下部分青少年精神涣散的问题。然而，在精神层面的问题还没有解决之际，更直接、更现实的身体层面的问题又凸显了出来。2010年国民体质监测数据显示，"中国青少年体质连续25年下降，力量、速度、爆发力、耐力等身体素质全面下滑"。为解决这个更现实的问题，教育部于2013年成立了"全国学校体育联盟（教学改革）"。全国学校体育武术项目联盟主席赵光圣提出"一校一拳，打练并进，术道融合，德艺兼修"的改革理念（后来又将教改理念、教改思路、教改目标分别确立为"强化套路、突出技击、保质求精、终身受益""一校一拳、打练并进、术道融合、德艺兼修""强身健体、自卫防身、修身养性、立德树人"[1]）。教育部主导的学校体育武术项目联盟按照这种新的改革思想推进校园武术改革。

这种武术教育改革思想首次亮相于2013年9月北京体育大学举办的第一届中华武术发展战略研讨会暨全国学校体育武术项目联盟成立大会。作为"全国学校体育武术项目联盟"的首任主席，上海体育学院赵光圣教授首次提出了"一校一拳，打练并进，术道融合，德艺兼修"的武术教育改革新思想。随后，在上海体育学院武术学院院长戴国斌教授的协助下，赵光圣发表了《我国学校武术教育现实困境与改革路径选择——写在"全国学校体育武术项目联盟"成立之际》。该文中首先指出第一、第二种教改思想存在的问题，然后根据全国学校体育7个项目联盟提出的"增强青少年体质，提高学生运动技能，养成健全人格"的宗旨，为"全国学校体育武术项目联盟"构建了一个包含教改理念、操作思路、教学内

---

[1] 赵光圣，戴国斌.我国学校武术教育现实困境与改革路径选择——写在"全国学校体育武术项目联盟"成立之际[J].上海体育学院学报，2014，38（1）：84-88.

容、教学模式、展演活动、教改目标在内的新体系。新体系确立了武术教育改革理念——"强化套路,突出技击,保质求精,终身受益";操作思路——"一校一拳、打练并进、术道融合、德艺兼修";教学内容——"武术礼仪和武德、武术文化教育、武术基本动作和基本功、武术套路、武术格斗";教学模式——"趣味引导、套路与格斗随行、礼仪与武德始终、功力自修、展演激励";展演活动——"炫学生才艺、秀武术魅力";教育目标——"爱武术、会武术、知武术、做德艺兼修的武术人";教改目的——"强身健体、自卫防身、修身养性、立德树人"[1]。这种改革目前一直处于实验尝试阶段。

二、对三种典型的武术教育改革思想的具体解析

这3种改革思想及在其指导之下的改革实践,是否实现了最初的改革目标?是否真正从根源入手解决了之前学校武术普及教育存在的主要问题?下面进行更细致的解析,阐明其合理之处和亟须解决的问题。

(一)对第一种武术教育改革思想的具体解析

第一种指导思想形成的社会背景是2002年党的十六大提出"坚持弘扬和培育民族精神",其形成路径如下:"如何以武术弘扬和培育民族精神?"——通过武术课;而现状是"学生喜欢武术,却不喜欢武术课",怎么办?——改革;改革要先找原因,再对症下药,为什么学生不喜欢武术课?——选取的内容不合适;武术教学内容是怎么选出来的?——回顾历史,从学校武术教育的发展史中寻求答案;针对之前的历史局限进行改革,确立新的改革思想。

通过回顾历史发现,半个世纪以来武术的畸形发展是造成武术教育问题的关键。基于这种思路,解析性论文《学校武术教学改革的指导思想——淡化套路、突出方法、强调应用》在开篇就阐明了该指导思想形成的时代背景。从该文及相关史料可以了解到,学校武术教育体系是在特殊年代形成的产物。改革开放之后,学校武术教育依然以表现型的武术套路为教学内容。

在这种背景下,提出"淡化套路""并非不要套路",而是淡化原先以套路为武术课全部甚至唯一的状况,增加拆招、喂手、实战等技术环节,将武术套路由

---

[1] 赵光圣,戴国斌.我国学校武术教育现实困境与改革路径选择——写在"全国学校体育武术项目联盟"成立之际[J].上海体育学院学报,2014,38(1):84-88.

原先的全部淡化为仅占武术课的一部分。改革后的武术套路具有"既体现武术的攻防技击性，内容又简短实用，同时还具有传统性的继承"的特点，这其中暗含了"优化套路"之义。将套路由武术课的全部淡化为武术课的一部分之后，所增加的"突出武术攻防自卫的方法"教学内容，是武术技术教学的核心内容。"强调应用"是改革的落脚点，即能够使广大学生通过改革后的武术课，"把自己所学的内容在日常生活中应用进去"，以达到"学以致用"的目的。

由以上剖析可知，这种改革指导思想符合从国家、民族和社会的需要。当我们以武术为载体来培育民族精神时，发现武术课存在很严重的问题。对此进行深入剖析可知，"唯套路"的武术课教学是造成问题的关键，因此提出"淡化套路"；以前的武术课教学没有突出动作的攻防技法，因此提出"突出方法"；广大青少年不喜欢武术课的主因是"通过原来的武术课学习不能学以致用"，因此提出"强调应用"。由此形成了"淡化套路，突出方法，强调应用"的武术教育改革指导思想。如果改革后的武术课贴近了武术本质，符合了广大青少年对武术功能的基本认识，契合了青少年的实际需求，那么他们就会逐渐喜欢武术课，这样就可以通过武术课来培育民族精神，从而达到以武术服务国家、民族和社会发展的目的。这种改革指导思想正好与"如何以武术服务于社会，培育当代青少年亟须的民族精神"的出发点相契合。因此，该指导思想的立足点是具有强烈社会责任感的问题意识。

该武术教育改革思想虽然是从"如何以武术弘扬和培育民族精神"角度切入的，但在12字方针中并没有体现出与培育民族精神相关的内容，因此缺乏高度。仅从"淡化套路、突出方法、强调应用"12个字看，其主旨仅是解决之前学校武术教育存在的实际问题。例如，"淡化套路"——把动作复杂、难学难练、属于封闭性运动、不易激发广大学生兴趣的武术套路淡化，解决了本章第二节所述的第二、第三个问题；"突出方法"——突出武术技术动作的攻防技法，使武术课更贴近武术本质，更符合一般大众对武术的认识，从而解决"认识错位"问题，同时，每个具体技术也有明确的攻防目标，在喂招过程中，学生也会体会到成功的喜悦；"强调应用"——将技法的应用作为落脚点，能够使广大学生学以致用，可以培养学生某方面能力。因此，这种改革思想把着力点放在了解决学校武术普及教育存在的主要问题方面，虽然把学校武术普及教育改革向前推进了一大步，但忽视了"以武术弘扬和培育民族精神"的初衷。如果在12字后再加上"培育精神"4个字，可能会起到画龙点睛的作用，不仅能够提升高度，还会更好地引领改革实践。

该改革思想虽然把着力点放在解决问题方面,但在其指导之下的改革实践并不彻底,没有使学生真正达到"学以致用"的目的,对"培育民族精神"也没有起到相应作用。以民族传统体育专业主干课教材《武术套路基础教程》为例,其中仅列举了众多传统武术拳种中的一些典型招法及其具体用法,这实际上是由功法、套路、拆招、喂手、散手、实战等环节组成的传统武术拳种技术训练体系中的"拆招"环节,将武术课教学内容从原来囫囵吞枣似的学习套路推进到讲解具体技击含义的拆招,一方面可以增加广大学生学习的兴趣,另一方面可以使广大学生感受到精微奥妙的武术文化,但是离"学以致用"的目标还有相当大的差距,因为拆招仍然是固定模式下的练习,只有将改革推进到"拳无拳,意无意,无意之中是真意""随机而动,有感而发"的自由对抗阶段,才能够真正达到"学以致用"的目的。从另一个角度来看,如果不把"两两相当"的对抗性练习作为教学环节的主体,则武术课只能起到"传承武术技法""弘扬武术文化"的作用,很难实现"培育民族精神"的目的[1],因为并不是任何武术内容都适于培育民族精神。因此,这类课程既没有实现"培育民族精神"的目的,也没有达到使学生"学以致用"的目的。唯有把"培育精神"作为改革的落脚点,在其指引下把开放状态下的自由对抗作为课堂教学的主体,才能够既达到使学生"学以致用"的目的,又完成"培育精神"的任务。

(二)对第二种武术教育改革思想的具体解析

在第一种改革指导思想提出之始,就出现了不同声音。北京体育大学武术学院套路教研室旗帜鲜明地指出,"'淡化套路'的提法不够准确,而'突出方法、强调应用'尤其显得语意重复",并提出:"如果把武术的不可分割的套路部分淡化,那么,有些人干脆就要淡出套路,可是,舍了套路的武术将还是武术吗?"[2]"把武术的套路、搏斗、功法3种形式割裂本身是一种错误,而舍弃套路……将使中国武术大失异彩,这将是错上加错""优秀的武术套路极具文化品位和思想内涵,也是广大学生喜闻乐见的运动内容,只是不要一味地重

---

[1] 学校武术的教学内容无论选取什么,都可以传承某一部分武术技法,从而起到传承文化的作用,但具体到培育精神就完全不一样了。虽然培育精神也包含于传承文化之内,但是精神是文化的核心、灵魂,只有最贴近武术本质、最核心的武术技法,才有可能起到"培育精神"的作用。

[2] 武冬.体育教育专业武术课程教学内容和方法改革的研究[D].北京:北京体育大学,2006:20-25.

复没有内涵、缺少功效的劣质套路,因此,不是'淡化'以至'淡出'套路,而是应该继承和整合乃至发展创编出优秀的套路,赋予套路特有的教育功能"。该研究是提出了"优化套路"[1]。从以上发问可以看出,这种改革指导思想的出发点是武术的自身发展,认为如果"淡化"或"淡出"武术套路,将使武术"黯然失色",其立足点是如何保留独具中华文化特色的武术技术结构。

这种指导思想以强大的中华传统文化为支撑,其形成路径如下:首先思考"如何弘扬武术文化?"——通过武术课;而现状是"学生爱武术而不爱上武术课",怎么办?——改革;改革要先找原因,为什么学生不爱上武术课?——以前的武术课内容是"没有内涵,缺少功效的劣质套路";怎么办?——对其进行优化;为什么不能"淡化"或"淡出"套路呢?——那样不仅"将使中国武术大失异彩",还会使武术失去本质;"武术本质是什么?"——"功、套、用"一体的技术结构。在这个技术结构中,"功"和"套"是基础,"用"是落脚点。这是传统武术拳种普遍具有的技术结构,因此弘扬武术文化应该以传统拳种为单位,弘扬这种独特的技术结构,将指导思想确立为"突出拳种、优化套路、强调应用、弘扬文化"。

对于其推导过程是否存在问题暂且不论,仅从弘扬传统武术文化角度来看,这种指导思想是正确的。半个多世纪以来,中华武术发展最鲜明的变化是在现代性支配下发生了分化,原本统一于一体的套路和格斗逐渐发展为互不相干的两部分独立内容,对此,学术界褒贬不一。北京体育大学徐伟军教授旗帜鲜明地指出:"我们现在所称的武术,实质上是肢解中国传统武术后,将其中某些内容进行改造,从而形成的一个体育竞技项目。这个被'创造'出来的武术项目是畸形的,它既不能代表中国传统武术,又在推广普及中困难重重。"[2]既然现在的武术是畸形的,不能代表传统武术,那么传统武术是什么样?传统武术有"功、套、用"一体的技术结构。温力教授将武术传统的训练体系总结为从基本功、套路,到拆手、喂手、随意使用方法的对抗性练习、实战的训练过程[3]。程大力教授将武术拳种流派的内容概括为"有各自不同风格和内容的基本功、功法、内功、若干拳术套路、若干器械套路、拳术和器械的拆单练习、拳术和器械的对抗练习等"[4]。周伟良

---

[1] 武冬,吕韶钧.高等学校武术课程体系改革研究[J].北京体育大学学报,2013,36(3):92-98.
[2] 慈鑫.武术为进奥运变身"舞术"——失落中的中国传统武术(下)[EB/OL].(2005-04-05)[2021-08-09]. http: zqb.cyol.com/content/2005-04/05/content_1062763.htm.中国青年报,2005-04-05.
[3] 温力.武术传统技术体系和训练体系的形成[J].武汉体育学院学报,1997,31(2):13-17.
[4] 程大力.中国武术文化发展大战略:保护与改革[J].体育文化导刊,2005(2):16-20.

教授总结出"以拳法为诸艺之源，以套路为入门之法，最终以'既得艺，必试敌'即由招至化这样一个'不离日用'的基本习武程序"[1]。在绝大多数传统武术拳种的技术训练体系中，功法、套路（单练、对练）、拆招、喂手、散手、实战等，构成了一个有机的技术训练体系。弘扬武术文化是对这种独特的武术技术结构的整体弘扬，而非对其某一部分的弘扬。国家体育总局武术研究院组织创编的以拳种为单位、以"单练、对打、拆招"为主要技术环节的段位制系列教程，正是在这种思想影响下，为改变武术的分化发展而做的实践尝试，它将武术向传统回归的进程向前推进了一大步。因此，这种指导思想包含强烈的传统文化意识，抓住了弘扬武术文化的关键。

然而，这种武术教育改革思想落脚点是"弘扬文化"，因此其改革的立足点是武术自身，即如何把博大精深的武术文化传承下去、发扬光大，但对于"如何以武术培育民族精神"似乎没有太多关注。该思想坚持学校武术教育改革不能丧失武术传统的"功、套、用"一体的固有技术结构，不能背离传统武术文化，这说明其考虑问题的出发点在于"武术文化的自身传承"，而非"如何以武术服务社会"。这种改革思想及其具体实践将改变武术技术割裂的现实，对于在高等院校"建立优秀武术文化传承体系，弘扬优秀传统武术文化"具有重要的现实意义。但是，这种改革思想仅适用于学校武术专业教育领域，不适用于学校武术普及教育领域。[2]

这种改革思想最初是在对专业院校学生进行教学实验的基础上形成的，其适用对象仅限于专业学生，不适宜向各级普通学校的一般青少年推广。因为一般学生不具备专业学生的身体素质、协调能力、领悟才能、学习兴趣；各级普通学校的课时量极其有限，没有整时整段开设武术课的条件。在中小学的体育课中，武术每一学期的教学内容不足 10 学时，且不是每学期都安排武术教学内容，在这

---

[1] 周伟良.行健放歌——传统武术训练理论的文化诠释[M].兰州：甘肃文化出版社，2005：74-86，摘要 004.
[2] 以由该思想指导的武术段位制教程为例，与以往初级套路相比，向前跨越了一大步，使学生学习套路不再是"囫囵吞枣"，可以明晰套路中的技术动作的具体含义。然而，学生学习其中的任何一个拳种，即使 1~6 段练得滚瓜烂熟，也仍然不会技击实战。因为无论是套路单练、对打，还是拆招，都是固定模式下的练习，这与自由灵活的技击实战有相当大的距离。有兴趣的可以做个实验，把喜欢武术或技击类项目的大学生随机分成 3 个班，一个班从大一开始一直到大二结束，以武术段位制教程中的某一拳种为选项内容；第二个班从大二开始用一学年的时间练习武术散打方面的选项内容；第 3 个班从大二开始用一学年的时间练习跆拳道课的选项内容。到大二课程结束时，让 3 个班的学生进行实战对抗，其结果很可能是练习段位制的学生全军覆没。因为其教学内容中缺乏随机的自由对抗环节，学生练得再好，也无法应用。因此，这类课程既无法培养学生的能力，也无法培养学生顽强拼搏的精神，更难以激起学生的学习兴趣。

种情况下，只教授武术套路的效果是"水过地皮湿"，课程结束不到 3 个月，所教授的内容几乎被学生忘得一干二净，更何况"功、套、用"一体的技术结构了。在普通高校公共体育课中开设的武术选项课，一般只安排 1 个学期或 2 个学期，很少安排 4 个学期，并且一周只有一次课。作者在十余年的武术选项课（以 2 个学期为单位）教学实践改革过程中发现，如果把"强调应用、培育精神"作为教学目标，则根本没有教授武术套路的时间，要么以套路教学为主，牺牲自由对抗的环节，要么以两两对抗为主，牺牲套路教学环节，两者不可兼得。实践证明，只有从单式单招入手，直接过渡到喂招、散手，从半对抗逐渐过渡到自由实战，才能既符合普通学校和一般学生的具体实际，又达到培育精神的目的。中国计量大学季建成教授在校内推行的"一拳一腿"，正是根据武术课时有限、青少年身体素质不佳的实际状况而制定的。套路在武术技术体系中属于动作复杂、难学难练、不易激发学生兴趣的封闭型技术，即使把武术套路优化为最核心、最精华的内容，也无法改变"武术套路不符合各级学校的具体实际和广大青年的具体实际、不适合作为大面积普及性的体育课教学内容进行推广"的事实。在这种现实状况下，只能简化教学内容，打破固有结构，从武术技术体系中抽取最适宜培育民族精神的教学内容。

（三）对第三种武术教育改革思想的具体解析

针对以上两种指导思想及改革实践，持第三种武术教育改革思想的人提出异议。他们认为："'淡化套路、提倡攻防'的武术教育改革在提高青少年学习武术兴趣的同时，削弱了作为武术文化重要载体——套路的文化内涵及其教育意义"，因此不应该"淡化套路"而应该"强化套路"。国家体育总局武术研究院组织创编的段位制武术教程，虽然强化了套路（不仅有单练套路，还有对打套路），但是这种"将前套动作与后套动作配对的对练，不仅没有武术对练精彩（此处所说的"对练"应该是目前竞技赛场上的武术对练项目），还无法真正提高青少年的防身能力"，虽然还增加了拆招环节，但是这种拆招"既破坏了套路，又不是技击格斗"。蔡龙云指出"打和练是两码事，两个体系的东西"，两者不能"结合"，只能"并进"，"打练并进"才是"武术本真"。因此，应该以"武术套路、武术格斗"作为武术教育内容，这样既全面地保留了武术的"套路与散打"两种形态，又实现了武术教育"套路演练与技击实战并进",最终培养出能练能打的武术人才[1]。

前两种武术教育改革思想形成的时代背景是国家层面需要以武术"弘扬和培育民族精神",第三种武术教育改革思想形成的社会背景是"青少年体质连续25年下降"。广大青少年的体质之所以不断下降,是因为没有养成坚持锻炼的习惯,之所以没有养成锻炼习惯,是因为没有掌握某一项运动技能。以武术为例,学生从小学到大学基本上都不会练武术。如何让青少年会练武术,通过武术增强体质,成为他们思考问题的切入点。该指导思想形成的路径如下:首先思考"什么是会武术"?——"会打会练";"什么是会打会练"?——"会打"就是随时可以拳打脚踢进行格斗,"会练"就是会练武术套路,即过去说的"能击善舞",因此,必须把握两点——"强化套路,突出技击";确定了方向,应该如何选取教学内容?——少而精;如何才是少而精?——会用简单的踢打摔拿进行格斗即可,会练一个简单的套路即可,因此提出"保质求精";如何格斗?会练一个什么套路?——"一校一拳,打练并进",即每个学校教授独具地方特色的一个武术拳种中的一个套路,不拘一格,同时开展散打教学,由此形成打练并举的教学格局;相对于其他体育项目,除了技术层面的内容,武术还独具中华文化内涵,文化内涵怎么体现?——"术道融合、德艺兼修";通过以上设计规划最终达到什么目的?——"强身健体、自卫防身、修身养性、立德树人"。这样既提高了青少年素质,又使武术特有的内容得到了传承。

对于这种改革思想的基础及现实性暂且不论,但是他们确实看到了在以前两种教育思想指导下的武术改革实践存在的问题。例如,在第　种教改指导思想下形成的《武术套路基础教程》,其中的徒手技法部分完全抛弃了套路,而以招法取而代之。学生学了这些孤立的招法之后,既不会套路演练,也不会格斗实战,等于格斗和套路都没学成,不具备攻防格斗能力。因此,第一种指导思想的初衷虽好,但在其指导下的改革实践却不彻底,这是问题的关键。段位制教程虽然也提出"既可单练、又可对打、还能实战"的技术结构标准,但事实上学生学了这些内容之后根本不具备实战能力,而且从1~6段,这么多套路,学生只能囫囵吞枣。这种繁杂的技术内容根本不符合各级普通学校的具体实际,以及普通学生的具体实际,在现实实践中很难得到具体实施。

综上所述,前两种改革实践虽然将武术教育改革向前推进了一大步,但都不

---

[1]该段引号中的内容源自对该思想倡导者的调访及其代表性论文。

彻底，无法通过武术培养能力、提高素质。"强化套路，突出技击，打练并进"的改革设想，使学生既能套路演练，也能格斗实战，契合现代武术发展过程中套路和散打并行发展的格局。因此，这种改革既没有丢掉武术技术中"最有文化的东西"——套路，也没有远离武术的本质属性——技击，同时符合武术发展的现代格局，其改革立足点是具有现代气息的文化意识。

第三种武术教育改革思想中虽然涉及"道、德、修身养性、立德树人"等非身体层面的内容，但是其出发点是解决比精神更直接的身体层面的问题，即以武术强身健体，扭转青少年身体素质不断下滑的趋势。同时，第三种教育改革思想与第二种教育改革思想一样，坚定地认为：无论如何改革，都不能失去武术独有的文化特色。但两种教育改革思想对武术独有文化特色的理解存在差异，前者认为武术的特色是"功、套、用"一体的技术结构，后者认为武术的特色是套路运动形式。

第三种教育改革思想中的"一校一拳"中的"拳"是指"强化套路"中的"套路"，也是"打练并进"中"练"这一方面。提出"一校一拳"，是为了避免一刀切、大统一，倡导因地制宜，让不同省市、地区根据各自的具体实际选择教学内容。"打练并进"的思想基础是蔡龙云一直坚持的"武术套路和技击对抗是'两股道上跑的车'，只能'并进'，不能'结合'"的观点。该思想既实现了蔡龙云先生一直倡导的"习武者应该'能击善舞'"的习武理念，也保留了中华武术独有的套路运动形式。"术道融合，德艺兼修"是把武术教学由技术层面延伸到道德层面，是对武术教育价值的提升。"强化套路突出技击"的教改理念是对"打练并进"思路的细化，之所以反对"淡化套路"，提出与之完全相反的"强化套路"的观点是为了保证"突出技击"的大前提，不丢失武术最主要的文化特色——套路运动形式。"强身健体、自卫防身、修身养性、立德树人"是最终要实现的目标。

该教育改革思想实际上是让学生通过武术课同时学会两个运动项目，一个是隶属难美表现型运动的武术套路，另一个是隶属格斗类运动的武术散打。通过前者保证武术的文化特色，通过后者实现"学以致用"的目的。

综合以上分析，前两种武术教育改革实践都是在"弘扬和培育民族精神"观点提出的大背景下，针对以前学校武术教育存在的问题而展开的。由教育部主导的第一种武术教育改革实践把主要着力点放在了解决学校武术普及教育存在的诸多问题方面，将改革向前推进了一大步，其存在的问题是解决问题不彻底，没有达到"学以致用"的目的,没能实现以武术培育民族精神的初衷。以国家体育总局武术研究院主导的第二种武术教育改革实践的主要贡献是为传承优秀传统武术拳种做出了不懈努力,为武术专业教育改革提供了范例,存在的问题是这类教学内容不适于在各级学校体育课中推广普及,难以实现"以武术培育民族精神"的目的。教育部主导的第三种武术教育改革实践的立足点是解决青少年身体素质下降的问题,其提出的"打练并进"的设想非常好,但由于对以前学校武术普及教育存在的问题认识不足,可能难以在现实中实现。同时,这种教育改革思想对青少年的精神层面的关注有待提高。就近十年来全国学校体育武术项目联盟试点学校的教学内容而言,绝大部分以套路为主,如华东师范大学第二附属中学(紫竹校区)是试点学校,其"一校一拳"的教学内容是形意拳套路,开始由上海体育学院的学生上门授课,但近年来已经偃旗息鼓了。目前,其初中的武术教学内容是连环拳(上海市中考套路),高中的教学内容是武术基本功、三路长拳、24式太极拳、新编长拳、少年棍等,没有开展武术散打等对抗性项目。也就是说,"一校一拳"中的"一拳",没能开展下去,"打练并进"没有得到实施。其他学校教学状况类似,普遍呈现改革之前以套路为主的教学状况。

三、三种典型武术教育改革思想的比较

(一)三种武术教育改革思想的异同点

通过以上具体分析可知,三种武术教育改革思想既有共同点,也有不同点。三者的共同点是都看到了武术教育存在的问题,都想让武术教育发展得更好,都将"强调应用"作为改革的重点(前两种改革思想直接包含"强调应用",第三种改革思想的"防身自卫"即"强调应用")。三者的不同点在于对武术套路的态度,分别提出"淡化套路""优化套路""强化套路",这种不同之处分别折射着更深层的改革切入点和立足点。

因为第一种改革思想是站在中华民族发展的高度而非武术自身发展的角度思考问题,所以如何利用武术课使当代青少年的精神面貌得到改观,成为思考问题的主轴。以此为依据,应该在博大精深的武术中选取最适于培育民族精神的内容,而不应该过多考虑如何使武术的技术结构和文化特色得到完美传承。立足社会现实问题,以强烈的社会责任感,解决武术课存在的主要问题,是提出"淡化套路"

的初衷。第二、第三种改革思想也关注社会问题，但同时更多地关注武术自身传承，强调学校武术教育改革的前提是不能丢失武术独有的文化特色。因此，两者具有很强的文化意识，只是一个具有传统文化气息，一个具有现代文化气息。两者的共同点是，都认为套路是中华武术典型的文化标志，淡化或摒弃套路之后的学校武术是残缺不全的武术，不利于武术自身发展，因此不能"淡化"套路，必须"优化"或"强化"套路。两者的不同点在于对武术套路的理解，一个着眼于传统，认为套路和格斗紧密相连、不可分割，应该"打练结合"，提出"功、套、用"一体模式；另一个着眼于现代，认为套路和格斗是两块独立的内容，不能结合，但可以并进，提出"打练并进"。

3种改革思想的共同点是形成改革合力的前提，但它们之间的矛盾是阻碍武术教育改革进程的绊脚石。不同思想倡导者各持己见，对武术教育改革实践极为不利。只有发现矛盾，化解矛盾，形成改革的合力，才更利于武术教育改革的顺利进行。

（二）三种武术教育改革思想之间的矛盾[1]

第一种武术教育改革思想和其他两种武术教育改革思想之间的分歧表面上是对武术套路运动形式的取舍，即应该"淡化"还是应该"优化""强化"套路，而实质上是改革的出发点即把什么摆在第一位的问题。前者立足于社会现实，把武术如何服务于国家民族的发展摆在第一位，在实现首位目标的前提下兼顾其他方面。后两者则立足于武术自身，把如何保持武术的文化特色，把武术最有特色的内容通过广大青少年传承摆在第一位，这是改革武术教育、使其服务于国家和民族发展的前提。这种分歧折射的是武术基础理论领域对武术的"传承"和"利用"问题。

在非物质文化遗产保护方面，文化部门将其划分为抢救、保护、传承、发展、利用等环节，这几个环节虽有联系，但也有区别。其中，"传承"的立足点是技艺本身，即如何使某种技艺完整地传承下去，"利用"的立足点是某技艺所服务的对象，即如何选取技艺中的适宜内容更好地满足所服务对象的实际需要。

第一种武术教育改革思想是以"利用"为主导，重点考虑利用武术技术中的

---

[1] 此处仅讨论第一种武术教育改革思想与后两者之间的矛盾，后两者之间的矛盾在学校武术专业教育改革部分做详细剖析．

哪些内容来实现培育民族精神的目标，只要适合培育民族精神的内容，就可以"拿来"应用。武术套路虽然是中华武术最典型的外在形式特色，但是由于技术复杂、难学难练，不适合在学校体育课教学中进行大面积普及，因此应该将其"淡化"。第二、第三种武术教育改革思想是依据"传承"而设计的，虽然也考虑利用武术中的哪些内容来培育民族精神、增强学生体质，但前提是不能失去武术的固有结构和文化特色，应该在武术课上通过青少年把武术特有的东西传承下去，提出不应该将最具中华武术特点的套路"淡化"，而应该"优化"或"强化"。

因此，3种思想之间的主要矛盾可归结为把什么作为首要目标，把什么摆在第一位的问题。第一种教育改革思想把"以武术更好地服务社会"摆在第一位，因此重点考虑利用武术中最适宜的内容；后两种教育改革思想把"如何更好地传承武术"摆在第一位，因此提出改革的前提是不失去武术独有的文化特色。

（三）三种武术教育改革思想矛盾的消解

要消解3种武术教育改革思想之间的矛盾，关键是首先明确"传承是哪些人的任务，利用是服务于哪些对象、应该选取哪些内容"。从非物质文化遗产或博大精深的武术技术角度来看，"传承"应该是极少数人的事情，让那些酷爱武术者通过教师的传授和自身坚持不懈的努力将独具特色的武术技艺传承下去。武术技艺高级复杂、难学难练的特点，决定了其传承者绝非大众，而是小众。在社会上，应该由少数传承人完成技艺传承的任务，对于人民大众而言，仅利用其中的某一部分内容或某一片段来服务于自身的某方面需要即可；在学校里，这种技艺不应该通过大面积普及性的体育课来传承，而应该通过各级普通学校的课外武术社团或体育专业院校的武术专业课来传承。学校武术普及教育显然是对武术遗产的"利用"，利用武术中的适宜内容服务于广大青少年的成长。武术的"利用"所面对的是大群体，是为了解决这个大群体存在的突出问题，而非解决武术自身的传承发展问题。中华武术是一个大宝藏，而"利用"这个环节的关键是如何在这个大宝藏中选取最适宜的内容、最能针对当代青少年存在的实际问题而对症下药的内容。只有能解决青少年的实际问题的内容，才是学校武术普及教育应该汲取的对象，不能解决实际问题的武术内容，则应该被全部舍弃。

学校武术普及教育与学校武术专业教育最大的区别在于：前者是以武术来服务社会，利用武术中的适宜内容来培育精神、增强体质；后者是传承武术、发展武术，把武术完整的技术体系传承下去，通过科学化的方法发展起来。学校武术普及教育不能越俎代庖去承担学校武术专业教育应该承担的任务。如果完全立足于以武术服务社会，通过武术激发民族精神，培育青少年勇于拼搏、坚韧不拔、刚健自强的精神，那么应该在武术中选取最适宜的内容，把是否保持了武术技术体系的固有结构、是否保留了武术最主要的文化特色等因素全部抛开。

因此，这三种武术教育改革思想有的偏重"传承"，有的偏重"利用"，从某种角度来看都是正确的，关键是将其分别应用于什么领域。如果将第一种改革思想应用于学校武术普及教育领域，将后两种改革思想应用于学校武术专业教育领域，矛盾就消解了。

四、对当今学校武术教育改革实践的具体评价——以武术段位制进校园为例

在学校武术教育改革实践方面，投入人力、财力、物力最多的是由国家体育总局武术研究院牵头组织的武术段位制进校园活动。2005年，国家体育总局武术研究院组织全国各地百余名武术界学者，分华北、东北、西北、西南、华中、华南、华东等几大区域，对中小学武术教育展开了大规模调查，在此基础上于2008年出版了调研报告《我国中小学武术教育改革与发展的研究》。随后，2010年出版了由国家体育总局武术研究院组编的20余册包括理论及各拳种技术的中国武术段位制系列教程，并创编了《全国中小学生系列武术健身操》，开始向社会和各级学校推广。这标志着国家层面主导的学校武术改革由理论研究付诸具体实践。

就各拳种教材的编排而言，一改之前仅包含操化单练套路的格局，而是在单练套路基础上增加了对打套路和具体拆招，套路编排遵循了由简入繁的原则。从传承武术文化的角度来看，这种武术教育改革由以前仅囫囵吞枣式地教授套路进化为对套路中具体技术的解析，因此将学校武术教育向前推进了一大步，在一定程度上激发了广大学生学习武术的兴趣。然而，深入剖析可知，这种改革的立足点在于"传承"，而非"利用"，更侧重于站在武术自身传承发展的角度设计教学内容，而不是站在广大青少年成长角度选择最适宜的武术教学内容。教材编排的主要精力放在了如何保留中华武术最外显的技术特色——套路形式，以及最突出的训练模式——练打结合等方面，而非放在如何更好地服务于广大青少年的精神

培育方面。如果在各级普通学校教授这些内容，则很容易顾此失彼，因过分突出传承武术技法而影响"以武育人"目标的实现。因此，这类新编内容的适宜对象应该是各级普通学校的少数学生、体育院校的武术专业学生，是"小众"，而非"大众"。因此，首先明确其适用对象很关键，如果把这种传承中华优秀武术文化的技术载体放错了位置、选错了对象，就可能会起到相反的作用。

中华武术的初始形态同其他国家的武技一样，也是简单实用的对抗技术，其套路形式、练打结合的训练模式等独具特色的内容，是其发展到一定历史阶段之后形成的相对高级、复杂的内容。这类技术既难学难练，也不具备"教之易解，学之易能，用之易效"[1]的简单实用性，因此只适于少数对武术有极大兴趣的人长年累月、坚持不懈地习练，不适于大面积推广普及。同时，鉴于各级学校的体育课中武术课时量极其有限的实际情况，学生能够学会这些套路的单练、对练、拆招，就很不容易了，根本没时间进行对抗性练习。以中国武术段位制系列教程的《长拳》为例，创编的各段位套路仍取材于艺术化的套路，只是增加了对打和拆招。虽然"即可单练，又可对打"，但与"还能实战"的初衷有非常遥远的距离。可以说练习这类套路，根本不能实战，仅是"表现技击"而已！这是作者调研过程中武术散打教练的一致看法。

现在武术界有一种怪现象：民间很多习练传统武术多年的习武者与仅习练现代武术散打几个月的习练者相遇，根本不堪一击。深入剖析产生这种怪现象的原因可知，这些传统武术习武者长期停留于拆招、说招的练习阶段，缺乏真正的实战对抗训练，难以把握对抗时的"距离感""时间差"，一实战就手脚慌乱，不知所措，而武术散打习练者一开始就进行两两相当的简单实用性的对抗练习，基本把握了进攻和防守时机，虽然动作不一定高度协调，武术技术水平也处于较低的层次，但进行简单直接的对抗绰绰有余。实际上，新编段位制教材的武术套路技术内容与这些民间传统武术技艺基本处于同一层次上，即使练习这类操化技术一辈子，也难以具备实战对抗能力。与之形成鲜明对比的是，学习拳击、跆拳道、空手道等外来武技，仅几个月就效果明显。如果广大青少年学习了这类新编段位制武术之后，与学习这些外来武技的学生相比，仍"不堪一击"，那么只会使他们早形成"中华武术虚幻不实用，是花架子"的错误意识，从而使已经在各级学

---

[1] 吴殳. 手臂录 [M]. 太原：山西科学技术出版社，2006：卷之四临阵兵枪说.

校蔓延的"削减武术以增加跆拳道等域外武技项目"[1]的现象与日俱增，这对学校武术发展的打击将是毁灭性的。

从理论上分析，这类操化新编技术既难学难练、不宜大面积普及推广，又缺少真正的对抗环节、不能提高技击实战能力、不易培育青少年的拼打精神。同时，这类技术与国外武技相比没有竞争力。因此，不宜在各级学校正规的体育课中推广普及这类技术，只可能在课外活动时间以课外俱乐部或社团形式进行小众学练。

综上所述，对这类新编段位制武术套路的评价是，因为改变了以前囫囵吞枣式的套路教学模式，较为完整地继承了传统的武术训练模式，所以这是中华人民共和国成立后整个武术改革的一次飞跃，对于"传承中华优秀武术文化"功不可没。这类新编系列教材的教学内容特别适合中年以上年龄段的习武人群，可以将其在社会上推广，用于武术爱好者健身强体，或应用于武术专门学校、专业院校，或在各级学校以课外活动兴趣小组的形式教授，但不适合在各级学校体育课上向全体学生大面积推广普及。在各级学校体育课中普及的武术，应该是最简单、最实用、最浅显、最易学的技术，只有推广这类技术，才有利于培育民族精神，符合各级学校的体育课一周甚至一学期仅几个课时的实际情况。

第四节　学校武术普及教育改革的个案研究
　　　　——普通高校武术选项课改革实践

学校武术普及教育面对的人群既包括中小学生，也包括大学生，对前者一般通过中小学体育课中的武术教学来实施，对后者则通过普通高校公共体育课中的武术选项课来实施。为探索最适合普通高校武术选项课的教学内容，作者在教学实践工作中进行了十余年的改革实践探索，并以此为依据提炼出了学校武术普及教育的改革思想[2]。具体改革过程及由此得到的启示如下。

---

[1] 国家体育总局武术研究院.我国中小学武术教育改革与发展的研究[M].北京：高等教育出版社，2008：1.
[2] 学校武术教育改革教学内容的选取问题绝非仅通过一个学期或者两个学期的教学改革试验就能解决的，而应该反复试验、反复对比，这样才能得到相对客观的结论。由于工作便利，笔者进行了十余年的普通高校武术选项教学内容的改革探索。然而，由于客观条件所限，仅进行了普通高校武术选项课的教学改革实验，没有进行中小学的武术教学改革试验，这是该研究的不足之处。

一、从武术课到武术防卫术课的教学内容改革

（一）课程改革的基本情况

作者以浙江工业大学一、二年级武术选项课学生为研究对象，从 2003 年 9 月开始，进行了十余年的武术课教学内容改革。教学改革初期阶段（2003 年 9 月—2007 年 6 月），授课对象是课题负责人带的武术选项班（平均每学年有 7 个教学班，每班授课人数在 25~28 人），主要进行了 3 轮教学内容的大幅度调整，于 2007 年基本定型；教学改革后期阶段（2007 年 9 月—2014 年 9 月），授课对象扩展到教学团队 4 个成员所带的所有武术防卫术选项课教学班（平均每学年 15 个教学班，班级人数在 28~32 人），主要应用基本定型的内容进行教学实践；2013 年针对教学过程中出现的小问题对教学内容做了进一步调整，从而将教学内容正式定型。虽然研究范围仅包括一所高校，但十余年的课改过程涉及学生两三千人，并且这些学生来自全国各地，因此具有一定代表性。

（二）具体改革思路及实施过程

1. 精选套路的改革思路及实施

受当代武术发展状况影响，课程改革倡导者的武术专业技术偏重于套路，不擅长格斗，因此在教学改革之初总是想方设法保留中华武术最典型的文化符号套路，并一厢情愿地认为以前的武术课之所以不受学生喜欢，是因为选取的套路有问题。在 2003 年 9 月教学改革之初，作者就把两学期的教学内容分别确立为两个短小精悍的武术套路，前者以刚猛型为主，后者以柔和型为主。

第一学期的教学内容选取了 20 世纪 80 年代蔡龙云先生编写的《少林寺拳棒禅宗》中的八步连环拳，该套路短小精悍，既能单练，也能对打，还能拆招，虽然动作歌诀有 22 句（当头炮猛撞双拳，连环势左右击掌，封喉势截手锁喉，窝心脚直踹心窝，硬拉弓马步侧击，连珠炮急打三拳，倒骑龙回身便走，披身锤翻身劈砸，开弓势四平架打。沉香势推倒泰山，弹腿势惊破敌胆，擒拿势捉将擒王，射箭势旁冲侧打，斜飞势挨傍挤靠，起飞脚直踢下颏，拽横拳单风贯耳，抛兜拳黑虎掏心，悬脚势金鸡独立，挂面脚踢打头脸，拗单鞭单掌推碑，左右炮冲前撞后，

琵琶势护守中门）[1]，但往返各4步，动作十分简单、直接、连贯，适用于一般学生。然而，最终教学效果出乎意料。期末考试时，除个别学生外，绝大部分学生的动作五花八门。经历一个寒假，到第二学期开学时，测试上一学期的教学内容时发现，有些学生已完全忘光，有些学生则磕磕绊绊，很难从头打到尾，这更验证了第一学期教学内容的实施效果。第二学期的教学内容是简单的太极拳套路的单练和拆招，最终教学效果与第一学期类似。综合两学期的改革实践发现，根本没有解决之前初级套路教学存在的问题。

2. 优化套路并增加散打内容的改革思路及实施

鉴于两个学期的课改失败，作者2004—2005年度调整了授课内容。在调整理念方面仍坚持保留套路，但同时强化了拆招及技击对抗方面的教学环节。具体调整方案是第一学期教授套路、拆招，第二学期进行现代散打技术体系的拳腿摔内容教学。

第一学期的教学内容是一个由各拳种精选出来的典型招法组成的综合套路，该套路从孙膑拳三十二手的"提手劈掌、上托侧踹"开始，中间结合太乙腿法的"腾空侧踹、跳步挂劈蹬脚（劈打蹬）"、螳螂拳的"采三手、挑进山门"，最后以八极拳的"霸王硬折缰、两仪顶"等结束，共十几个动作的小组合。尽管教学内容设计者绞尽脑汁设计套路，并从各方面激励学生平时多练习，但第一学期期末测试时，学生的套路演练仍然磕磕绊绊，教学效果依然如前。

第二学期的教学内容包括直拳、掼拳、劈拳、抄拳和正蹬、侧踹、弹踢（正、侧）等单个技术方法及组合技法，最终教学效果有所改观。第二学期期末测试时，大部分学生能够把基本技术做得像模像样，有超过半数的学生能够较流畅地完成组合技术。但仍然存在一定问题：仅完成了基本技术和组合技术教学，根本没时间进行实战对抗，因此学生只是能够较好地演练技术动作，仍不具备实战能力。如果一门体育课没能培养学生的某方面能力，那么注定是失败的课程，因此，课改仍须继续。

3. 抛弃套路并完全采用对抗性教学内容的改革思路及实施

由以上两轮改革实践可知，"学生不喜欢武术课"不仅说明原来的初级套路

[1] 蔡龙云. 少林寺拳棒禅宗 [M]. 杭州：浙江科学技术出版社，1983：76-122.

不好，还说明武术套路根本不适宜现在普通高校的一般大学生。原因简析如下：①目前普通大学生的状况是，在中小学时完全没有学练武术的经历，完全没有武术基础；②套路是武术技术体系中高级复杂、难学难练的技术，须天天练习、日积月累，才有成效，而普通高校一周仅一次体育课，不具备练好武术套路的条件。在这种情况下，只有在博大精深的武术技术中选取"教之易解，学之易能，用之易效"[1]的技术，减少动作数量，降低技术难度，才有可能取得教学改革的成功。

基于以上思路，作者第三轮的教学改革不得不忍痛割爱，放弃相对高级复杂的套路，选取更简单实用的教学内容。从2005年9月起，作者将教学大纲调整为：第一学期教授4个基本拳法（冲、掼、抄、鞭）、4个基本腿法（弹踢、正蹬、侧踹、侧弹踢），以及这些技法的基本组合；第二学期的前半程教授3类摔法，后半程以两两捉对的半对抗性练习、对抗性练习为主，并将步法练习贯穿始终，还在每堂课课间休息时介绍一个擒拿技法。以步法练习为例，具体如下：①单人练习前后左右移动的4种步法，以及结合腿法的几种特殊步法；②两两成对，一进一退，由固定逐步过渡到随机；③加上摸点练习，即通过快速步法移动来抢点（随着课程的深入，由两肩到头、胸、腹、两膝，点数逐渐增多）；④加入踩脚练习、基本腿法、组合腿法对抗性练习。根据调整后的教学大纲授课，其教学效果是：第一学期期末测试时大部分学生能够基本掌握拳腿技法要领；第二学期期末测试时每个学生都能够进行自由攻防对抗，具备了一定的防身自卫能力和敢于拼搏、刚健自强的精神。

相对于之前两轮的教学改革，第三轮教学改革有明显改观，究其原因包括：①单个或组合的拳腿摔拿技法相对之前的武术套路技术要简单得多，易学易练；②这种技术教学是开放性的，不像封闭性的武术套路教学那样枯燥无味，容易引起学生学习兴趣；③在两两半对抗和对抗练习过程中，学生能否摸到点或命中，可结果立判，因此很容易使学生获得成功体验；④考试时是否得点或是否将对方摔倒十分明确，不像武术套路考试，只能凭教师印象打分；⑤通过教学，切实培养了学生的某种能力，如灵活反应能力、准确判断能力、防身自卫能力。以上几点充分说明：开放型的武术对抗类教学内容更适合普通高校的具体实际。

因为第三轮教学改革基本成功，所以2006—2007年度又重复了上一学年的

---

[1] 吴殳.手臂录[M].太原：山西科学技术出版社，2006：145.

教学内容,最终效果基本理想。由此,新的以对抗类技术为主的武术课教学大纲基本定型。由于改革后的武术课能够提高学生的防卫能力,最终将课程名称由"武术"改成了"武术防卫术"。这种课程名称的小改动增加了选项课学生的数量,出现了选课爆满的情况,这也从一个侧面说明了广大学生对武术最本质的技击防卫价值的渴望。武术的特殊性在于培养技击防卫能力,至于强身健体,是所有运动项目在追求各自目标的情况下必然产生的效果。武术课不应该放弃自身的目标、丢失本分,而仅追逐所有运动均有的强身健体目标。

4. 大面积推广后对教学内容的进一步微调

武术教学大纲基本定型后,于2007—2008年度开始,逐渐向教学团队的其他成员推广。经过分别教学实践后,大家一致认为新教学内容更适合普通大学生。又经过几年稳定阶段的教学实践,于2013年重新修订教学大纲时,有成员提出"第一学期的教学内容安排得太多,使学生难以消化,不能保证教学效果,能否再简化",该建议有一定代表性,因此被采纳,最终将教学内容精简为2个拳法和3个腿法,即直冲拳、侧擂拳、弹踢腿(包括正面弹踢、侧面弹踢即鞭腿)、正蹬腿、侧踹腿。调整之后,2013—2014年度执行新教学大纲时,第一学期的教学效果有所改善,授课教师不必每周赶进度,学生也在一定程度上提高了对动作要领的掌握程度,并加强了打靶练习时的打击力度,这为第二学期的对抗性内容教学打下了基础。

经过几轮的教学改革实践,又几经调整,最后形成的普通高校武术选项课的教学内容具体如下:第一学期以实战站位姿势、2个拳法(直冲拳、侧擂拳)、3个腿法(踢、蹬、踹),以及这些技法的组合技法为主;第二学期前半程以基本摔法学习为主,后半程以条件对抗、半对抗、自由对抗为主,在课间休息时介绍擒拿法,并将步法练习(包括摸点、踩脚)贯穿整个教学始终。

5. 技术考试内容

第一学期技术考试内容是基本技术的打靶、组合技术演练。对于基本技术打靶测试,在没有数据测试仪器的情况下,只能根据学生是否整体协调发力、快速发力、自然回弹、动作规范(进攻时是否具有防守意识)4方面进行综合评判;对于组合技术考试,在以上4方面基础上再增加"动作衔接是否自然,动作是否连贯"的评判标准。

第二学期技术考试内容是两两对抗，主要考察主动进攻能力和防守反击能力。一般而言，防身自卫或见义勇为时常出现两种情况：①对方已发起攻击，在这种情况下只能防守反击；②对方已经构成威胁但还未发起进攻，在这种情况下可主动进攻。据此，将考试内容设计为一方发起3次主动进攻，另一方则进行3次防守反击，然后交换，每个学生最终可获得主动进攻和防守反击两个成绩。

两学期的技术考试内容基本涵盖了课程教学的主体，第一学期的基本技法和固定组合技法类似于武术套路，第二学期的两两对抗类似于散手，两者基本能够反映学生整体的武术能力。

（三）课程改革效果的验证

以上普通高校武术选项课教学内容的改革实践过程，实际上是一个在教学内容中逐步淘汰武术套路、引入武术对抗类内容的过程。实践证明，这种改革后的教学内容更有利于培养学生的能力。为证明这一论断，作者专门做了回访。所谓回访即选项课结束一段时间后（如间隔一两年甚至更久），组织学生测试原选项课教学内容，检验其对原来所学技术的掌握程度。本次测试对象是2013—2014年度曾以武术防卫术为选项课的学生，为进行对比分析，同时回访了太极拳选项课（以套路教学为主）的学生。回访时间是2015年4月底至5月初，回访内容是原选项课于2014年5月期末考试时测试的内容，具体如下：武术防卫术课程教学内容是拳腿摔技法的攻防实战，包括主动进攻和防守反击两方面；太极拳课程教学内容是杨式太极拳新编段位制套路一段内容的套路单练和对打，单练套路包括起势、云手、单鞭、单手平圆推手、搬拦捶、穿按掌、如封似闭、十字手等动作，对打套路即单练套路前后两部分的对接。

具体研究设计如下：从大三学生中随机抽取曾在大二分别以武术防卫术、太极类运动为体育选项课的学生各10名，其中6名男生4名女生。两个项目分别进行测试。对于武术防卫术的测试，先大致根据学生体重、身高进行两两配对，男女不混合，共测试5场，在每场对抗中，一名学生主动进攻3次，另一名学生则防守反击3次，然后交换，测试者分别获得主动进攻、防守反击两个分数。对于太极拳的测试，先测试套路单练，再测试套路对打。为保证实验结果的客观性，避免测试者相互交流技术，采取以下控制方法：第一组测试时，不允许其他待测者观摩；第二组测试时，已完成测试的第一组不得离开场地，以免与其他待测者交流，在观摩时不允许指导交流。接下来的几组依次类推。

武术防卫术测试结果具体如下：主动进攻时，运用最多的技术依次是左右直拳（10人）、正蹬腿（8人）、侧踹腿（5人）、鞭腿（4人），测试者均有成功，但成功概率不是很高；防守反击时，运用最多的技术依次为运用低侧踹腿阻挡对方的进攻（7人）、撤步后闪之后迅速直拳反击（5人）、接腿摔（5人，仅2人成功）、下潜摔（3人，仅完成了防守，但没有一个人将对方摔倒），还有1人成功运用撤步转身鞭拳，但仅成功一次。性别方面的差异是两对女生都没有运用摔法，都没有运用侧踹腿进攻，防守反击时只使用低侧踹腿和直拳。总体而言，测试的激烈程度与一年前期末考试时有一定差距，但这些学生还都能够运用以前所学技术进行对抗，并非毫无章法地乱打。

太极拳测试结果具体如下：套路单练测试时，被抽取的10名学生中没有一个能够完整地将套路从头练到尾，部分学生只记住了个别动作。10名学生对起势印象最深，都能"比划"下来。其中3人除了起势之外，还能接着"比划"云手、单鞭，2人还记得单手平圆推掌，对于接下来的搬拦捶、穿按掌、如封似闭、十字手等动作，没有一名学生能够记起。即使他们能回忆起来的个别动作，也仅限于"比划"，其标准程度还不如做广播体操，与太极拳的技术要求相差甚远。当提出要两两配对、测试对打套路时，更是大眼瞪小眼，都表示根本没印象了，仅有两名女生还能想起单手平圆推手，具体演练时，则都是"动手不动腰"，全失本意。

对测试结果的原因简析如下：武术防卫术测试的场面之所以不如之前激烈，是因为学生在之前的正式考试时都渴望拿高分，全力以赴地对抗，而这次仅是一般测试，没必要全力以赴。之所以时隔近一年之后这些学生还能运用所学的技术对抗，是因为通过一学年的学习练习，他们已经具备了灵活反应能力、准确判断能力，其技术已基本自动化。而太极拳套路测试的结果之所以如此糟糕，是因为通过该课程学习，学生没有形成"学以致用"的能力。虽然这个套路仅由8个动作组成，但是这些动作都有一定难度，以搬拦捶为例，教学时学生顾上就顾不了下，顾左就顾不了右，连把动作比划下来都比较困难，更不用说连贯协调了。更重要的是，因为教学内容仅限于套路的单练、对打和拆招，缺少灵活运用的教学环节，所以很难培养学生某方面能力。学生仅通过1学年每周仅半个多小时的技术学习练习，很难做到技术高度协调、放松流畅，因此根本无法获得某方面的能力。

通过回访可以证实：与技术复杂、以封闭型练习为主的武术套路教学相比，技术简单直接、以开放型练习为主的武术防卫术教学，更易培养学生的能力。

二、武术选项课教学内容改革实践启示

（一）武术套路不宜作为普通高校公共体育课的主要教学内容

对武术套路教学效果不佳的原因进行反思，大致可归纳为以下两点：①学校体育课课时有限，学生课下缺乏练习；②武术套路技术在武术技术体系中属于高级复杂、难学难练的技术，不适合大范围推广。

遥想当年，作者少年时期参加业余武术训练队时，首先学习训练的内容是少林八步连环拳套路，当时几乎所有队员都练得虎虎生风，不但单练很有气势，而且对打也十分逼真。当时的武术队员都带着浓厚的兴趣练习武术，不仅坚持天天练习，还有至少一周3次的集体学习练习，而现在普通大学生所修体育课是强制必修，即必须选择一个运动项目，很多学生虽然选择了武术课，但对武术套路的兴趣并不是很高，并且大学体育都是每周1次大课（2学时90分钟），课下学生很少自发练习。在这种情况下，仅凭每周一堂课的学习和练习，很难见成效。

同样是一周一次课，其他体育课之所以能够成功，是因为技术相对简单，学生通过简单学习之后就能够学以致用。武术套路是武术技术体系中高级复杂、难学难练的技术，没有坚持天天练习的前提，很难有效果。大多数学生难以从中体验到运动快感，难以产生兴趣，如果没有运动兴趣，就无法养成终身锻炼的习惯。由此而言，武术套路不适宜在普通学生中大面积推广，只适合少数人群习练。

以上教学内容改革试验证实：3种典型武术教育改革思想中，第一种"淡化套路、突出方法、强调应用"更贴近目前的普通高校武术选项课教学的具体实际和目前普通大学生的具体实际。只有在中小学体育改革取得了实质性进展，广大青少年从小养成天天锻炼的运动习惯的前提下，后两种改革思想"突出拳种、优化套路、强调应用、弘扬文化""一校一拳，打练并进，术道融合，德艺兼修"才有可能具有适用性。

（二）普通高校武术选项课应该采用简单直接、便于应用的技术，并将开放型的两两对抗作为课堂主要练习形式

一方面，武术选项课的技术教学内容必须简单直接、便于应用。横向对比可知，学生喜爱的运动项目如篮球、足球、羽毛球、乒乓球、网球、跆拳道等，其共同特点是技术动作简单易学，稍做练习之后就能应用于对抗实践。以网球选项课教学为例，尽管网球技术有很多，但普通高校网球选项课的教学内容主要选取了正手位底线抽球、反手位底线抽球、网前截击、下手和上手发球等主要技术，因为这些技术在对抗比赛中应用最多。再以跆拳道选项课为例，尽管跆拳道包括前踢、横踢、下劈、后踹、勾踢、推踢、跳踢等十几种腿法，但教学内容仅选取了其中的4~5种，教学重点是横踢、下劈、后踹，因为这3个腿法最易应用于实战对抗。近年来，在球类运动中，排球选项之所以不景气，是因为该运动对队友之间的默契配合要求很高，学生成功组织一次攻防有一定难度，能有扣球成功喜悦体验者更是凤毛麟角。武术课只有设计类似网球、跆拳道的简单直接、易于在对抗中运用的技术，才有可能取得成功。

另一方面，武术选项课必须把开放型的两两对抗作为主要教学环节。以上所列举的网球选项课、跆拳道选项课，其基本技术教学仅是基础环节，其在课堂教学中所占时间并不多，整堂课最主要的内容还是两两喂球（喂招）和对打。如果学生以练习基本技术为主，那么即使练得再好，不能应用于对抗实践，也很难获得成功体验，从而无法进一步激发学习兴趣。武术套路教学不成功，是因为学生在学习过程中很难获得成功体验。武术选项课教学只有在基本技术教学环节之后，尽快过渡到技术的应用环节，并将开放型的条件实战、自由对抗练习作为课堂主要练习形式，才更容易取得成功。只有经过长时间的对抗性练习，学生才能找到距离感，把握有效出击的时间差，真正学以致用，从而体验到成功的喜悦。

（三）能否培养学生某方面能力，是检验课程改革成功与否的关键

在众多体育选项课中，凡是能够培养学生某方面能力的课程，就是有意义的课程，凡是不能培育学生某方面能力的课程，就是失败的课程。以武术套路为主的教学内容存在的另一个缺陷是，无法培育绝大部分学生的某方面能力。在武术套路教学课堂上，特别是在学习由30多个技术动作组成的三路长拳和由20多个

技术动作组成的简化太极拳时，广大学生几乎把所有精力都放在记忆技术动作方面。考试时能够获得高分者，往往是那些先天协调性好、能记住整套技术动作的学生，或者先天协调性一般，但能记住所有技术动作的学生。因此，这种课程所考察的主要是学生的记忆能力，并且这种记忆能力仅限于短时记忆。绝大部分学生考试后，随着时间推移，不到3个月就会忘光整个套路，难以形成终身锻炼的习惯。

如果希冀通过武术套路锻炼形成某方面能力、获得运动乐趣，就必须有恒心、有毅力、有积累，而一般大学生仅通过短短一学年甚至一学期的体育课，显然无法获得这方面的能力，从而无法获得运动快感。技术动作简单易学、以开放型练习为主的武术防卫术课就完全不同。学生学了技术动作之后，稍加练习就可以应用于格斗对抗。通过对抗性练习，不仅能够培养学生灵活反应能力、准确判断能力、时机把握能力、防身自卫能力，还能够培育学生敢于面对、迎难而上、坚韧不拔、刚健自强的精神。能否培养学生某方面能力，是检验武术课改成功与否的最重要标准。

因此，建议普通高校武术选项课教学内容应选取简单直接、便于应用的技术，并将开放型的两两对抗作为主要课堂练习形式。以上所设计的教学模式仅是普通高校武术选项课模式之一，除此之外，建议研究开发短兵、长兵、太极推手，以及其他拳种的简单直接、易于对抗的武术选项课程，这有待学者进行更多武术课教学改革实践探索。

综合以上十余年的普通高校武术选项课教学内容改革试验发现，不仅要淡化套路，还应该取消套路，即从第一节课开始就介绍实战站位姿势，把基本步法移动、主要拳法、腿法、摔法和拿法作为初级阶段的教学内容，把半对抗、实战对抗作为中高级阶段的教学内容。在条件成熟了、课时增加了以后，再增加本应作为武术技击训练辅助环节的武术套路教学内容。

以上改革虽然取得了一定的成效，但仍有历史局限性。后来作者学习了学校体育专家季浏教授的"中国健康体育课程模式"[1]之后发现，之前的教学内容虽然在整体设计方面是结构化的，但具体到每堂课并非结构化的内容。所谓结构化即每堂课应该既有单个技术学习，也有对抗型的活动和比赛，使学生尽快体验完整的运动，而非停留于长时间学习和练习基本技术的阶段。受此启发，后续的太

---

[1] 季浏.中国健康体育课程模式的思考与构建[J].北京体育大学学报，2015，38（9）：72-80.

极拳改革从第一节课就先讲对抗规则,让学生先凭本能对抗起来,然后再教授技术动作,讲解技术要领,从而使学生更好地对抗起来。相对而言,在"中国健康体育课程模式"指导之下的武术课改,效果更好。

第五节 他山之石——近邻武道普及教育之经验启示

许多报道和实例显示,日本的部分青少年具有极其顽强的意志力,在这一点上,韩国也毫不逊色。这些近邻国家民族精神的强悍应该有多方面原因,但重视以直接对抗为主的武道教育,是很重要的一方面。因此,近邻武道的学校普及经验值得中华武术教育界借鉴。

一、近邻武道普及教育的经验

(一)经验之一:以简单实用的对抗类技术为主设置教学内容

由郑旭旭主持的以日本武道为研究对象的国家社科项目《从术至道:近现代日本武术发展的轨迹》全方位地呈现了日本武道的开展状况,书中介绍了日本武道的两个主要技术环节:形、乱取。前者即简单实用的组合,后者即开放型的两两对抗。前者是基础和手段,后者是主体和目的,"无论是剑道、柔道,还是空手道、相扑、少林寺拳法,都是以两人'搏斗'为主要形式"[1],日本武道学校教育教学内容的突出特点正是这种"技术的直接对抗性"。然而,采用对抗性技术的目的不仅停留于使学生"学会哪些技术可以在现实生活中取得格斗的技能",还在于"在这种直接的对抗中学会勇敢面对生命挑战,学会在与人的搏斗中生存",是"在两人激烈紧张的相搏中,培养尊重对手、克己自制、培养勇气、培养体谅弱者之心,培养身心健全的能够活跃在国际舞台上的日本人"[2]。韩国教育家清醒地意识到日本武道在其教育体系中的重要价值,因此充分借鉴其成功经验,积极改造本土武打技术,从实用技击术中提炼出以腿法对抗见长的教育手段——跆拳道。韩国跆拳道虽然也有类似于中国武术套路的品势,但是,重点在于两两相当的腿法对

---

[1] 郑旭旭,袁镇澜.从术至道:近现代日本武术发展的轨迹[M].厦门:厦门大学出版社,2011:255.
[2] 郑旭旭,袁镇澜.从术至道:近现代日本武术发展的轨迹[M].厦门:厦门大学出版社,2011:198.

抗[1]。这种将重点放在对抗方面的武技开展形式,既培养了广大青少年勇于拼搏、不屈不挠的精神,也培养了尊重对手、体谅弱者的品德。跆拳道自1955年正式定名后,不仅在其国内成为培育民族精神的重要实践途径,还迅速传向世界各地。

另外,日本、韩国在学校教育中开展的这种以直接对抗为主的武打技术都是简单易行的技术。自1925年"有关普及武道的建议案"建议"将剑道、柔道作为初中的必修课"[2]以来,剑道、柔道一直是日本学校教育中的武道类运动主打项目。以剑道为例,在江户时期有718个流派,每个流派都有各种各样的"形"(类似于武术中技击技法的组合动作),但是在现代化转型过程中,剑道用于教育的内容十分简洁。剑道联盟用于升级考试的"形"只有10个,每个"形"都通过两人对抗的形式展现,基本由5~8个进攻与防守组合动作组成[3]。韩国的跆拳道的教学内容也是简单易行。传统的跆拳道本来有很多技法,但是在学校中开展的跆拳道只包括前踢、横踢、下劈等几个简单实用的腿法,技术明了,简单易行,便与推广。

(二)经验之二:充分挖掘武打类技术的教育价值

日本和韩国的各类武道项目,无论是竞技对抗比赛还是演武,都采用"礼仪+对抗"模式,而非西方拳击赤裸裸的直接对抗。采用这种模式,其深层原因是以"育人"为出发点。这种"礼仪+对抗"的模式首先可以培养迎难而上、敢于拼打的精神,其次可以培养尊重对手、体谅弱者、克制自己的品质。日本数学家藤原正彦于2005年出版了《国家的品格》一书(该书自发行到2006年12月,已印刷36次220万册,这足以说明其畅销程度)。书中介绍了武士的道德:"一是不以大欺小,二是不能以众欺寡,三是男的不能欺负女的,四是不能手持武器与人打斗,五是对手如果认错或哭了,必须停止对他进攻。"[4]

---

[1] 2013年9月,在调研过程中,赵光圣教授(第三种武术教育改革思想的倡导者)指出:"跆拳道就是以对抗为主,品式就是套路,但是是附带性的。"

[2] 郑旭旭,袁镇澜.从术到道:近现代日本武术发展的轨迹[M].厦门:厦门大学出版社,2011:41.

[3] 郑旭旭,袁镇澜.从术到道:近现代日本武术发展的轨迹[M].厦门:厦门大学出版社,2011:256.

[4] 郑旭旭,袁镇澜.从术至道——近现代日本武术发展的轨迹[M].厦门:厦门大学出版社,2011:221.原见:藤原正彦.国家的品格[M].东京:新潮社,2006:116.

日本一些家长将孩子送到武道场，是为了让孩子学会礼节，学会与人交往[1]。俄罗斯总统普京曾说："我小时候是个无赖，经常几个人一起在街上晃荡，打拳击或扭在一起摔跤，幸运的是遇上了柔道。爱上柔道后，我的人生开始改变。……柔道不单是一项体育运动，这是一门哲学，如果不是柔道，就没有现在的我。"[2] 日本东海大学总长、社会活动家松前重义在与英国知名日本专家《绅士道与武士道》的作者丽月塔交谈中说："我曾经带领东海大学柔道代表团到欧洲各国友好交流，走访了苏联、德国、法国、奥地利、瑞士等地，我曾经问当地的柔道指导者，为何如此热衷于日本武道？他们的回答几乎是一致的：'日本在第二次世界大战受到毁灭性的打击后，为什么能够一下子迅速崛起，达到目前这样的经济力与繁荣？这当中一定有特别的原因，就是欧洲没有日本独特的东西，我们都在研究，研究的结果是日本的武道精神是日本复兴的原动力'。这也是欧洲的政治家积极提倡学习日本武道的原因。这也是柔道、合气道、空手道等日本武道在欧洲迅速扩大的原因"[3]。日本认识到了武道的教育价值，所以把它作为"育人"的重要手段。国际奥委会委员荷兰人海辛格在2005年日本东京举行的21世纪武道教育国际专题研讨会上曾举了一个例子，欧洲某教养院的管理员让一个从青年教养院出来的少年人，出教养院直接到柔道馆去，管理员告诉少年人："去练习柔道吧！柔道能教会你自律与尊重他人。"[4] 由以上事例可知，日本武道在精神文化教育方面的作用。韩国的跆拳道之所以在中国各大城市十分火爆，一个很重要的原因是，家长发现孩子学了跆拳道之后变得更有礼貌了，由此可见跆拳道的教育价值。

二、近邻武道教育对中华武术学校教育改革的启示

日本、韩国武道的学校教育给中华武术的学校普及教育的启示之一是，教学内容应该以两两对抗为主，而非个人演练为主。从精神教育角度出发，直接击打的对抗方式是其他技术方式不可代替的。因为只有直接面对这种激烈的拳脚相加

---

[1] 郑旭旭，袁镇澜.从术至道：近现代日本武术发展的轨迹[M].厦门：厦门大学出版社，2011：258.
[2] 郑旭旭，袁镇澜.从术至道：近现代日本武术发展的轨迹[M].厦门：厦门大学出版社，2011：130.原见：山田奖治.日本教育中的武道[M].东京：明治图书，2005：427.
[3] 郑旭旭，袁镇澜.从术至道——近现代日本武术发展的轨迹[M].厦门：厦门大学出版社，2011：8.原见：松前重义.武道思想的探究[M].东京：东海大学出版社，1997：序章第 i 页.
[4] 郑旭旭，袁镇澜.从术至道——近现代日本武术发展的轨迹[M].厦门：厦门大学出版社，2011：178.

的进攻，才能切身体会生命受到挑战之后的心灵震撼；只有面对这种直接的攻击，才能够培养冷静果敢、自强自信、奋勇拼搏、顽强抵抗的精神品质。这种直接对抗性的运动形式所培育的精神，与我国中小学现行武术教育中推广的一套、二套、三套武术操，或少年长拳、初级长拳、简化太极拳是迥然不同的。任海教授在一次报告中曾说："格斗类项目对人的培养，有其他体育项目难以取代的教育价值。现代武术主体与格斗的脱离，是造成武术发展困境的根本原因。"[1]还有学者指出："武术在进入学校领域之前一直是以技击为发展主线，技击是武术发展的动力源泉，离开了技击的武术与体操、舞蹈无差别，国外的技击术也均未脱离技击而发展。技击是武术最根本的核心属性，学校武术必须以武术的核心属性为中心开展教学，在技击学习过程中体现其外延属性。一旦武术的技击性被大大削弱了，就会妨碍武术的良性持续发展。当前学校武术教育的现状已经证实了这一点。"[2]学校普及教育领域的中华武术只有回归本质，紧紧围绕技击对抗而展开，才能够真正实现精神培育的目标，同时只有回归技击本质，才有可能改变"学生喜欢武术，却不喜欢武术课"的尴尬局面。

日本、韩国武道的学校教育给中华武术的学校普及教育的启示之二是，从每个武术拳种都可以提炼出几个可直接用于对抗的简单组合技术，并在广大青少年中进行大面积推广普及。日本学校中的武道教育，无论是剑道还是柔道，都是以"形"为立足点，展开对抗性运动。"形"类似于中国武术中的实用组合。韩国的跆拳道则以几个实用腿法为立足点而展开对抗性运动。受其启示，我们的学校武术教育完全没有必要长篇累牍地教授传统的或现代的武术套路，而应该从拳种中提炼出几个简单实用的组合技术，以此为立足点进行对抗性练习。清初武术家吴殳在《手臂录》中曾对兵枪如此评价："教之易解，学之易能，用之易效。"[3]兵枪之所以采用这种简单直接有效的技术，而非采用高深奥妙的复杂技术，是因为其教授对象是完全没有武术练习基础的士兵。只有这类技术才容易大面积推广，同时，也只有这类技术才可能短时见效。作为大面积普及性的学校武术教育，所面对的教学对象是完全没有武术基础的普通学生，且实际课时极其有限，在这种情

---

[1] 郑旭旭，袁镇澜.从术至道——近现代日本武术发展的轨迹［M］.厦门：厦门大学出版社，2011：255.任教授的这次报告是2010年3月于福州所做，当时的参会专家还有卢元镇、邱丕相、温力、袁镇澜、郑旭旭，作者有幸聆听。

[2] 郎勇春，张文涛，李伟艳.当代学校武术教育的失范与矫治［J］.上海体育学院学报，2011，35（3）：48-51.

[3] 吴殳.手臂录［M］.太原：山西科学技术出版社，2006：卷之四临阵兵枪说.

况下，选取简单直接、易学易练易用的技术最为合适，没有必要选取精微奥妙、烦琐的武术套路。我们应该明白学校武术普及教育的重心在于"育人"，而非"传承武术文化遗产"。因此，在教学实践中不能顾此失彼，不能为了传承所谓的武术完整技术体系、保留武术的文化特色，把注意力放在武术技法的传承上，从而影响培育精神。能否达到以武术培育广大青少年"刚健自强"民族精神的目的，才是衡量学校武术普及教育的唯一标杆。

日本、韩国武道的学校教育给中华武术的学校普及教育的启示之三是，应该将改革的立意放高放远，确立更高层面的培育精神、涵养道德的目标，而非仅是技术层面的防身自卫、强身健体。长期以来，学校武术教育仅定位于身体层面的强身健体，选取了不合适的教学内容（因为任何教学内容，只要动，就能强身健体），造成了学生"喜欢武术，却不喜欢武术课"的尴尬局面。中华武术在现代体育化过程中形成的对抗形式散打仅从运动竞技角度而非教育角度出发设计传播模式和竞赛模式，完全采用了西方拳击模式，导致该运动仅局限于少数运动员竞技，而不能得到大众认可，无法在广大青少年中大面积普及。韩国的跆拳道主动吸取了日本武道的"礼仪＋对抗"模式，作为一种教育途径，在全世界大受欢迎，并在中国把中华武术"踹出都市时尚"[1]。这些事实告诫我们，学校武术普及教育一定要立意高远，从更高层面的"育人"角度设计教学模式。

综上所述，日本、韩国武道学校教育的设计者因为充分认识到技击对抗技术具有其他运动项目无可替代的"育人"价值，所以才以精神教育价值为立足点，将简单实用的对抗技术作为学校教育的主体教学内容。如果中华武术的学校教育也立意高远，将培育民族精神而非防身自卫、强身健体作为教学内容设计的出发点，那么应该彻底改革之前以套路演练为教学内容的格局，将"一校一拳"中的"一拳"设定为某拳种的核心技法（单势）而非套路技法，并且在课堂教学过程中把两两对抗常态化。

---

[1] 慈鑫.武术被跆拳道踹出都市时尚——失落中的中国传统武术（上）[N].中国青年报，2005-04-01（A8）.

第六节　学校武术普及教育的定位及改革理念

一、学校武术普及教育的定位剖析

如何对学校武术普及教育定位，牵系着整个武术教育改革的大方向。为进一步明确这个问题，作者对学校武术普及教育可能起到的作用做了广泛调研，大致可归纳为以下几方面。

（1）通过武术课强身健体。
（2）通过武术套路教学培养审美意识，树立优美形象。
（3）以武术为载体传承文化，使广大学生继承作为传统文化载体的武术文化。
（4）通过武术攻防练习增强防身自卫的本领。
（5）以武术弘扬民族精神，培养青少年刚健自强、尚武崇德的精神。

综合前面几节的论述，中华人民共和国建立后学校武术普及教育的教学内容的立足点是第（1）（2）点，主要是依据第（2）点设计的。极力推崇、强调开设武术课的目的是"强身健体"，是为了淡化一般人所认为的"学习武术是为了'防身自卫'"的固有认识。因为将学习武术定位于"强身健体"而非"防身自卫"，所以在武术课教学过程中只教授技术动作的运动路线，无须讲授技击方法。由此，导致武术课逐渐脱离了技击本质，演变成了普通学生意识中的操化练习形式。有学者指出："单纯以强身健体为目的的'体育化'的学校武术不符合青少年的身心特点，如果在练习中学生体会不到乐趣，武术也就失去了吸引力。"[1]实际上，强身健体是在追求一定的运动目标的前提下自然而然地获得的附属价值，而非刻意追求的价值[2]。在这种情况下，学校武术教学中对武术套路的考试，仅是根据学生动作是否协调、美观来评定成绩。作者在攻读硕士学位时，有一件事至今记忆犹新，那就是观看体育系的武术普修课的三路长拳考试，最后获得最高分的几乎都是艺术体操专业的女生。究其原因，这些学生柔韧性好、动作协调性好、技术美观。因此，这类武术教学内容不符合一般人对武术的认识，导致了"绝大

---

[1] 郎勇春，张文涛，李伟艳. 当代学校武术教育的失范与矫治[J]. 上海体育学院学报，2011，35（3）：48-51.
[2] 当然，各类运动项目在具有强身健体价值的同时，在某方面也可能有害健康。例如，打篮球的人年龄大了以后膝关节容易出问题，羽毛球运动有"膝盖第一杀手"的称谓，练一些以震脚发力见长的刚猛拳种，容易得心脑血管疾病等。

部分学生不喜欢武术课",进而导致学校武术普及教育岌岌可危。

三种典型武术教育改革思想中的后两种改革思想,更多地是以武术自身的传承发展为立足点来设置教学内容,即"以武术为载体传承民族文化,使广大学生继承作为传统文化载体的武术瑰宝"。之所以两者一个提出"优化套路",一个提出"强化套路",是因为他们都认为套路是中华武术典型的文化符号,淡化或舍弃武术套路将破坏武术的技术结构,失去武术的文化特色。国家体育总局武术研究院组织专家创编的向各级学校推广普及的武术段位制教程号称"练打结合",把套路单练、对打和拆招作为主要技术内容,其出发点是传承中华武术这种独有的文化形态。然而,任何武术套路都是武术技术体系中技术复杂、难学难练的内容,通过前面的理论剖析和教学实验可知,这些内容只适合对武术兴趣浓厚的小众群体来练习,不适合大面积推广普及。如果过多兼顾中华武术中文化特色明显的内容,把武术套路作为武术课的主要教学内容,那么不仅将延续持续多年的"学生喜欢武术,却不喜欢武术课"的状况,还无益于武术文化的传承。因此,这种定位是不切合实际的。

在学校武术课程改革的过程中还出现了另一种倾向——完全以学生为维度进行取舍,即只要是学生喜欢的武术内容就纳入课程,只要是学生不喜欢的武术内容就淘汰。例如,目前一些学校开设了自卫防身术课程,从其教材内容来看,主要介绍在各种不同条件下、不同情境中,如何应对歹徒的进攻,如何解脱困境,如何自卫反击。这种课程内容显然是立足于"通过武术攻防练习增强防身自卫的本领"。这种改革可能能够解决广大学生不喜欢武术课的问题,但由于运动强度不够,强身健体价值不是很高,更主要的是这样的课程立意点太低,对精神培育基本上没有作用。固然应该兼顾学生的学习兴趣,但学生的兴趣不应成为改革学校武术的唯一依据。武术教学内容的确立最终应该由专家规划。这种规划应该把视野放得更宽广,把目光放得更长远。

如果立足于"以武术弘扬民族精神,培养青少年刚健自强、尚武崇德的精神气质",并据此选取最适宜的对抗类技术作为主要教学内容,那么既能立意高远,符合国家层面及青少年个体层面急需培育精神的具体实际,又能自然而然地实现强身健体、防身自卫的目的。教学改革实践证明:这种定位是符合各级普通学校和一般学生的具体实际的。第五节的横向参照告诉我们:日本武道是这样定位的,韩国跆拳道也用了相同的定位。我们中华武术没有理由翻新花样,标新立异,采用违背人类武打类技术发展规律的其他定位。不仅如此，如前所述，中华民族历史的发展更要求我们必须这样定位。

二、学校武术普及教育改革理念的确立

根据中华民族文化发展的实际需要及广大青少年的具体实际，参照近邻经验，特别是依据十余年的教学改革实践，作者提炼总结出了"立足单势、强调技击、突出对抗、培育精神"的学校武术普及教育改革理念。

该理念的落脚点是"培育精神"，这符合国家民族层面及青少年个体层面对武术的实际需要，同时在精神培育过程中，自然而然地实现了强身健体的目标。武术技术庞杂、内容多，但其中最易激发和培育精神的内容是直接对抗性的技术。只有把开放条件下的自由对抗作为课堂教学的主要环节，才能够磨炼意志、培养精神，对青少年进行挫折教育，从而最终实现培育"刚健自强"精神的目的，因此作者提出"突出对抗"。对抗的前提是有方法，只有让学生首先学会了用于对抗的技击方法，才能够做好技术铺垫。每个拳种都包含可以用于技击对抗的典型招法，这些招法往往包含于套路之中，只有将其提炼出来，进行反复的单趟练习，以及在讲解这些单势的技击方法的前提下进行固定模式下的喂招递手练习，才能够为自由对抗做好技术铺垫，因此作者提出"立足单势，强调技击"。至于武术套路，有些是技击招法的组合，可以作为传承、传授技击方法的载体，也可以作为技击训练的辅助手段；有些则是对技击方法的艺术性演练，与技击实战没有必然联系。在课时量不充足的情况下，让学生学会几个单势，能够在对抗中应用就足够了，没有必要学习复杂难练的套路。

综上所述，根据普通学校的具体实际和一般青少年的具体实际，"立足单势"的理念摒弃了烦琐的套路，直接从单势单招入手学习，简化了练习程序，改变了之前武术套路教学"技术结构复杂，难学难练"的状况；"强调技击"则是在掌握技术动作的单人练习方法之后及时讲解每个单势动作在技击对抗中的具体应用，明确单势动作的技术目标，并迅速过渡到一递一接的喂招练习，由此既解决了学生对武术的认识错位问题，又激发了学生的学习兴趣；"突出对抗"即在熟练固定模式下的练习方法之后，由喂手者增加难度，逐渐过渡到开放式的对抗性练习，并把随机的半对抗、对抗性练习作为课堂教学中最突出、最主要的常态化练习环节，以此来培育精神。这种在模拟人的身体甚至生命安全受到挑战

时而进行的自我保护训练对人的精神的培养,是游戏性的球类对抗不可比拟的。通过以对抗为主要环节的课堂练习,可实现学校武术普及教育改革的核心任务"培育精神"。

在选择攻防技击类武术的同时,必须清醒地认识到:武术是一把双刃剑,人们既可以通过它树立浩然正气,也可以利用它危害别人。"武勇"没有"仁"与"礼"的约束,必将走向粗野、蛮横、无礼。只有将道德礼仪教育贯穿于技术课的始终,才能够保证学校武术正确的发展航向。跆拳道运动很好地发扬了前者,避免了后者,所以得到我国家长喜爱。日本一些家长为了让孩子学会礼节,学会与人交往,将孩子送到武道场[1]。武术的普及教育必须以此为鉴,将武德教育贯穿于整个教学过程的始终,并在每堂课使学生做到"礼始礼终",从而保证习武者沿正确方向发展。武术对抗能够使学生学会竞争,磨炼意志,增强受挫能力,而武德教育又能够使学生学会如何在竞争中和谐相处,这种以"尚武崇德"为支撑的"文武兼备",才是武术发展的正确方向。正如日本学者所说:"继承传统不是继承形式,而是要继承精神,继承传统的'魂':健全的身体、不屈的精神、体谅对手之心、与人合作的生活习惯。"[2]突出武术的技击本质,只是表层的技术层面,通过武术对抗练习来锻炼意志,培养勇敢、顽强、不屈的个性,体谅弱者、能够自我克制的品德,才是学校武术的深层目标[3]。以道德礼仪约束和引领是对精神培育的有效补充,这样,才能够避免武术教育走向粗野,保证武术教育的精神航向。

实践证明,"立足单势、强调技击、突出对抗、培育精神"的改革理念,既能够解决之前学校武术普及教育存在的问题,也能够激发和培育民族精神。

---

[1] 日本柔道联盟推行的"柔道文艺复兴",提倡"看到长辈或同学要大声问候""得到帮助要表示感谢","怀着感恩之心,热情助人""行、走、坐、卧除了简洁合理,还不能给他人带来麻烦"等。一些欧美人参与日本武道练习,往往倾心于日本武道修者举止优雅、柔中有刚的风度。参见:郑旭旭,袁镇澜.从术至道:近现代日本武术发展的轨迹[M].厦门:厦门大学出版社,2011:258.

[2] 郑旭旭,袁镇澜.从术至道:近现代日本武术发展的轨迹[M].厦门:厦门大学出版社,2011:183-184.

[3] 通过武术教学使弱者懂得坚忍不拔的性格是一个人生命中不可或缺的。每个人在生活中都会遇到一些艰难困惑,必须通过拼搏,弱者才能成为强者;同时,武术教学还要使强者具有同情心,当自己强大时,要同情帮助弱者。在教学中应充分注意道德规范,礼节礼貌,避免因格斗学习而使人变得粗野蛮横。参见:郑旭旭,袁镇澜.从术至道:近现代日本武术发展的轨迹[M].厦门:厦门大学出版社,2011:255-256.

第七节 学校武术普及教育的教学内容选取及具体实施步骤

一、学校武术普及教育"一校一拳"的教学内容选取——以太极拳、八极拳为例

本章第四节的教学改革实践是以现代武术散打技术为取材库，形成了由两拳（直冲拳、侧掼拳）、三腿（踢、蹬、踹）、三摔法（下潜、接腿、近身）组成的技术体系，以及将步法练习（包括摸点、踩脚）、条件对抗、半对抗、自由对抗作为主要教学环节的教学模式。在完成这项改革实践之后，作者近年来又开始试验传统武术拳种太极拳和八极拳教学的课程改革，旨在通过改革实践，确立"一校一拳"的教学内容，进一步验证武术教育改革理念的可行性。

根据"立足单势、强调技击、突出对抗、培育精神"的改革理念，太极拳课程的教学选定了以"单式—喂招—推手"为主要教学程序、以推手实战对抗为考试形式的教学模式。具体如下：教学内容选取了如封似闭、海底针、白鹤亮翅、野马分鬃 4 个单势。这 4 个单势包含了前后左右的几种推手方法：如封似闭是向前发放，海底针是向后下方挂按，白鹤亮翅是左右方向的偏转，野马分鬃是左右方向的拧转。这 4 个核心技法很有代表性。以如封似闭教学为例，第一个教学环节首先是阐明技术的运用。即找学生配对演示，首先师生搭手，让学生模拟本能地前推，教师则轻轻地沾，不与学生产生对抗力，然后侧引，使学生前冲，脚下发飘，之后迅速进身封闭，把对方定住，最后沉气平推，把对方抛出。第二个教学环节是如封似闭的单势教学，分为开、合、闭、发 4 个环节，在技术讲解之后，让学生行进间单趟反复练习。第 3 个教学环节是两两配对练习，搭手后一方本能地前推，另一方用沾引封闭的技术让对方脚下发飘，反复练习。第四个教学环节是发放技术练习，一方做靶子，另一方沉气冲撞，反复进行行进间单趟练习。第五个教学环节是把第三、第四个教学环节合起来，进行完整练习。第六个教学环节是拓展学习，由如封似闭演化出搂膝拗步、玉女穿梭、独立、靠等技法。第七个教学环节是逐步增加练习难度，过渡到运用如封似闭自由推手对抗。如果课时充足，则在课程的后半程可以增加第八个教学环节，即把上述 5 个单势组合成一个小套路，便于学生个人练习。考试环节分两项：一项是条件对抗，即考察在一

方本能地推的情况下，另一方对技术的运用情况，根据运用技术成功与否计成绩；另一项是在两块 1m×3m 的场地内运用所学的技法进行比赛，根据循环赛获胜的场次计成绩。以上从单人单势练习到双人固定模式下喂招练习，再到通过喂招者不断增加障碍而逐步增加难度的练习，进而过渡到自由对抗练习，形成了技击技术传授的新模式。因为最终考试环节是对抗比赛，所以学生竭尽全力想获胜，从而激发了兴趣、培养了精神。任何比赛必然会产生失败者，失败者在失败的挫折中不断吸取教训，总结积累经验，从而提高了技术水平，接受了挫折教育。

对于八极拳课程的教学内容，课题组成员河北沧州青县"八极拳国际训练基地"的校长刘连俊根据多年训练体悟、教学实践、参赛经验，从八极拳中选取了技击实战效果显著的两仪顶、提拦顶、擢打顶肘、抽别子、挎打等典型单势组合技法，先对课题组成员进行了技术培训[1]，然后由课题组成员分别进行教学改革实验，在教学过程中，遵循了从单势技术学习入手，然后进行双人喂招练习，最后过渡到实战练习的教学模式。教学进度快、课时量充足的课题组成员在课程后半程将 5 个组合串联成了一个小套路，即由两仪顶开始，接抽别子，回身擢打顶肘，再折回去挎打，最后回身提拦顶收势。这样既体现了以简单、直接、对抗为特点的改革思路，也展现了八极拳的精华，是一门成功的武术课。但其中即使增加了套路教学，也仅是为辅助环节，绝非主体。这个辅助环节除了有助于传承技术，还可以集体练习，从而弥补了个体对抗无法培养集体凝聚力的不足[2]。

中华大地幅员辽阔，每个地区都有独具地方特色的传统武术拳种，立足于教学改革理念，任何一个传统武术拳种都可以提炼出几个核心招法，进行类似的教学。不同学校要形成"一校一拳"的特色教育，应充分利用独具地方特色的传统武术拳种，以其核心技法的对抗形式实现培育民族精神的目标。同时，如短兵、长兵等武术器械，也可以进行如上模式的教学。这是通过学校武术普及教育培育民族精神、增强学生体质的一个切实可行的实践途径。

---

[1] 杨建英，杨建营.国家社科基金项目技术培训在河北青县"八极拳国际培训基地"举办[J].中华武术，2015（12）：77.
[2] 2013 年 11 月，在调研时，张建军指出，武术必须有对抗性的东西，也应该有套路，套路用于集体练习。军队为什么练套路，凝聚力非常关键！对抗性的技术是培养人的个体能力的，集体性技术是培养凝聚力的，这个非常关键。

二、学校武术普及教育的教学步骤研究——以普通高校开设两个学期武术选项课为例

确立了武术教育改革思想，框定了主体教学内容之后，如何在具体的教学过程中实施是一个非常关键的问题。多数一线武术教师由于本身的武术技术结构与技击对抗缺乏关联，即使有改革想法、知晓应该采用什么教学内容，在改革时也难以深入到具体操作层面。在现有文献中很难找到具体的"如何规划教学步骤、如何分配教学内容"的研究。下面以普通高校开设两个学期的武术防卫术选项课为例进行具体阐释。

（一）课程设计必须反映武术技术的整体结构，而非其中的某一环节

武术的整体技术结构包括由各种基本功和各种基础性练习组成的功法、各类技击招法单势动作及其组成的套路、以喂手为主的半对抗、相对自由状态下的实战对抗等内容。武术课堂教学的内容应该尽力涵盖整体内容。武术是一种以双方技击对抗为主的技术，因此不仅涉及个人技术问题，还涉及与对方的关系问题。从能力培养角度来看，武术教学完整的过程集中于培养3种能力：个人技术能力、对节奏距离的控制能力、限制对方技术发挥的能力。

现行武术教学内容仅注重个人技术能力的培养，忽视了其他两个方面，是非常不全面的。即使对个人能力的培养，也仅局限于技术的艺术表现能力、协调完成动作的能力，而非对技击技术的掌握能力。作者在调研过程中发现，一些学校开展的所谓武术散打课有所进步，但仍存在很多问题。这些课程仅局限于教授几个简单的拳法、腿法，进行拳腿技法的空击、打靶练习，最终的考试也是空击或打靶。实际上，这样的教学仍然停留于培养"个人技术能力"阶段，对其他两方面的能力没有涉及，与武术套路教学没有实质性区别，仍然属于广义的套路教学（固定模式、程式化的练习方式）。学校武术改革只有把以上"个人技术能力、对节奏距离的控制能力、限制对方技术发挥的能力"这样一个完整的结构纳入课堂教学，才能真正实现以武术培养能力、培育精神的目的。很多学者以课时量不足为据，否定其可行性。然而，仅停留于"个人技术能力"阶段的武术教学无法实现武术教育的特殊价值，难以培育当代青少年急需的民族精神。

正确的实践方案是精简技术内容，而非打破技术体系的完整性。本章第四节

所述的从"完全的套路教学（套路单练、套路对打、套路拆招）"逐步过渡到"套路技术与散打技术并行"，再过渡到"舍弃套路，完全以武术散打技术体系中的4个拳法、4个腿法和多个摔法为主要技术教学内容"，最后精简为"两拳三腿三摔法的教学内容"的改革过程，正是在课时有限的情况下，为保持武术的整体结构而做的适应性调整。课时量不足，可以少学技术，但不能打破武术的整体技术结构。就技术而言，武术分为踢、打、摔、拿四大类，为避免对抗过程中伤残现象的出现，现代散打运动仅选择了前3类。如果课时量极其有限，那么武术课甚至可以选择其中的某一类或某两类进行教学。但无论如何选，都不能打破整体结构，不能把最终的应用环节简化舍弃。如果能够基本保证一定的课时量，则在技术内容的选择时，应尽量保持踢、打、摔的综合完整性。如果不得不精简，则可以精简每类技法中的技术。例如，拳法包括正面的冲拳（直拳）、侧面的掼拳（摆拳）、自下而斜上的抄拳（勾拳）、自上而下的劈拳或砸拳、以腰带臂的旋转型鞭拳等，其中正面的冲拳（直拳）、侧面的掼拳（摆拳）是最常规的技术，是必学内容，其他拳法可以根据具体课时量选学或不学；腿法包括正面或侧面鞭打型的弹踢或鞭腿、正面撞击型的正蹬腿、侧身正面撞击型的侧踹腿、自上而下的劈腿、转身撞击型的后踹腿、转身旋转鞭打型的后摆腿，旋转型的扫腿、勾踢等，其中前3类踢、蹬、踹属于常用腿法，是必学内容，其余的技术可根据课时情况选学或不学；摔法有主动摔和被动摔之分，主动摔包括搂抱摔、下潜摔，被动摔包括接腿摔、接拳摔等，每种摔法都包括很多技术动作，可选取几个典型技术进行教学。如果选取"两拳三腿三摔法"作为主要技术教学内容，则可以形成拳拳组合、腿腿组合、拳腿组合，以及拳法腿法与摔法的组合等很多技术，总体而言，技术是很丰富的。除了这些进攻技术，躲闪、格挡和堵截等防守技术也是必学内容。

综上所述，在具体教学内容选取方面，应遵循"保持武术技术体系的完整结构，精简技术内容"的设计思路。

（二）普通高校武术选项课教学步骤安排

从培养能力角度来看，学校武术教学内容的设计应该围绕个人技术能力、对节奏距离的控制能力、限制对方技术发挥的能力三大内容展开。

对于"个人技术能力"的培养，一般而言，可选取以下内容：格斗式、拳法、腿法、摔法、步法、防守方法。其中，格斗式和步法是必学内容。格斗式不仅是一切技术的基础，还贯穿技击对抗始终，任何一个技术动作都是从格斗式开始，到格斗式结束。因此，格斗式非常重要。步法是将个人技术转化为两两对抗的关键技术，没有机动灵活的步法，任何技术都难以发挥。传统武谚"教拳不教步，教步打师父"，说明了步法练习的重要性。一个人实战能力的强弱，在一定程度上取决于步法是否灵活。习武者如果不懂步法，就等于不懂技击对抗。因此，格斗式和步法是两个关键点，不仅不能省略，还应该贯穿整个教学过程中。拳法、腿法、摔法包括很多具体技术，可根据课时量的具体实际进行适当精简，选取某一类中的常规技法进行教学。如前所述的"两拳三腿三摔法"是可供选择的一种技术模式。

"对节奏距离的控制能力"是衡量一个人实战能力的主要标志，一个人能否控制好距离、控制好节奏，是能否争得比赛主动权的关键。只有控制好双方之间距离，控制住对抗的节奏，才能够使自身技术充分发挥出来。"对节奏距离的控制能力"使武术训练由之前的单方封闭型技术练习，转向了双方之间的开放型技术应用。控制节奏、距离的关键性手段是步法，灵活自如的步法是实现距离控制的基础。

能否"限制对方技术发挥"，也是技击对抗取胜的关键因素。只有首先练就过硬的技术，通过距离节奏的控制，将其充分发挥出来，并限制对方技术发挥，限制对方的技术优势，才能体现技术差距。限制对方能力发挥的关键点在于掌握两两对抗的节奏。明代武术家俞大猷在《剑经》中写道："刚在他力前，柔乘他力后，彼忙我静待，知拍任君斗。"在双方对抗过程中，无论是出拳出腿还是进退，都有一定的节奏。如果通过对抗实践，深刻了解攻防的节奏，就可在对方劲力还未完全出来之际发动进攻，即"刚在他力前"；如果对方力量已经发挥出来，则我方可通过退避的方式避其锋芒，即"柔乘他力后"；待其旧力已尽，新力未发之际，迅速发起进攻，即"刚在他力前"。如此不停地循环，从而形成了一个以掌握格斗节奏为核心的限制对方技术发挥的体系。

着眼于完整的武术学习过程中对个人技术能力，对节奏、距离的控制能力，限制对方技术发挥的能力3方面能力的培养，以一学年两个学期64学时、每个教学周两个课时连上的课程为例，将具体教学计划分为4个单元，具体如下：第一单元主要教授从格斗式开始的拳腿技法、拳腿组合技法，教学重点是格斗式；第二单元主要教授步法，并进行组合打靶、固定动作的攻防练习，教学重点是步法；第三单元主要培养拳腿、拳摔的实战能力，教学重点是培养对距离节奏的控制能力；第四单元主要培养拳腿组合打靶能力、拳腿摔综合实战能力，教学重点是培养对对方的控制能力。具体安排如表4-1所示。

表4-1 64学时武术课教学计划安排

	第一学期		第二学期
第一单元	拳腿技法、拳腿组合能力	第三单元	拳腿组合打靶，拳摔的实战能力
第一周	格斗式、前手直拳，基本功	第一周	格斗式+步法、拳法固定动作攻防、摔法
第二周	格斗式、左右直拳、鞭腿	第二周	格斗式+步法、拳法固定攻防攻防，拳腿摔组合
第三周	格斗式、左右摆拳训练、正蹬腿	第三周	格斗式+步法、拳摔固定攻防练习、腿法
第四周	格斗式、勾拳训练、侧踹	第四周	格斗式+步法、拳摔固定攻防练习、拳腿摔组合
第五周	格斗式、拳法组合、腿法组合	第五周	格斗式+步法、拳摔对抗练习、摔法练习
第六周	格斗式、拳法腿法组合	第六周	格斗式+步法、拳摔对抗练习、拳腿摔组合
第七周	期中考试：拳腿法组合，空击、打靶。动作连贯性和打靶力点	第七周	期中考试：拳腿摔组合打靶、拳摔实战
第二单元	组合打靶、固定动作的攻防练习	第四单元	拳腿摔打靶、拳腿摔综合实战
第八周	格斗式、步法、组合拳法	第八周	节奏距离练习、接腿摔练习、拳腿摔固定组合攻防练习
第九周	格斗式、滑步、摔法（主动摔、搂抱摔）、防摔	第九周	节奏距离练习、接腿摔练习，拳腿摔固定组合攻防练习
第十周	格斗式、滑步+拳腿、换步	第十周	节奏距离练习、拳腿摔固定组合攻防练习、一攻一防练习，（一个只能攻，一个只能防）
第十一周	格斗式、换步+拳腿、插步	第十一周	节奏距离练习、拳腿摔实战练习、格挡

续表

第一学期		第二学期	
第十二周	格斗式+步法、拳腿格挡、腿法和接腿摔	第十二周	节奏距离练习、拳腿摔实战练习、躲闪
第十三周	格斗式+步法、拳法躲闪、腿法躲闪	第十三周	节奏距离练习、拳腿摔实战练习、堵截
第十四周	期末考试：组合打靶、固定动作的攻防练习	第十四周	期末考试：拳腿摔组合打靶、实战
第十五、十六周	理论课教学与考核，主要介绍体育概论、武术概论、武术技术、武术文化	第十五、十六周	理论课教学与考核，主要介绍武术对抗战术、武术精神

（三）普通高校武术选项课每个教学单元的练习重点解析

第一单元的训练重点是格斗式。第一，格斗式训练的重点是身体的完整性。要求头顶、肩沉、臂微曲、放于两肋、胸微含、腰微弓、腿微曲、重心下沉。由此实现身体的上下贯通，成为一个以腰为中心的整体，把拳腿连接起来。第二，格斗式是拳腿摔的一个起始架势，无论拳腿进攻，还是摔法进攻，都是从格斗式开始，如果格斗式站不好，那么动作就不会协调。第三，格斗式是每个技术动作的终点，每个技术动作完成后必须快速回归格斗式，只有这样，才能快速转化到下一次进攻。也就是说，任何技术都起于格斗式，归于格斗式，通过格斗式衔接、缓冲。第四，格斗式的完整性贯穿于每个技术动作，在打拳、出腿、摔法中，都要找到上下一体、腿腰手的完整性，形成整劲。因此，格斗式是第一单元训练的重点，这个重点将延伸到第二单元。

第二单元的训练重点是步法移动。步法一般包括滑步、换步、插步。步法移动的要点之一是每次动都不是先动步，而是以身法带动步法。只有以身法的吞吐、重心的转移来带动步法移动，脚步才会轻灵、灵活。如果仅为移动而移动，那么脚很容易变僵硬。步法练习的要点之二是移动越小越精确越好。步法越小，说明对距离控制得越精准；对距离控制越精准，越能控制对方节奏。因为在步子移动小的情况下，可能是我方的三拍四拍对彼方的一拍两拍，这样容易让对方节奏变乱。步法练习的要点之三是有效控制对抗双方的距离，把距离控制作为重点。步法练习时，除了通过单人练习来熟悉各种步法，更重要的是通过双人练习控制距离，提高与对方技术合拍、进退合拍、距离合拍的能力，因此步法训练以与对方合拍、控制距离为目的。如果不能与对方合拍，不能精准控制距离，那么步法训练就失去了意义。

如果说第一学期的第一、第二单元主要侧重个人能力的训练，主要是固定程式的技术训练，那么第二学期的第三、第四单元则过渡到两两相当的对抗训练。整个过程也由有固定程式的技术转向随机的无固定程式的技术。第三、第四单元的训练重点即距离、节奏的控制，第四单元中还要加入"限制对方技术发挥"能力的培养。

"对节奏距离的控制能力"的培养，可以实战对抗的站位、进逼、引空、出击4个步骤为依据，细化为前后衔接的4个方面。

（1）双方对敌时的站位，即首先和对方形成对立的状态，准备进入对抗。这时双方距离较远，没有进入有效攻防距离之内，学生主要任务是观察对方的协调性、身体的站位、精神状态等方面。要点之一是脚尖对准对方中线，只有脚尖对准对方中线，才能始终钉住对方；要点之二是拳要对准对方胸部，对准胸部的目的是打头；要点之三是身体的中线对准对方的重心，这样才能实行有效控制。因此，第一学期的格斗式练习一直是重点，只有自身站稳、站正、上下一体，才会给对方一种威慑力；只有真正把格斗式练好了，才能手脚协调、步法灵活，使整个身体处于一种随时启动的状态；只有使格斗式从一个简单的动作，变成内部劲力的完整、放松、协调，精神上的饱满、专注，才能形成如"灵猫扑鼠"般的状态，把精气神都提起来。

（2）进逼，即双方相互靠近，进入对抗的距离。距离拉近后，双方都可发起进攻，谁占优势主要取决于谁对距离控制得更精准、谁对节奏变化更敏感，在距离上控制得更精确的学生，能给对方更强的压迫感，更容易使对方出现不自然的状态，而动作不自然就容易出错。具体而言，首先是一腿的距离，这时还能有较长的反应时间；其次是一臂的距离，反应时间相对缩短，对步法的灵敏度、节奏的变化提出了更高要求。课堂教学的主要练习方法是一方做前滑步、后滑步或换步，另一方随之而动，控制双方距离，尽量保持不变，并且节奏要和对方合拍。可以用橡皮筋把双方连在一起，在双方移动过程中，使橡皮筋一直处于一定的拉伸状态，既不能拉长，也不能松掉。在练习过程中，可以先达到一腿的距离，然后过渡到一臂的距离，分别练习应对腿法、拳法的能力。

（3）引空，即在进逼之后让对方出现空点。在第二步进逼之后，继续向前压迫，使对方出现被动反应。被动反应一般有两种情况：一是对方被迫后撤；二是对方在没准备好的情况下被动出击。对于第一种情况，我方可继续前压，因为前进速度快于对方后撤速度，所以迅速前压可迫使对方无法组织有效进攻，直至把对方的动作压死。对于第二种情况，对方即使出击，也无明确的目的性，此时我方迅速后撤，很容易使对方的动作落空。在对方动作落空回收时，我方可迅速跟进，运用各种技术进攻。这种思路来自杨式太极拳的引进落空，同时也符合俞大猷《剑经》中讲的"刚在他力前，柔乘他力后"。面对进逼，对方如果被迫后撤（柔），将处于弱势，我方可继续进逼，直接进攻（刚），即"刚在他力前"；面对进逼，对方如果被迫出招（刚），我就后退（柔），即"柔乘他力后"，待到对方的刚劲过去后迅速回击。在整个过程中，首先要掌握对方进攻的节奏，只有深刻把握进攻的节奏，才能游刃有余，即俞大猷所言的"彼忙我静待，知拍任君斗"。此外，在进逼之后，还可以通过转腰侧移，站侧位，将我方的正面对着对方侧面，让对方的正面对着空位，从而迫使对方必须调整后才能进攻，而对方的调整之际正是我方发起进攻的最佳时机，此即八卦掌提倡的走侧门、偏锋。另有一种情况，在我方进逼时，对方先发起进攻。在这种情况下，由于我方的进逼是主动的，对方在气势上相对较弱，我方可实施堵截，使对方的进攻动作在做到一半时被堵回去，从而形成压倒性进攻，此即形意拳"脚踏中门直取直进"的技击思路。以上分析涵盖了内家三拳太极、八卦、形意的技击思想。

对于第三步的具体练习，首先，第二单元的重点步法训练，只有前后滑步、左右滑步、上步、换步、插步灵活自如了，才能全方位地把控距离和节奏。其次，固定距离训练，在地上画线，进退都在这个范围之内；也可通过橡皮筋将双方连起来，控制在一腿距离之内进行练习。再次，进行身法的吞吐训练，以身法带动步法训练，这样不仅可以使脚下更轻灵，还可以形成"步法进，身法退"或"步法退，身法进"的情形以迷惑对方，并给对方造成气势上的压迫。最后，摸点练习，通过摸肩、摸腿、摸头、踩脚等方法练习对距离的控制。

（4）出击，即最后取得战果的时候。这类似于足球比赛的"临门一脚"，是最终取胜的关键。对于第四步的练习，首先是精确度练习。如果对方防守很严，则很难命中，或即使命中也没有效果。在这种情况下，可通过假动作引开对方的防守部位，通过拳腿摔的立体进攻，如拳拳组合，拳腿组合等，使对方无从防守，然后进行精确进攻。对于假动作练习，可以假引假打、假引真打、上引下打、下引上打，让对方无法判断动作的真假。即使同一动作，也可能既是假动作也是真动作；即使同一起点的拳，也可以有不同落点，从而增加对方的防守难度。此外，还可以通过摸点练习提高击打的准确度。其次是穿透力练习。对于穿透力，其一，应该通过腰力的蓄发使上下形成一个整体，任何拳腿摔技术都是全身的综合作用。其二，在打靶时，力点要放在靶子的后部，而非靶子前面；在对抗时，应把力点放在对方身体里面，而非表皮，这样才会形成穿透力。

以上对技击对抗的4步分析，较为全面地阐释了如何控制距离、节奏，这是整个第二学期（第三、第四单元）课堂教学的重点内容。

在此基础上，在第四单元的教学中应该增加"限制对方技术发挥"方面的培养。具体而言，有以下两种途径：其一，通过走偏位，建立我正彼偏的位置关系，使对方进攻方向不顺，不能组织有效进攻；其二，在正面，通过进中有退、退中有进的身法和步法，打乱对方的进攻节奏，产生如太极拳粘黏连随的感觉，使其没有打的空间和时机，或者打出来就落空。要达到以上效果，首先要懂得进攻的4步方法，其次要知晓对方进退攻防的极限，并和对方的动作进退合拍。

第八节　建立与改革理念配套的学校武术竞赛体系

刘延东在2014年全国学校体育工作座谈会上指出："体育竞赛是激发运动积极性的捷径……要建立学校、区县、地市、省四级体育竞赛制度，形成球类、田径、武术等运动项目专项竞赛体系。"这道出了学校体育改革的关键。对于学校武术教育改革而言，应该首先抓住学校武术竞赛这个"牛鼻子"，建立与改革理念配套的学校武术竞赛体系，通过竞赛引领教学改革，只有这样才能使学校武术教育改革有实质性进展。目前学校武术竞赛的状况如何呢？下面进行具体阐释。

一、学校武术竞赛活动处于长期失效状态

学校武术竞赛活动包括面对中学生的全国及各省市中学生运动会上的武术比赛，面对大学生的全国及各省市大学生运动会上的武术比赛、大学生武术锦标赛等。后将全国大学生运动会和全国中学生运动会合在一起，称全国学生运动会。

专家学者一致认为，学校武术竞赛的主要作用是推动武术在学校的普及，引领学校武术的发展。事实上，这类武术竞赛活动没起到应有的作用。

究其原因，各类学校武术竞赛仅比赛武术套路，这种比赛完全是体工队竞技武术套路比赛的翻版，清一色地采用与体工队竞技武术套路比赛完全一致的内容、规则和模式。竞技武术套路追求"高、难、美、新"，是一种仅适合极少数"高精尖"人群习练的高雅艺术，根本无法大面积普及。因为这类竞赛内容与学校武术普及教育脱节，与学校武术改革方向不一致，所以一直处于长期失效的状态。

二、学校武术竞赛与其他运动项目、国外同类项目竞赛活动的对比

反观学校体育中的其他运动项目，无论是篮球、排球、足球"三大球"，还是乒乓球、羽毛球、网球"三小球"，或者是田径、游泳、跆拳道，其平时开课的内容与运动队训练竞赛的内容都完全一致，只是水平高低不同而已，因此这样的竞赛与普及能形成相互促进的良性循环。一方面，因为参赛者代表了该运动项目体育课的最高水平，所以容易得到广大学生的关注，并刺激他们以此为榜样进行锻炼，从而带动了竞赛普及；另一方面，运动项目普及面广了、参与的学生多了，又会扩大运动队的选材面，促进运动项目技术水平的提高。因此，竞赛与普及形成了相互促进的良性循环。学校武术竞赛的内容与推广普及的内容分属不同技术体系，完全是互不相干的两类内容，根本无法形成良性循环。以某高校普通大学生武术训练队（非高水平特招的一般大学生队）为例，其主力队员是从小有武术套路训练基础者。以 2015 年浙江省大学生运动会武术比赛为例，因为取消了传统套路比赛，完全采用有难度要求的竞技武术套路，所以该队仅派出 2 名从小有少体校武术套路训练经历的队员参赛，而其他武术社团成员平时练习内容根本无难度，即使参赛也拿不到名次，因此直接被教练员取消参赛资格。以 2017 年的浙江省大学生武术锦标赛为例（这次比赛恢复了传统套路比赛），该队仅派了一名队员参赛，因为这名队员是由其他院校体育系考过来的有武术基础的研究生，而平时自发训练的队员上大学前没有武术基础，所以即使参赛，也很难拿到名次，所以被禁止参赛。之所以会出现这种怪状，是因为即使少数对武术套路有兴趣的学生平时坚持训练，在学校武术竞赛中也很难拿到名次，所以教练员干脆放弃训练。只有当发现有从小练武术经历的学生时才开始训练。在武术课改革的大潮中，

该校早已迈开步伐，其教学内容是学生比较喜欢的与武术套路竞赛完全不同的武术防卫术和武术散打。这种完全与武术推广普及脱节的竞赛，还有存在的意义吗？竞技武术套路是由极少数高精尖的"小众"练习的内容，根本没有在普通高校得到普及，即使如此，它也一直是各省市大学生武术竞赛的唯一内容。

我们来分析国外武打类技术是否也如此特殊。以日本武道为例，其学校普及教育有3个环节：一是初中、高中时期的必修课；二是作为学校特别活动的武道俱乐部（从小学高年级到大学）；三是校际对抗与县（省）级、全国学生武道联盟比赛。日本武道教育最突出特点在于技术的直接对抗性，因为"只有直接接触身体的对抗，才能充分显示在生死关头迎面而上的勇气"。"灵活的战术、充足的力量、顽强的耐力、快速的判断、果敢的行动"及"经过千锤百炼的基本技术"，都是对抗的关键。这种"直接击打式"运动，从精神上来说，"是其他任何项目不可替代的"。与教学内容相匹配，其竞赛也采用对抗形式。以剑道比赛为例，"有个人赛，但最显著的特点是团体战。一方选出5人或7人，不是捉对对抗，（而）是从前锋、次锋、中锋、副将、大将逐级对抗，输了下一个接替，胜者继续"[1]。这种比赛不仅与平时教学完全一致，还独具特色，能培养团队精神。以此为参照，审视我们学校武术竞赛，是否也应改变竞赛与教学完全不相干的特殊状态？

目前的实际状况是，教练员训练时把大量精力花费在蹦多高、转几圈、落多稳的难度动作方面，比赛时只盼着自己的队员尽量不失误，对方队员尽量多失误。以某省大学生武术锦标赛特招高水平组为例，每个项目仅有两三个人报名，比赛时还总有一个人弃权，造成场上仅一个或两个队员竞技的局面。其中，有一个运动员擅长棍术，不懂枪术，而棍术参赛者多，枪术没人报名，于是就报名了枪术比赛，比赛时他拿着红缨枪在上场随便比划了一趟棍术动作，就轻松拿到了冠军。这种比赛简直荒唐至极。

学校武术普及教育陷入"名存实亡""奄奄一息""渐行渐远""岌岌可危"的困境，除了与教学内容有关，在一定程度上还与学校武术比赛的长期失效有关。武术教育改革应该首先改革这种完全失效的竞赛，确立与学校武术教学改革方向相一致的竞赛内容，只有这样，学校武术教育改革的才会事半功倍。

---

[1] 郑旭旭，袁镇澜. 从术至道：近现代日本武术发展的轨迹[M]. 厦门：厦门大学出版社，2011：191，198.

三、学校武术竞赛活动的改革思路

学校武术竞赛改革的总体指导思想是解决竞赛与普及内容严重脱节的问题,摒弃以现代竞技武术套路技术体系为唯一竞赛内容的竞赛模式,选择与学校武术改革大方向相一致的竞赛内容。学校武术教育改革的大方向是立足于培育民族精神,回归传统,选取贴近武术本质的教学内容,打破"学生喜欢武术,却不喜欢武术课"的尴尬局面。

如散打、推手、短兵等武术对抗项目,经过多年的试点试验和正式比赛,目前已经基本成熟,这些运动项目贴近武术本质,对其加以改造,完全可以作为学校武术竞赛的主要内容。另外,除了以对抗为主的竞赛形式,还可以采用类似于日本武道的"形"的喂招的方式进行技艺交流。具体如下。

(1)以武术散打为蓝本设置竞赛内容。在武术对抗类技术中,现代散打技术体系是经过多年竞赛筛选之后而保留下来的最简单、实用、直接的技术,是由简单明了的拳、腿、摔技法组成的技术体系,最能反映武术本质,也最易推广普及。长期以来人们把关注点完全放在了体育系统的运动竞赛方面,很少考虑如何从竞技理念、规则引导、护具改造等角度革新武术教育内容,使其服务于学校武术推广普及。在这方面,跆拳道很成功,既作为竞技运动得到了广泛开展,也作为学校体育选项课内容在各大高校大范围开展。在对上海体育学院武术学院散打专业学生进行调研时发现,他们当中的一些人课余时间在校外授课,但教学内容是日本空手道、韩国跆拳道。进一步深入询问发现,他们根本没有学习过这些国外武技,都是把武术散打技术稍作加工进行教学。这种现象一方面反映了中华武术当今发展的悲哀;另一方面提醒武术界竞技武术散打完全可以经过改造,被纳入学校武术普及教育。目前教育部门的首要任务是建立学校武术散打竞赛机制,开发符合普通学生特点的竞赛内容、竞赛规则、竞赛护具、竞赛模式,以竞赛引领学校武术普及教育改革的大方向。可喜的是,杨建营和王家宏在2015年发表《学校武术竞赛存在的问题及解决思路探析》一文之际,中国大学生体育协会组织了"首届中国大学生武术散打比赛",在中国大学生体育协会民族传统体育分会秘书长苏长来的号召下,研制成功的电子护具,处于试用阶段,这种新起步必将促进武术散打运动在学校的推广普及。

(2)采用太极推手竞赛形式。在传统武术拳种的训练体系中,有一些拳种产生了粘连发力的练习环节，以太极拳最为明显。太极推手本来是由功法、套路、拆招、喂手、推手、散手等技术环节组成的传统太极拳技术体系中的一个训练环节，因为这个环节没有击打型技法，无须护具，具有安全性强、文明度高、文化特色浓的特点，所以在武术现代化发展的过程中，被抽出来作为一项武术竞赛活动。从20世纪80年代试验以来，经过起起伏伏的发展历程，国家体育总局确立了以先合手演练、再在四正手盘手状态下进行的前脚相对固定的推手竞技方法，并在2014年、2016年的第一届、第二届全国武术运动大会上进行模拟比赛试验。这种比赛方法与之前比较自由的推手竞技相比，技法更简单，文明程度更高，体育规范性更强，也更易推广普及，最重要的是没有脱离武术技击本质。如果教育系统建立太极推手竞赛机制，那么将在一定程度上促进高雅文明、文化特色浓的太极拳走进课堂。可喜的是，在武术界一直倡导文明对抗的邱丕相教授的号召下，自2017年开始，由上海体育学院中国武术博物馆副馆长王震组织、上海市青少年体育协会牵头，举办了几届针对中小学生的太极推手比赛，该比赛根据青少年的特点，采用定势、定步、活步等多种比赛方法，实验效果非常好。此外，在中国大学生体育协会民族传统体育分会秘书长苏长来统筹下，首届中国大学生太极拳推手锦标赛于2018年8月在湖南衡阳开赛,本书课题组成员黄康辉任总裁判长，课题负责人杨建营及课题组成员冯香红参与了现场执裁工作。该赛事采用的规则比国家体育总局武术运动管理中心的竞赛规则更开放，深受大学生喜爱。不仅如此，2018年、2019年在上海、辽阳分别举办了两届太极拳推手的培训班[1]。

（3）增加器械对抗竞赛内容。武术对抗形式比赛包括徒手和持械两大类内容。民国时期的国术国考除了预试的套路演练，正试的对抗竞技包括徒手的拳脚门（散打）、摔角门和持械的长兵（棍、枪）和短兵（刀、剑）。当时的器械对抗有长兵方面的棍与棍、枪与枪的对抗，短兵方面的剑与剑、刀与刀的对抗，自20世纪70年代末开始，短兵竞技经过多年试点，无论是护具、器械方面，还是技术、竞赛方面，都已经基本成熟，长兵竞技还有待进一步实验研究。短兵竞技不仅可以作为竞技武术领域的武术竞赛项目，还可以作为各级学校武术教育的重要内容。早在民国时期，当时的教育部主编的《短兵术》中就指出，短兵术除了可以用于实际比赛、军事教育、国民体育、社会教育，还可以"列入各级学校体育课程之内，作为竞赛之一种"，并表示通过这种课程"可以培养尚武勇敢

---

[1] 杨建营.2019年中国大学生太极拳推手培训班在辽宁省辽阳市举办[J].中华武术，2019（6）：20–21.

之精神"[1]。作为日本武道学校教育的两个主项（柔道、剑道）之一的剑道，与中国的短兵竞技有异曲同工之处，是培养学生勇武精神的主要手段。近年来，短兵竞技在2014年、2016年的两届全国武术运动大会上经过了竞赛实验，目前国家体育总局武术运动管理中心正在试验取名"兵道"的短兵竞技实验。可喜的是，在中国大学生体育协会民族传统体育分会秘书长苏长来统筹下，首届中国大学生长短兵比赛于2019年8月在贵州遵义举办[2]，作者作为竞赛监督委员会主任参与了该项活动。2019年5月，在中国大学生体育协会民族传统体育分会组织下，在湖北武当山还举办了一次长短兵培训班[3]，最终选定了由武汉体育学院武当山国际武术学院的客座教授张建军提供的短兵对抗项目，由华南理工大学黄帝全、肖清提供的长棍对抗项目。由于器械携带不方便的原因，由张建军提供的长枪对抗未列入比赛计划。希望在该赛事带动下，武术器械对抗类项目能够在各级学校普及开来，培育当代青少年急缺的勇武精神。

（4）采用"摘星换月"式的模拟对抗比赛模式。蔡龙云先生曾专稿介绍传统的"摘星换月"模拟对抗形式（参见第三章第七节的介绍）。这种模拟对抗的方式既可以用于平时的步法、技法练习，以提高学生兴趣，还可以用于比赛竞技。因为这类模拟对抗形式具有很强的安全性，所以很容易在各级学校大范围推广，其比赛方法也简单易行。

（5）进行单势动作快速击打力测试比赛。作者曾设想开发特殊的假人器械，在相应部位设置感应器，当被击打时显示击打力数值，并可累加求和、求均值。比赛时选取几个固定拳法（如直冲拳、侧掼拳等）、腿法（如正蹬腿、侧踹腿、侧鞭腿等），进行击打力测试，既可以测绝对力量，即每个参赛者击打3次或5次，记最大值，也可以测速度、力量，即每个参赛者限时击打（如取10秒），将每次击打的数值求和，以此计算成绩。既可以分别按每项拳法或腿法的成绩记名次，取每项技法的冠军、亚军、季军等，也可以测试技法的总和，按全能成绩记名次，取全能冠军、亚军、季军等。既可按体重分级进行比赛，也可以不分体重，取击打力与体重之商的相对值记成绩。这是武术中最易量化的竞技比赛方法。作者在调研过程中向全国学校体育武术项目联盟总负责人赵光圣教授介绍这种构想时，

[1] 教育部国民体育委员会. 短兵术 [M]. 北京：教育部特设体育师资训练所，1945：2-3.
[2] 杨建营. 2019年中国大学生太极推手、长短兵锦标赛在贵州遵义举办 [J]. 中华武术，2019（9）：54-55.
[3] 杨建营. 2019年中国大学生长兵（短兵）对抗项目教练员、裁判员培训班在武当山举行 [J]. 中华武术，2019（6）：18-19.

得到了他的肯定，他认为这是武术竞赛量化评判的创举。如果将这种快速力量比赛与"摘星换月"式的半对抗比赛结合起来，则可以基本反映参赛者的武术对抗能力。

（6）采用喂招形式的技术展示型比赛。中华武术之所以博大精深，是因为在简单实用技法基础上，通过套路形式积累了大量适于不同人群的、在各种不同条件、不同场景下、应对各种不同情况的攻防技法[1]。程大力教授曾提出"不同等条件竞技是传统武术的重要原则"，"武术整体无论如何不是一种竞技运动"，只有一部分内容可以"提出作为竞技运动"[2]。武术中大量不适于竞技对抗比赛的各类"条件技法"应该如何保存、交流和展示呢？以喂招形式进行技术展示，是一条适宜途径。日本的宗道臣曾将在中国学得的少林寺拳法整理为"3法25系600多种技法"，以此作为其创立的日本少林寺拳法联盟的主要技术内容，其主要表现形式是"两人对抗小组合"，"踢、打，结合擒拿，或摔跤，三五个动作"，"对抗组合动作编得相当得精练，演练者大多动作娴熟又非常专注，充分表现出踢、打、摔、拿实战的威力，又有艺术性的夸张与飘逸"[3]。宗道臣深知这些技法难以在双方条件相当的竞技对抗比赛中完全应用，因此才采用了"两人对抗小组合"展示的交流形式。传统武术的每个拳种都包含大量实用组合，这些都可以被提炼出来，作为学校武术的一种交流方式。

（7）采用武术套路才艺展示形式进行比赛。作者反对的是把竞技武术套路比赛的内容完全照搬到教育系统作为唯一比赛内容，而非否定武术套路的存在价值。武术套路比赛可以作为学校武术竞赛的一种形式，但不是重要形式，更不是唯一形式。将武术套路比赛作为武术对抗性比赛的一个补充，作为极少数有这方面天赋和训练经历的学生的一个才艺展示窗口，有助于引导武术技术的全面发展。另外，鉴于武术教育改革的大方向，这类武术套路展示应该采用最简单、最实用、最贴近武术技击本质的武术套路技术，从而与教学内容相一致，真正起到通过比赛引领教学的作用。

（8）建立自下而上的竞赛体系。以上仅是就学校武术的竞赛内容从7个方面提出改革设想，而要使竞赛真正得到普及，还必须建立自下而上的竞赛体系。从

---

[1] 杨建营.武术分层技术体系的构建[J].体育学刊，2011，18（2）：121-128.
[2] 程大力.不同等条件竞技是传统武术的重要原则论[J].成都体育学院学报，1994，20（4）：6-10.
[3] 郑旭旭，袁镇澜.从术至道——近现代日本武术发展的轨迹[M].厦门：厦门大学出版社，2011：163.

竞赛体系角度来看，以前的学校武术竞赛不完整。就普通高校而言，很少有高校定期举办校内的武术竞赛，而球类、田径等运动项目的校内比赛每年定期举行，如火如荼。就各级中小学而言，不仅没有校内比赛，而且区县、地市的校际武术比赛也残缺不全。刘延东在全国学校体育工作座谈会上指出"要建立学校、区县、地市、省四级体育竞赛制度，形成球类、田径、武术等运动项目专项竞赛体系"。只有在选定了适宜竞赛内容的同时，建立自下而上的竞赛体系，才能真正实现"竞赛推动普及，普及回馈竞赛"的良性循环，从而使学校武术教育改革真正落到实际操作层面，切实起到增强体质，培育民族精神的作用。

四、学校武术竞赛活动改革

在学校武术普及教育陷入"岌岌可危"的困境之际，武术界掀起了从理论研究到实践操作的大改革。然而，在这个改革大潮中，人们似乎忽视了能够牵动整个改革方向的"牛鼻子"——学校武术竞赛。体育竞赛的最主要作用是推动各运动项目的普及，引领各运动项目的技术发展方向。目前的学校武术竞赛全盘采用以极少数"高精尖"专业运动员为受众群体的竞技武术套路，完全与学校武术普及教育内容脱节，不具备推动学校武术普及、引领学校武术发展方向的作用。

通过与同类项目、其他运动项目对比发现，日本各级学校里开展的剑道、柔道等项目，其竞赛内容与教学内容完全一致；我国学校开展的球类、田径、游泳、跆拳道等项目，其竞赛内容与教学内容也完全相同。唯独中华武术的学校教育非常特殊——竞赛内容与普及内容毫无关系。只有彻底改变学校武术竞赛完全失效的局面，选取与武术普及内容相吻合的竞赛内容，使其引领整个学校武术改革的大方向，才能扭转学校武术教育的危局。

学校武术改革的大方向是着眼于国家和民族需要，选取与弘扬民族精神的目标紧密结合、最贴近武术技击本质的简单实用技术作为教学内容。学校应以此为依托，设置与其完全一致的武术竞赛内容。可以从更安全、更贴近民族精神的角度，对已经成形的武术散打、太极推手、武术长短兵等竞赛加以改造，将其作为学校武术竞赛的主体内容；也可以采用"摘星换月"式的模拟对抗比赛模式、以单势动作快速击打力为内容的测试比赛、以拆招喂招或套路演练为主的技艺展示赛。如果把这种紧紧围绕学校武术普及教育改革大方向设计的竞赛内容付诸实践，并建立自下而上的竞赛体系，那么将快速推进学校武术教育改革，从而掀起以武术培育民族精神的高潮。

当然，除了紧紧抓住学校武术竞赛这个"牛鼻子"，还可以改革体育中考武术项目的考试内容，以此引领中小学武术改革。该研究已经由作者指导的硕士研究生吴玉鑫以硕士学位论文的形式于2021年完成，具体参见其华东师范大学硕士学位论文《体育中考武术项目改革研究》。

本章小结

开展武术普及教育的立足点不在于武术自身，而在于它的服务对象——社会，包括宏观层面的国家民族和具体层面的广大青少年。对此，首先应该考虑的问题是当代青少年最缺乏什么，国家民族发展最需要什么，学校武术普及教育应该如何以此为依据确立最适宜的教学内容。

20世纪前期之所以把武术纳入学校教育，是因为中国文化出现了严重问题——"文"化和"武"化教育完全失衡，文化固化柔静化，缺乏应有的生机和活力。当时学校教育中增加武术的初衷即拯救文化，进而拯救民族，以武术激发民族精神，因此教学内容以对抗类技术为主。20世纪后半叶，武术的定位转移到了身体层面的"锻炼身体的实用价值和树立优美的形象"，因此仅开展了表演型的武术套路和缓慢柔和型的健身养生套路。21世纪初，"坚持弘扬和培育民族精神"（2002年党的十六大报告）被提上日程，但武术教学内容并没有随之做相应的调整，仍然采用20世纪50年代创编的老套路。对比20世纪初和21世纪初的状况可得出结论：学校武术发展必将经过一个"否定之否定"的发展过程，从最初的"拯救文化，激发精神"，经过"锻炼身体，树立优美形象"的曲折之后，再回归到"培育精神"的正路，这种回归不应该是简单的循环往复，而应该完成从实用技术到安全文明的精神教育途径的跨越。

目前，学校武术采用的20世纪50年代创编的那些以表演型套路和缓慢柔和型套路为主的教学内容存在的问题如下：①与一般人对武术的认识形成错位；②属于封闭性运动，不易激发学生的学习兴趣；③动作太复杂，简化不当，难学难练；④在技术方面没有明显的目标定位，致使习武者缺乏明显的目的性，难以体验成功的喜悦；⑤不具备培育中华民族发展急需的"刚健自强"的民族精神的价值。

对近邻日本、韩国在学校里开展的武道教育进行总结，发现有两方面经验值得借鉴：①以简单实用的对抗类技术为主设置教学内容；②充分挖掘武打类技术的精神教育价值。这对我国学校武术教育改革有3点启示：①学校武术的教学内容应该以两两对抗为主，而非以个人演练为主；②每个武术拳种都可以提炼出几个可直接用于对抗的简单组合，并在广大青少年中大面积推广普及；③应该将改革的立意确立为更高层面的培育精神、涵养道德，而非仅是技术层面的防身自卫、强身健体。

通过十余年普通高校武术选项课教学内容改革的实践，可得出如下结论：①武术套路不宜作为主要教学内容；②应该采用简单直接、便于应用的技术，并将开放型的两两对抗作为课堂主要练习形式；③能否培养学生某方面能力，是检验课程改革成功与否的关键。通过对抗性练习，不仅能够培养习练者灵活反应能力、准确判断能力、时机把握能力、防身自卫能力，还能够培育敢于面对、迎难而上、坚韧不拔、刚健自强的精神，这与学生通过武术套路课学习的最大收获——仅能够"比划"动作相比，教学效果截然不同。能否培养能力、培育精神是检验武术课改革成功与否的最重要判别标准。

在理论剖析、对比参照和改革实践基础上，作者提出学校武术普及教育应定位于"培育精神"，选取以文化精神引领、立足于武术的本质属性技击而展开的对抗类技术。具体改革理念是"立足单势、强调技击、突出对抗、培育精神"。根据这个理念，以太极拳和八极拳为实验对象，分别从中精选几个典型的单势进行教学实验，教学效果良好。

在教学实践中应该引起高度重视的问题是，必须把武术的完整结构纳入课堂教学，只有这样，才能真正实现以武术培养能力、培育精神的目的。这个过程包括3个方面的能力培养：个人技术能力、对节奏距离的控制能力、限制对方技术发挥的能力。仅停留于"个人技术能力"阶段的武术教学，无法实现武术教育的特殊价值，难以培育当代青少年急需的"刚健自强"精神。在课时量有限的情况下，可以精简技术，精简不常用的拳腿技法、摔拿技法，或去除某一类或几类技法，但绝不能破坏整体结构。如果把整个教学过程划分为4个单元，第一、第二单元的教学重点分别是格斗式、步法，第三、第四单元的教学重点是对距离、节奏的控制，第四单元还包括限制对方技术发挥的练习。

学校武术教育改革必须抓住学校武术竞赛这个"牛鼻子",通过竞赛"推动武术在学校的普及,引领学校武术的发展"。目前国家层面及省市层面的学生运动会、锦标赛采用的比赛内容基本上是体工队竞技武术套路比赛的翻版,清一色地采用与专业体工队竞技武术套路比赛完全一致的内容、规则和模式。因为这类竞赛内容与学校武术普及教育完全脱节,与学校武术改革方向不一致,对"刚健自强"的民族精神培育效果不佳,所以一直处于长期失效的状态。因此,必须改革学校武术竞赛内容,构建以对抗类技术竞赛或交流展示为主的多种竞赛模式,通过竞赛引领教学改革。

结论与建议

　　文化强国建设的目标是实现中华民族的伟大复兴,实现中华民族伟大复兴的决定性力量是凝聚着中国传统文化之"精气神"的"刚健自强"精神。中华武术可以成为培育"刚健自强"精神的具体实践途径。当前的学校武术教育问题重重,只有经过改革之后才能担当时代重任,由此引出本书的两个重要方面:学校武术专业教育改革、学校武术普及教育改革。笔者提出武术管理层应根据国家需要,把武术发展的重心从运动竞赛领域调整到教育领域。主要研究结论及建议如下。

　　(1)对于中华民族的伟大复兴而言,政治、经济、文化、科技、军事等方面都是重要因素,其中,文化是经济崛起的关键性因素,但最终起决定性作用的不是笼统的、广义的、泛泛的文化,而是在中国优秀传统文化居于核心地位的文化精神,即2014年两会期间习近平总书记曾强调的从弘扬优秀传统文化中寻找的"精气神",是凝聚着中华优秀传统文化之"精气神"的"刚健自强"精神。中华武术可以服务于"刚健自强"精神的培育。作者建议从民族复兴的角度重新定位武术,大力挖掘武术的精神教育价值,通过加强在各级学校体育课中的武术教育来培养当代青少年急缺的"刚健自强"精神,从而改变中华民族的整体精神面貌。

　　(2)从学校教育角度来看,当今武术发展存在的问题可归结为以下几点:在各级学校体育课中开展的武术教育逐渐荒废、曾作为中华武术发展之主体的传统武术拳种无法作为完整技术体系在专业院校得到有效传承、传统武术的文化精神无法得到弘扬。这些问题的根源在于,20世纪50年代中后期武术发展的"第一粒扣子扣错了",当时的"破旧立新",破掉了传统的东西、破掉了反映武术本质属性和文化内涵的东西。笔者建议从根源入手,重新扣好武术发展的"第一粒扣子",同时把武术整体发展的重心由运动竞赛领域调整到武术教育领域。这样的战略调整既可以解决以上诸多问题,又遵循了历史惯例,还参照了国际惯例,更符合文化强国建设的时代主题。

（3）学校武术专业教育改革的核心任务是建立中华优秀传统武术拳种的传承发展体系。与2017年提出的"到2025年，中华优秀传统文化传承发展体系基本形成"的"总体目标"相对应，学校武术专业教育的教学内容应由目前的更多地以西方体育精神为内核的竞技武术技术体系，转向以中国传统文化的基本精神为内核的拳种武术技术体系，形成以不同特色的拳种为单位的中华优秀传统武术传承体系，这是今后学校武术专业教育改革的大方向。笔者建议具体改革可按照"立足拳种、回归技击，形成体系、弘扬文化"的理念而展开。这种改革不是仅引入传统武术拳种的套路形式，也不是将传统武术拳种直接搬进课堂，而是首先从技术本源入手，明晰每个拳种对技击的不同侧重点，弄清每个拳种中的各种技术的来龙去脉，理顺拳种技术的不同内容之间的关系，构建各拳种的技术体系，然后形成训练体系、理论体系，乃至最适宜的考试或竞赛及其他交流方法。

（4）学校武术普及教育改革的核心任务是紧紧围绕培育"刚健自强"精神的目标构建简约化的武术技术体系。根据理论层面的深层次剖析，借鉴国际武打技术的开展经验，总结自身十余年的教学改革实践，将学校武术普及教育定位于培育精神，选取以文化精神引领、立足于武术的本质属性技击而展开的对抗类技术作为教学内容，这与通过传统文化凝聚中华民族"精气神"的要求相呼应。作者建议按照"立足单势、强调技击、突出对抗、培育精神"的理念展开整个改革。应把武术的完整的结构纳入课堂教学，这个过程包括3方面的能力培养：个人技术能力、对节奏距离的控制能力、限制对方技术发挥的能力。仅停留于"个人技术能力"阶段的武术教学难以实现武术教育的特殊价值，无法培育当代青少年急需的"刚健自强"精神。笔者建议在课时量有限的情况下可用"精简技术"代替原来的"破坏结构"。另外，笔者建议建立与教学内容配套的竞赛内容，通过抓住竞赛这个"牛鼻子"来引领学校武术改革。

参考文献

[1] 教育部国民体育委员会.短兵术[M].北京：教育部特设体育师资训练所，1945.

[2] 武术编选小组.武术[M].北京：人民体育出版社，1961.

[3] 蔡龙云.少林寺拳棒禅宗[M].杭州：浙江科学技术出版社，1983.

[4] 姚宗勋.意拳 中国现代实战拳术[M].北京：北京体育学院出版社，1989.

[5] 张岱年.张岱年文集（第一卷）[M].北京：清华大学出版社，1989.

[6] 冯天瑜，何晓明，周积明.中华文化史（上册）[M].上海：上海人民出版社，1990.

[7] 林伯源.中国武术史[M].北京：北京体育大学出版社，1994.

[8] 戚继光.纪效新书[M].北京：中华书局，1996.

[9] 国家体委武术研究院.中国武术史[M].北京：人民体育出版社，1997.

[10] 孙禄堂，孙剑云.孙禄堂武学录[M].北京：人民体育出版社，2001.

[11] 戚继光.纪效新书（十八卷本）[M].北京：中华书局，2001.

[12] 黎鸣.中国人性分析报告[M].北京：中国社会出版社，2003.

[13] 马明达.武学探真[M].台北：逸文出版有限公司，2003.

[14] 姜戎.狼图腾[M].武汉：长江文艺出版社，2004.

[15] 周伟良.行健放歌——传统武术训练理论的文化诠释[M].兰州：甘肃文化出版社，2005.

[16] 蔡仲林，周之华.武术[M].北京：高等教育出版社，2005.

[17] 吴殳.手臂录[M].太原：山西科学技术出版社，2006.

[18] 梁启超.中国之武士道[M].刘泗，译.北京：中国档案出版社，2006.

[19] 王淼.把根留住：浙江省非物质文化遗产保护的前列思考[M].杭州：浙江大学出版社，2006.

[20] 泉敬史，何英莺.日本武道大讲堂：武道[M].上海：上海辞书出版社，2007.

[21] 蔡龙云.琴剑楼武术文集[M].北京：人民体育出版社，2007.

[22] 乐天，刘文娟，吴大才，等.奥运知识600问［M］.北京：中国商务出版社，2007.

[23] 释永信.民国国术期刊文献集成［M］.北京：中国书店，2008.

[24] 国家体育总局武术研究院.我国中小学武术教育改革与发展的研究［M］.北京：高等教育出版社，2008.

[25] 温力.武术与武术文化［M］.北京：人民体育出版社，2009.

[26] 蔡仲林，周之华.武术［M］.2版.北京：高等教育出版社，2009.

[27] 辞海编辑委员会.辞海［M］.上海：上海世纪出版股份有限公司上海辞书出版社，2010.

[28] 邱丕相，蔡仲林，林小美，等.武术套路基础教程［M］.北京：高等教育出版社，2010.

[29] 郑旭旭，袁镇澜.从术至道——近现代日本武术发展的轨迹［M］.厦门：厦门大学出版社，2011.

[30] 周伟良.历史与现代交汇中的中华武术［M］.台北：逸文武术文化有限公司，2012.

[31] 戴国斌.武术：身体的文化［M］.北京：人民体育出版社，2011.

[32] 林伯原.明代武术发展状况初探［J］.体育科学，1982（3）：8-19

[33] 张岱年.文化传统与民族精神［J］.学术月刊，1986（12）：1-3.

[34] 张岱年.中国文化与现代化［J］.河北大学学报，1992（1）：1-7.

[35] 温力.中国武术套路产生的传统文化背景［J］.体育科学，1992，12（3）：5-8.

[36] 林伯原.民国初期学校武术课程的设置状况［J］.体育文史，1994（4）：27-28.

[37] 程大力.不同等条件竞技是传统武术的重要原则论［J］.成都体育学院学报，1994，20（4）：6-10.

[38] 门惠丰，王建平.张之江与中国武术［J］.中华武术，1994（6）：30-31.

[39] 易剑东.民国时期武术竞技述论［J］.成都体育学院学报，1995，21（3）：7-12.

[40] 易剑东.民国时期的尚武思潮与武术［J］.体育科研，1996（4）：10-15.

[41] 张选惠，程大力，温佐惠.体育院校武术专业现状的调查及改革设想［J］.成都体育学院学报，1997，23（2）：59-65.

[42] 温力.武术传统技术体系和训练体系的形成［J］.武汉体育学院学报，1997，31（2）：13-17.

[43] 易剑东.中国武术百年历程回顾——面向世纪的中国武术［J］.体育文史，1998（1）：22-26.

[44] 王文辉.高校武术普修课教学中存在的几个问题［J］.六安师专学报，1998，14（1）：58-60.

[45] 程大力,刘锐.关于中国武术继承、改革与发展的思索——由武术门派的渊源成因看武术门派的发展走向[J].成都体育学院学报,1998,24(4):20-24.

[46] 易剑东,谢军.中国武术百年历程回顾——面向21世纪的中国武术[J].体育文史,1998(4):23-25.

[47] 易剑东,谢军.中国武术百年历程回顾——面向21世纪的中国武术[J].体育文史,1998(5):27-29.

[48] 张岱年.传统文化之我见[J].人民论坛,1998(6):50.

[49] 张东宇.高校武术教学存在的问题及相应措施[J].上海体育学院学报,1998,22(S1):163-164.

[50] 张艳敏.素质教育与中、小学的武术教学[J].体育函授通讯,1999(2):61-62.

[51] 温力.中国古代军事对武术发展的作用[J]武汉体育学院学报,1999,33(4):97-99.

[52] 阳洪波.对高校体育教育专业武术必修课教材改革思考[J].西昌师范高等专科学校学报,1999(4):80-82.

[53] 苏晓晴,李一平,施文忠.试论文革时期中国武术发展的特征[J].武汉体育学院学报,1999,33(6):29-32.

[54] 张岱年,刘仲林.铸造新精神建设新文化——千年之交新文化瞻望[J].天津师大学报,2000(1):1-4.

[55] 王楚泽,肖丽.从高师院校武术专业教育的功能谈武术专业教学的改革[J].浙江师大学报(自然科学版),2001,24(1):97-100.

[56] 郑旭旭,高楚兰.改进我院民族传统体育专业、专业类(术科)课程的思考[J].体育科学研究,2001,5(3):37-40.

[57] 赵双进.对八十年代武术工作的回顾与随想[J].体育文化导刊,2003(1):56-60.

[58] 赵双进.对八十年代武术工作的回顾与随想[J].体育文化导刊,2003(3):64-68.

[59] 胡小明.新时期体育社会功能的转变[J].体育文化导刊,2003(3):3-5.

[60] 程大力.传统武术:我们最大宗最珍贵的濒危非物质文化遗产[J].体育文化导刊,2003(4):17-20.

[61] 赵双进.对八十年代武术工作的回顾与随想[J].体育文化导刊,2003(5):63-66.

[62] 马廉祯.武术挖整思变[J].体育文化导刊,2004(7):61-62.

[63] 杨建营.20世纪武术发展总体走势研究[J].体育文化导刊,2004(7):44-46.

[64] 程大力.中国武术文化发展大战略:保护与改革[J].体育文化导刊,2005(2):16-20.

[65] 翟少红.试论构建"淡化套路,提倡技击"的武术教材体系[J].体育文化导刊,2005(5):58-59.

[66] 翟少红.试论中小学武术教学改革的出路——从课程、教材、教师、学生角度进行探讨[J].中国体育科技,2005,41(6):82-84.

[67]《关于武术教育改革和发展的研究》课题组.改革学校武术教育 弘扬中华民族精神[J].中华武术,2005(7):4-5.

[68] 邱丕相,王国志.当代武术教育改革的几点思考[J].体育学刊,2006,13(2):76-78.

[69] 丁丽萍,戴有祥.学院走向民间:传统武术发展谫论[J].搏击·武术科学,2006(3):3-5.

[70] 王岗.关注武术传承的主体:人[J].搏击武术科学,2006,3(12):1.

[71] 乔凤杰.论作为武术精神的自强不息[J].中州学刊,2007(1):161-163.

[72] 蔡仲林,罗远东,孔军峰,等.我国高校民族传统体育(本科)专业办学现状调研[J].体育学刊,2007,14(1):69-72.

[73] 蔡仲林,施鲜丽.学校武术教学改革的指导思想——淡化套路、突出方法、强调应用[J].上海体育学院学报,2007,31(1):62-64.

[74] 栗胜夫.论我国传统武术的传承与发展[J].武汉体育学院学报,2007,41(4):40-44.

[75] 牛爱军,虞定海.非物质文化遗产保护视野下的传统武术传承制度研究[J].体育文化导刊,2007(4):20-22.

[76] 邱丕相,王震.人类生态文明视域下的未来武术[J].武汉体育学院学报,2007,41(9):1-4.

[77] 赵道新,黄积涛.道新拳论——关于两大武术体系的对话[J].精武,2007(11):16-19.

[78] 花妙林.论高校开展传统武术与《段位制》相结合的教学新思路[J].体育科研,2008,29(1):85-87.

[79] 崔建国.安徽省体育教育专业武术类课程教学现状及发展研究[J].科技信息,2008(2):241-243.

[80] 王岗,邱丕相.重构中国武术教育体系的理论研究[J].上海体育学院学报,2008,32(3):61-66.

[81] 牛爱军,虞定海.传统武术在非物质文化遗产名录中的归类研究[J].体育文化导刊,2008(4):119-120.

[82] 杨建营,邱丕相.从武德的实质和精神内核探析当代武术教育改革[J].沈阳体育学院学报,2009,28(3):112-114.

[83] 左文泉, 彭阳, 李雨衡. 中小学武术教学思考 [J]. 体育文化导刊, 2009 (9): 85-86.

[84] 王岗, 邱丕相, 李建威. 重构学校武术教育体系必须强化"文化意识" [J]. 体育学刊, 2009, 16 (12): 83-86.

[85] 周伟良. 试论明清浙东内家拳的拳理技法及文化价值 [J]. 北京体育大学学报, 2009, 32 (12): 100-104.

[86] 石华毕, 翟少红. 学校武术的教育性与开展形式的反思 [J]. 西安体育学院学报, 2010, 27 (3): 366-370.

[87] 王岗, 邱丕相, 包磊. 重构学校武术教育体系必须强化"拳种意识" [J]. 体育学刊, 2010, 17 (4): 95-98.

[88] 张天民, 吴绪平. 人体弓弦力学系统力平衡失调与疾病发生发展及针刀治疗的关系 [J]. 中国针灸, 2010, 30 (S1): 121-124.

[89] 张锦辉. 民族院校体育教育专业武术教学现状与对策研究 [J]. 搏击·武术科学, 2011, 8 (1): 84-85.

[90] 杨建营. 武术分层技术体系的构建 [J]. 体育学刊, 2011, 18 (2): 121-128.

[91] 郎勇春, 张文涛, 李伟艳. 当代学校武术教育的失范与矫治 [J]. 上海体育学院学报, 2011, 35 (3): 48-51.

[92] 徐永峰, 牛爱军, 陈星潭. 武术挖整运动的时代反思——从非物质文化遗产的视角 [J]. 广州体育学院学报, 2012, 32 (1): 48-51.

[93] 郭发明. 普通高校武术教育现状诊断及对策研究 [J]. 搏击·武术科学, 2012, 9 (3): 64-66.

[94] 陈雄. 太极拳的对拉弓劲与八面支撑 [J]. 少林与太极, 2012 (6): 34-35.

[95] 孙晓莎, 高祥. 我国体育专业武术课程设置的分析 [J]. 时代教育, 2012 (7): 172-173.

[96] 孙永武. 从竞技武术到传统武术——民族传统体育专业武术教育发展简论 [J]. 中华武术（研究）, 2012, 1 (Z1): 205-208.

[97] 孙永武, 于翠兰, 徐诚堂. 民族传统体育专业传统武术特色课程开发研究 [J]. 中州体育·少林与太极, 2012 (11): 10-12.

[98] 刘振忠. 试论人体腹部的生理构造与"丹田"的重要作用 [J]. 中华武术·研究, 2013, 2 (1): 70-72.

[99] 武冬, 吕韶钧. 高等学校武术课程体系改革研究 [J]. 北京体育大学学报, 2013, 36 (3): 92-98.

［100］陈雄.杨氏太极拳架的学练阶段［J］.少林与太极，2013（5）：29-32.

［101］吴明冬，辛衍波.武术与民族传统体育专业本科人才的培养探析［J］.现代交际，2013（6）：121-122.

［102］周伟良.武当武术的历史梳理——道教影响下的一个文化案例［J］.学术界，2013（10）：198-207.

［103］安呈林.武当赵堡太极拳之气沉丹田［J］.武当，2013（11）：25-26.

［104］赵光圣，戴国斌.我国学校武术教育现实困境与改革路径选择——写在"全国学校体育武术项目联盟"成立之际［J］.上海体育学院学报，2014，38（1）：84-88.

［105］张国祚.习近平文化强国战略大思路［J］.人民论坛，2014（9）：72-75.

［106］康戈武，洪浩，马剑，等.《中国武术段位制系列教程》的学校教学指导方案研究［J］.武汉体育学院学报，2014，48（10）：62-69.

［107］杨建营，王家宏.中国文化的基本精神"自强不息，厚德载物"及其现实价值［J］.苏州大学学报（哲学社会科学版），2015，36（2）：37-42.

［108］季浏.中国健康体育课程模式的思考与构建［J］.北京体育大学学报，2015，38（9）：72-80.

［109］杨建英，杨建营.国家社科基金项目技术培训在河北青县"八极拳国际培训基地"举办［J］.中华武术，2015（12）：77.

［110］杨建营.2019年中国大学生太极拳推手培训班在辽宁省辽阳市举办［J］.中华武术，2019（6）：20-21.

［111］杨建营.2019年中国大学生长兵（短兵）对抗项目教练员、裁判员培训班在武当山举行［J］.中华武术，2019（6）：18-19.

［112］杨建营.2019年中国大学生太极推手、长短兵锦标赛在贵州遵义举办［J］.中华武术，2019（9）：54-55.

［113］刘文武，徐伟.武术专业技术教育改革：探索与思考［J］.体育科学，2020，40（7）：72-78.

［114］刘文武.以武术专业技术教育改革促武术教育体系改革［J］.体育科学，2020，40（12）：83-93.

［115］田金龙，邱丕相.武术内外家之争：焦点、论点及其分水岭［J］.上海体育学院学报，2020，44（11）：13-17.

［116］田金龙.太极劲技理研究［D］.上海：上海体育学院，2000.

［117］张建军.劈挂拳研究——兼论传统武术拳种的一般特征［D］.武汉：武汉体育学院，2006.

［118］李淑梅.山东省武术（本科）专业人才培养模式研究［D］.桂林：广西师范大学，2006.

［119］武冬.体育教育专业武术课程教学内容和方法改革的研究［D］.北京：北京体育大学，2006.

［120］王飞.民族传统体育武术专业课程理论基础研究［D］.武汉：武汉体育学院，2007.

［121］杨光.武术与民族传统体育专业人才培养模式研究［D］.开封：河南大学，2015.

阶段性成果

序号	成果名称	成果形式	作 者	发表刊物及刊物年期
1	基于民族复兴目标的武术教育之价值定位：培育刚健自强精神	论文	课题负责人（独立）	天津体育学院学报，2021，36（3）
2	以中华武术为主的传统文化体育项目进校园的具体设计	论文	课题负责人（独立）	中华武术，2021（4）
3	基于民族复兴目标的学校武术传承体系研究	论文	课题负责人（独立）	体育科学，2020，40（11）
4	学校武术普及教育改革的立足点探析	论文	课题负责人（第一）	北京体育大学学报，2020，43（1）
5	中华武术的文化精神研究	论文	课题负责人（第一）	武汉体育学院学报，2019，53（3）
6	体育院校武术专业技术课程改革理念探析	论文	课题负责人（独立）	体育科学，2018，38（12）
7	对接"国之大事"的武术发展战略调整	论文	课题负责人（独立）	上海体育学院学报，2018，42（6）
8	中华武术独特的发力方式及其原理	论文	课题负责人（独立）	体育学刊，2018，25（3）
9	普通高校武术选项课教学流程设计研究	论文	课题负责人（通信）	武汉体育学院学报，2018，52（4）
10	学校武术教育的发展轨迹探析	论文	课题负责人（通信）	北京体育大学学报，2017，40（7）

续表

序号	成果名称	成果形式	作 者	发表刊物及刊物年期
11	普通学校武术教育改革理念探析	论文	课题负责人（独立）	沈阳体育学院学报，2016，35（4）
12	当代2种典型武术教育改革理念之冲突解析	论文	课题负责人（独立）	首都体育学院学报，2015，27（6）
13	学校武术竞赛存在的问题及解决思路探析	论文	课题负责人（第一）	山东体育学院学报，2015，31（5）
14	浙江工业大学武术选项课教学内容改革的反思	论文	课题负责人（第一）	体育学刊，2015，22（5）
15	传统武术文化精神的当代价值	论文	课题负责人（第一）	中华武术（研究），2015，4（Z1）
16	三种武术教育改革思想辨析	论文	课题负责人（第一）	武汉体育学院学报，2015，49（8）
17	中国文化的基本精神"自强不息，厚德载物"及其现实价值	论文	课题负责人（第一）	苏州大学学报，2015，36（2）